Poemas De Lord Byron

George Gordon Byron Byron

POEMAS

DE

LORD BYRON.

POEMAS

DE LORD

BYRON,

CON NOTAS, COMENTARIOS Y ACLARACIONES

PRIMERA VERSION ESPAÑOLA, EN VISTA DE LA ÚLTIMA EDICION

POR RICARDO CANALES.

Lara.—El Sitio de Corinto.—Parisina.—Mazeppa.
—La Peregrinacion de Childe-Harold.—Las Lamentaciones
del Tasso.—Beppo.

BARCELONA.

~~

JANÉ HERMANOS, EDITORES.

RONDA DE SAN ANTONIO, 58.

Tip. de T. Monge, Riera Alta, n.º 12, bajos.

LARA.

CANTO PRIMERO.

I. Créense dichosos los siervos en el vasto dominio de Lara, y ya la Esclavitud olvida su cadena feudal. Lara ha vuelto cuando nadie lo esperaba, si bien tampoco nadie le habia olvidado. Ha regresado despues de un largo destierro voluntario. Brilla la alegría en todos los rostros en su castillo, donde reina la mayor actividad ; puestas sobre la mesa están las copas ; flotan al aire las banderas en los torreones ; la hospitalaria llama del hogar, por tanto tiempo estinguida, refleja su luz sobre los vidrios pintados de mil colores ; en torno de este hogar reúnese un animado círculo que dá libre curso á su alegría y á su locuacidad.

II. De regreso el señor de Lara! ¿Por qué habrá atravesado las encrespadas olas de los mares? Al morir su padre le habia dejado dueño de sí mismo, en una edad demasiado tierna para que sintiese como debia una pérdida semejante. Herencia de desgracia, peligroso imperio de sí mismo, de que abusa el hombre para destruir la paz del alma. No teniendo nadie que le dirigiese, ni un amigo que le impi-

diese dar el primer paso en los mil senderos cuya
rápida pendiente arrastra al crímen, en el ardor de
la juventud, cuando mas necesita el hombre obedecer, Lara habia empezado á mandar.

Pero ¿á qué seguirle paso á paso en las estraviadas
sendas que recorrió? Corto pareció el camino á su
inquieta impaciencia; con todo, fué bastante largo
para perderle casi por completo.

III. Ha abandonado Lara, jóven aun, la morada
de sus antepasados, y desde el dia en que se despidió de ella, se ha ignorado siempre hácia que parte
ha dirigido sus pasos. Su mismo recuerdo parece
haberse estinguido. «El padre ha muerto y el hijo está ausente», hé aquí lo único que dicen los vasallos;
he aquí todo lo que saben. Lara no vuelve ni envía
mensajeros: casi todos empiezan á olvidarle, los demás se complacen todavía en formar conjeturas. No
resuena ya mas su nombre en su castillo; enne-
grécese su retrato, en su marco ahumado; otro señor
consuela á la que habia de ser su esposa; los jóvenes
no le recuerdan, los viejos van desapareciendo. Pero
¿vive todavía? esclama impaciente su heredero, que
suspira por un duelo á que no puede asistir. Cien escudos enmohecidos adornan la antigua morada de los
Lara: uno solo falta entre ellos, que de buena gana
añadirian á este gótico trofeo.

IV. Mas hé aquí que llega por fin. ¿De dónde viene? Nadie lo sabe. ¿Qué se propone hacer? No hay
necesidad de adivinarlo. Su prolongada ausencia
debe sorprender, no su inesperado regreso. Solo le
acompaña un paje, que parece extranjero y de corta
edad.

Rápidamente han pasado los años, su carrera ha
sido tan veloz para el hombre que lleva una vida errante como para los que no abandonan un instante
el paterno hogar, la tierra natal. Pero el no saber
noticias de los lejanos climas de donde llega Lara pa-

rece haber hecho más lento el vuelo del tiempo; ven á Lara, le reconocen, y, sin embargo, el presente parece dudoso y el pasado se ofrece como un sueño. Vive y se encuentra todavía en la fuerza de la edad, aunque las fatigas y el estrago de los años se han esculpido con indelebles caracteres en su rostro.

Cualesquiera que hayan sido las faltas de su juventud, han podido borrarlas de su memoria los diversos sucesos de su vida. Ha mucho tiempo no se ha sabido nada de él que merezca elogio ó censura; Lara puede sostener la gloria de su familia.

En otros tiempos habia dado pruebas de orgullo, juveniles extravíos propios del jóven que ama más que todo, los placeres, y á menos que hayan sido mayores con la edad, pueden serle perdonados sin exigirle grandes remordimientos.

V. Pero Lara ha cambiado mucho; sea el que fuere, sin trabajo se puede reconocer que no es el que ha sido. Las precoces arrugas de su ceñuda frente presentan las huellas de las pasiones, pero de pasiones antiguas; descúbrese en él el orgullo, pero no el fuego de sus primeros años; su aspecto frio y reservado, su carácter indiferente á los elogios, una marcha altiva y una mirada penetrante que adivina los pensamientos. Hablaba este lenguaje ligero y burlon, arma aguda que aceran las ofensas del mundo y manejan los por el mundo ofendidos, arma, cuyos golpes dados con falsa jovialidad, no dejan ni á un el consuelo de la queja en los heridos por ella. Hé aquí lo que se podia observar en Lara, esto y algo mas que no podian revelar ni su mirada ni el acento de su voz.

La ambicion, la gloria, el amor, supremo fin á que tienden todos los hombres y que solo pocos lo alcanzan, parecia no tener entrada en su corazon; pero se hubiera dicho que solo era así desde hacia poco tiempo; algunas veces un sentimiento profundo y secreto, que en vano se intentaba penetrar, se descubria un momento sobre su frente que se ponia lívida.

VI.   No gustaba de que le hicieran largas preguntas acerca del pasado; nunca se le oia elogiar las maravillas de los desiertos salvajes que él solo habia recorrido en lejanos climas, ni de los mundos que se complacia en hacer pasar por ignorados: en vano se interrogaba á sus miradas; en vano tambien dirigíanse á su compañero; Lara evitaba siempre hablar de lo que habia visto, como cuestion poco digna de escitar el interés de un estraño: y si por casualidad las preguntas se repetian, escitándole, su frente se arrugaba y sus palabras eran cada vez mas escasas.

VII.   No sin placer viósele de regreso entre los suyos; descendiente de una antigua familia, y comandante en jefe de numerosos navíos, visitaba á los señores de la comarca, asistia á cuantas fiestas y juegos se celebraban; pero simple testigo de sus regocijos ó de su aburrimiento, no participaba de una cosa ni de otra. Nunca se le vió apetecer lo que todos perseguian, impulsados por una esperanza siempre engañosa, aunque nunca desmentida, el humo vano de los honores, las riquezas, cuestion más sustancial, la preferencia de las bellas ó el despecho de un rival.

Habiase trazado en torno suyo un círculo misterioso que le aislaba del resto de los hombres, prohibiéndoles que se acercaran. La severidad de su mirada mantenia á la frivolidad á distancia respetuosa. Los de carácter tímido, que le veian de más cerca, observábanle en silencio, comunicándose en secreto sus temores, y los que demostraban en favor suyo, intenciones mas amistosas, hallábanse en minoría, confesando los más prudentes, que era mucho mejor de lo que sus apariencias anunciaban.

VIII.   ¡Cambio estraño! Aquel hombre, en su juventud, habia sido la personificacion del movimiento, de la vida! Amante de los placeres y de los combates, gozando simultáneamente de las delicias del amor, del campo del honor, del océano, de todo aquello, en fin, que pudiera proporcionarle un goce ó un peligro, habíalo probado todo; habia agotado todas las fuentes del placer y del dolor, siempre enemigo de la insustancial moderacion, pretendiendo escapar por el ardor de sus sentimientos á sus mismos pensamientos! Las tempestades de su corazon, desafiaban desdeñosamente á los elementos y sus tormentas y sus transportes interrogaban al cielo, preguntándole si poseia encantos comparables á los que él gozaba! Esclavo de todas las pasiones estremas, ¿cómo se despertaba de sus estraños sueños? ¡Ay! sin duda maldecia á su marchito corazon que no queria todavía romperse.

IX.   Los libros parecian, á su regreso, escitar en alto grado su curiosidad, él, cuyo solo libro habia sido hasta entonces el hombre mismo!

Con frecuencia, guiado por un repentino capricho, separábase de todo el mundo; y entonces los servidores del castillo, cuyos servicios reclamaba pocas veces, podian verle marchar á pasos precipitados por la ancha galería donde se hallaban colocados en largas filas los retratos de sus progenitores. Oiase (esto se contaba en voz muy baja) el sonido de una voz que no era la suya, ni la de ningun sér humano. Y deciase: «Ello es cierto que se ha visto algo, no se »sabe qué, pero algo estraordinario. ¿Por qué razon »detiene siempre sus miradas sobre ese cráneo arre- »batado á una tumba por una mano profana, y colo- »cado al lado de su libro favorito como para espan- »tar y alejar á todos menos á él? ¿Por qué no duer- »me donde los otros dormian? ¿Por qué detesta la »música? ¿Por qué no recibe visitas? ¿Todo esto no

»está bien? ¿Pero dónde está el mal? Algunos tal vez
»lo sabrán, pero debe ser una historia muy larga.
»Por otra parte, los que algo saben tienen bastante
»discrecion y prudencia, para decir que sus conje-
»turas son únicamente vagas sospechas. Sin embar-
»go, si quisieran hablar, ya podrian hacerlo.»

Tales eran poco mas ó menos las conversaciones
que sostenian los vasallos de Lara en su castillo.

X. Es de noche. Nada turba el curso tranquilo
del rio que parece inmóvil y sin embargo se desliza
como la dicha, poco á poco: el puro cristal de sus
ondas, reflejaba como un espejo mágico los astros
inmortales, de la bóveda celeste: sus riberas adornadas de árboles de verde follaje y de las mas bellas
flores que tan bien saben atraer á las abejas como
ellas eran las que sirvieron á Diana, para tejer guirnaldas todavía niña: no serian otras las que la Inocencia elegiria para ofrecer al amor.

El agua piérdese en canales cuyas revueltas si-
mulan los repliegues y brillantes curvas de la serpiente; en el aire y en la tierra todo era sereno y
dulce, tanto, que la aparicion de un espíritu no hubiera asustado á nadie, de tal modo habria parecido
imposible que un génio maléfico hubiese tenido
entrada en sitio tan encantador. En noche tan bella, solo los buenos eran llamados á gozar. De este
modo pensaba Lara, que se alejó repentinamente,
dirigiendo sus pasos hácia el castillo. Su alma no
podia resistir aquel cuadro que le recordaba tiempos mejores, cielos mas puros, astros mas brillantes
todavía, noches mas dulces, corazones que ya.....
No, no: la tempestad podia bramar sobre su cabeza
sin causarle la menor emocion, pero una noche tan
bella, no era sino una amarga burla, para un alma
del temple de la suya.

XI. Pasea á grandes pasos por las habitaciones
solitarias: su sombra gigantesca le sigue á lo largo

de las paredes cubiertas con los cuadros, representando á hombres de otros tiempos. Todo cuanto han dejado de sus virtudes ó de sus crímenes, además de una vaga tradicion, son las sombrías cavernas donde descansan sus cenizas, sus debilidades y sus vicios y el registro pomposo de las edades, donde la pluma de la historia marca la alabanza ó el desprecio, haciendo pasar sus mentiras por incontestables verdades.

La luna que atraviesa los pintados vidrios, ilumina con sus rayos las losas del suelo, el techo cincelado y las figuras de santos en oracion, esculpidos con raros atributos encima de las góticas ventanas.

Lara se pasea y medita. Los rizados bucles de sus cabellos, sus negras cejas, el movimiento agitado de su penacho: todo parece rodearle de los atributos de un fantasma, dando á su aspecto el terror de las tumbas.

XII. Son las doce. El sueño domina á todos. La llama incierta de una sola lámpara, parece prestar su claridad, á pesar suyo, entre las tinieblas. Un ruido sordo deja oirse en el castillo: es un grito de alarma, un grito prolongado, al cual sucede el silencio mas profundo. Los servidores de Lara se despiertan sobresaltados; se levantan y temblando, aunque valientes, acuden al sitio donde la voz llamó en su socorro: en una mano llevan una antorcha medio encendida y en la otra la espada desnuda: en su turbacion han olvidado sus cinturones.

XIII. Encuentran á Lara estendido sobre el suelo, frio como él y pálido como los rayos de luna que iluminan su rostro: su sable á medio salir de la vaina certifica un peligro superior á los temores mas vulgares. Todavía conserva su firmeza, ó al menos la ha conservado hasta el momento supremo: sus cejas fruncidas manifiestan su furor; aun

insensible, como se halla, al movimiento de terror
que hacen que sus labios se estremezcan, mézclase
el deseo de verter sangre; palabras amenazadoras á
medio articular, imprecaciones de una orgullosa
desesperacion, parecen haber espirado en sus labios:
sus ojos están medio cerrados, pero la mirada feroz
del guerrero brilla en ellos todavía, como fija en un
horrible reposo.

Lo levantan y lo trasportan á sitio mas cómodo. ¡Silencio! Ya respira. Va á hablar: los colores
vuelven á sus atezadas mejillas: sus labios recobran
el color.

Su mirada, todavía vaga, parece irse animando y
todos sus miembros van recobrando poco á poco el
juego de sus funciones; pero sus palabras pertenecen á un idioma que no es el de su pátria: recono-
céselas fácilmente como de una lengua estranjera,
como si se dirigieran ¡ay! á unos oidos que no podian ya escucharlas!

XIV.   Aproxímase su paje, y él solo parece comprender el sentido de aquellas palabras. Las altera-
ciones que esperimentan los colores de su tez, prue-
ban que Lara no confesaria semejantes frases y que
su paje se guardaria muy bien de traducirlas. El
estado en que encuentra á su señor le admira menos que á todos cuantos le rodean; inclínase sobre el
cuerpo de Lara y le habla en aquella lengua que
parecia la suya. Lara le escucha, y su voz parece
calmar poco á poco los horrores de su sueño, si era
un sueño lo que así agobiaba su corazon. Pero ¡ay
que no tenia necesidad de dolores fantásticos!

XV.   Sea el que fuere el objeto visto por él, en
sueños ó en realidad, es un secreto sepultado en el
fondo de su corazon: si no lo ha olvidado, al menos
no hablará de ello jamás.

La aurora aparece y devuelve el vígor á su cuerpo fatigado: no solicita ni el auxilio de la medicina,

ni el de la religion, y en seguida, prosiguiendo el mismo en acciones y lenguaje, vuelve á emprender sus normales ocupaciones.

No es mas frecuente su sonrisa, ni menos sombria su frente; y si el retorno de la noche, no le es agradable, no por eso lo da á entender á sus asombrados servidores, cuyos estremecimientos denuncian bien á las claras, que sus temores no han logrado disiparse por completo.

Sus servidores, temblorosos, se retiran de dos en dos, (solos no se hubieran atrevido) evitando la fatal galería. La bandera que se despliega en el aire, el ruido de una puerta, el roce con un tapiz, el eco de las pisadas, la sombra que proyectan los árboles mas cercanos, el vuelo del murciélago, el silbido de la lechuza; todo cuanto ven, todo cuanto oyen les espanta mas y mas á medida que la noche estiende su velo sombrío sobre las pardas murallas del castillo.

XVI. ¡Vanos terrores!... Aquella hora de espanto, cuya causa siguió desconociéndose, no retornó, ó Lara supo fingir un olvido que aumentó el asombro de sus vasallos sin disminuir por eso sus temores. La memoria habia huido al recobrar su serenidad, puesto que ni una palabra, ni una sola mirada de su señor, hizo traicion ante ellos de un sentimiento que pudiera recordarles las angustias de su alma delirante. ¿Habia sido un sueño? ¿Habia sido su boca la que habia pronunciado aquellas frases de un idioma estranjero? ¿Habian sido sus gritos los perturbadores de su sueño? ¿Su corazon oprimido habia cesado de latir? ¿Habian sido sus ojos, saliendo fuera de sus orbitas, los que tanto les habian espantado? ¿Podia él haber olvidado un sufrimiento tal, que aun los mismos testigos se estremecian al recordarlo? ¿O acaso aquel silencio probaba que su memoria hallábase profundamente contenida en uno

de esos secretos que devoran el corazon, sin poder
desleirse en palabras? Lara habia sabido á la vez se-
pultar en el suyo los efectos y la causa. Observadores vulgares no podian estudiar el progreso de
aquellos pensamientos que los labios de los mortales no revelan más que á medias y por intérvalos,
interrumpiéndose con frecuencia.

XVII.   Lara reunia en sí mismo la mezcla inexplicable de todo cuanto merece ser amado y odiado,
buscado y evitado.

La incierta opinion acerca de su vida misteriosa
prestaba á su nombre ya el elogio, ya el desprecio;
su silencio servia de pasto á las conversaciones de
toda la comarca; formábanse conjeturas, comunicá-
banse su estupefaccion, ardiase en deseos de conocer sus secretos destinos. ¿Qué habrá sido, que era
aquel hombre desconocido que vivia entre sus vasallos, sin que de él se supiera otra cosa que su
ilustre orígen? ¿Era, por ventura, el enemigo de su
especie? Pretendian algunos haber visto frecuentemente iluminarse su frente; pero confesaban que su
sonrisa, examinada de cerca y con atencion, cesaba
de ser franca y convertíase en una risa burlona; deciase tambien, que si aparecia sobre sus labios no
duraba mucho en ellos, y que en vano habiase buscado en sus ojos la espresion de la alegría que afec-
taba. De cuando en cuando habia mas dulzura en
la mirada de Lara, como si primitivamente la naturaleza no le hubiese dado un corazon de roca: pero
en seguida su alma parecia reprimir una debilidad
indigna de sí y de su orgullo, pareciendo escitarse á
la severidad, como si desdeñase desvanecer una duda
á la estimacion fingida de los hombres. ¿Era aquella
una especie de pena dictada á su corazon para cas-
tigarle de una ternura que habia turbado su reposo?
¿Pretendia en su inquieto pesar, forzar al odio á aquel
corazon, como pena de haber amado con esceso?

XVIII. Fermentaba en Lara un continuo desden por todo, como si ya hubiera sufrido lo peor que puede sufrirse. Vivia estranjero en la tierra como un espíritu errante y rechazado de otro mundo. Dotado de una imaginacion sombría, habiase creado en otro tiempo por capricho, los peligros de que por azar habia escapado; pero en vano, pues que su recuerdo era á la vez para su alma, un manantial de triunfos y de remordimientos.

Habiendo sido dotado para el amor de mas fuerza que la concedida al resto de los mortales, sus sueños de virtud, pasaron desde muy temprano los límites de la realidad; una tormentosa virilidad sucedió á su gastada juventud. Y no le quedó mas que el recuerdo de aquellos años consumidos en perseguir á un fantasma, y del mal uso de la energía concedida á su alma para mas prudente empleo.

Entregado á pasiones ardientes, sus estragos habian ido sembrando la desolacion tras de sus pasos, y no habian dejado á sus mejores sentimientos mas que su turbacion interior y las crueles reflexiones que inspira una vida agitada por continuas tempestades. Pero siempre altivo y lento en condenarse, daba la mitad de la culpa á la naturaleza, y atribuia todas sus faltas á aquel cuerpo de carne destinado por ella á servir de prision al alma y de pasto a los gusanos de la tumba, hasta que, por fin, confundiendo el bien y el mal, acabó por llamar á los actos de su voluntad, decretos del destino!

Muy por encima del egoismo general humano, sabia en casos dados sacrificarse por el bienestar del prójimo. ¿Era en él esto caridad ó deber? No. Mas bien era estraña perversidad que inspiraba á su orgullo para que hiciese lo que muy pocos hombres se hubieran atrevido á hacer como él. Era la misma fuerza que en otro tiempo le impulsaba á preferir las vías del crímen. De tal manera cuidaba de sepa-

rarse por el bien ó por el mal, de aquellos que como
él habian recibido vida mortal! No escuchando mas
que al ódio que le inspiraban, habia su espíritu fijado su trono lejos de este mundo, y en regiones
que el mismo habíase creado; y allí, sumido en las
frias meditaciones de su desden, su sangre parecia
circular con mas sosiego! ¡Ojalá que nunca hubiera
sido inflamada por el crímen! ¡Dichoso él si hubiera siempre gozado de aquella frialdad glacial!

Verdad es que seguia el mismo sendero que todos
los hombres; cierto es que en aparencia hablaba y
obraba como ellos, sin ultrajar á la razon ni en el menor desvío. La locura era de corazon, no de cabeza;
perdiase raramente en sus razonamientos y nunca
descubria el fondo de su alma lo bastante para es-
trañar á los que le escuchaban.

XIX. A pesar de sus aparencias frias y misteriosas, á pesar del placer que sentia en permanecer
desconocido, habia aprendido el arte (si no era en
él un don de la naturaleza) de hacer gravar su recuerdo en el corazon de los demás.

No inspiraba odio ni amor, nada quizás que en palabra puede espresarse, pero cuantos le veian, no le
veian en vano y nunca cesaban de hablar de él.

Aquellos á quienes dirigia sus palabras, reflexio-
naban sobre ellas, despues de haberlas escuchado por
banales que fuesen. Sin que pueda definirse el por
que y el cómo, insinuábase en la imaginacion del
que le escuchaba hasta inspirarle interés ó desvío.
Sea por lo que fuere, la impresion era duradera.
Nadie podia leer en su alma, precisamente al quedar sorprendido de que él penetraba fácilmente en
las de todos. Su presencia acudia siempre á la memoria; interesaba á la fuerza; y en vano negábanse
algunos á alimentar este sentimiento; que él parecia lanzar un reto al desden y al olvido de los hombres.

XX. Celebróse una fiesta adonde acudieron gran número de damas y caballeros; todos aquellos, en fin, á quienes la cuna ó el dinero habia concedido un alto rango en el país.

Lara, dotado de esta doble circunstancia, habia sido invitado como los otros señores de la comarca á personarse en el castillo de Othon.

Una reunion numerosa hallábase reunida en los salones esplendentemente iluminados, y donde los placeres de la mesa y del baile, llamaban á los convidados.

La danza de las jóvenes beldades parecia encadenar con dulces lazos la gracia y la armonía: venturosos los corazones novicios y las manos amorosas que forman grupos á su capricho! Verdaderamente que es un cuadro muy capaz de despejar una frente sombría, de hacer sonreir hasta á un viejo, y soñar á la juventud, dispuesta á olvidar en medio de los trasportes de una ruidosa alegría, que aquellos dulcísimos momentos pasando están sobre la tierra.

XXI. Lara asistia á esta fiesta, con aspecto alegre y tranquilo: si su alma estaba triste, su frente sabia desmentirlo. Seguian sus ojos los movimientos graciosos de las que ballaban, cuyos ligeros pasos no despertaban eco alguno.

Apoyado en una columna, con los brazos cruzados sobre el pecho, contemplando el cuadro que á sus ojos se ofrecia, no se apercibió de que unos ojos severos, estaban fijos en él. Lara no consentia una mirada escrutadora!... y notó al fin aquella: pertenecia á un rostro desconocido que indudablemente no buscaba mas que al suyo. Aquel hombre tan curioso parecia estranjero. Hasta entonces no habia examinado mas que á Lara, pero sin ser apercibido.

Repentinamente, encuéntranse sus ojos, y se interrogan mútuamente poseidos de muda sorpresa. Píntase una ligera turbacion en la frente de Lara.

Sin duda es efecto de la desconfianza que el desconocido le inspira. Aspecto feroz es el de éste que parece espresar mas de lo que el vulgo adivinar puede.

XXII.   ¡Es él! esclama. Y esta frase se repite en voz baja de boca en boca.—¿Es él?—¿Quién es él? pregúntase por todos lados, hasta que esta pregunta llega por fin á oidos de Lara. Estas palabras estrañas que recorren los salones, la fisonomía del desconocido, parecen inesplicables á todos, y escitan el general asombro.

Lara permanece inmóvil y no cambia de color. El primer movimiento de sorpresa que consiguió turbarle, ha mucho ya que desapareció. Sin demostrar emocion alguna, sus ojos recorren el salon : el estranjero, sin embargo, no cesa de mirarle. Por fin, acercándose, esclama con altivo desden :—¡Es él! ¿Cómo es que está aquí? ¿Qué viene á hacer aquí?

XXIII.   Aquello es ya demasiado. Lara no puede dejar sin respuesta una pregunta repetida con tono tan altivo é imperioso. Frunciendo el entrecejo, pero con acento frio, y mas bien firme que arrogante, diríjese al audaz interrogador y le dice:

—«Lara me llamo. Cuando conozca tu nombre, no »dudes de que sabré responder á la estraña cortesía »de un caballero como tú. Lara me llamo. ¿Quieres »saber mas todavía? Ninguna pregunta evito ¡más-»cara no llevo!»

—«¿No evitas ninguna pregunta? Piénsalo bien. »¿No hay una, á la que tu corazon no se atreveria á »responder, si tu oido se atreviera á escucharla? »¿Acaso te soy desconocido? Mírame con atencion. »¡Ah, si en vano no te ha sido dada la memoria, una »deuda tienes contraida, que inútilmente deseas »anular; la eternidad te prohibe olvidarla!»

Lara examina al extranjero tranquilamente, pero no halla conocido ni uno solo de sus rasgos, y no dignándose responderle, en tono de duda, vuelve la cabeza con aire desdeñoso y se dispone á retirarse, pero el feroz extranjero le ordena que se quede.

—«Solo una palabra tengo que decirte, añade; res- »ponde á un caballero, que si tú fueras verdadera- »mente noble, seria tu igual; quien quiera que hoy »seas; quien quiera que hayas sido, responde y no »frunzas el ceño. Si lo que voy á decir es falso, fácil »te será desmentirme. El que te habla desconfia de »tu sonrisa, pero tu frente amenazadora no le hace »temblar. ¿No eres tú aquel cuyas acciones.....

—«Quien quiera que seas, palabras tan vagas, »acusadores como tú, interrumpió Lara, no merecen »ser escuchados por mucho tiempo. ¡Crean enhora- »buena algunos, el cuento, maravilloso sin duda »que este principio nos promete! Festeje Othon á un »huésped tan cortés, por ello le daré las mas cariño- »sas gracias!»

Othon, sorprendido, se adelantó al oir estas pala- bras:

—«Cualquiera que sea, dijo, el secreto que existe »entre vosotros, no me parece conveniente turbar »la fiesta con una querella. Si el noble Ezzelin, tie- »ne que descubrir algo que interese al conde Lara, »espere á mañana para esplicarse aquí ó en otro si- »tio, como mejor convenga á ambos contendientes. »Ezzelin! Yo respondo de tí. Tú no eres desconocido, »por mas que recien llegado de otro mundo, como el »conde Lara, tan larga ausencia casi te haya hecho »aparecer extranjero á nuestros ojos. Si como lo au- »guro de la sangre ilustre que corre por sus venas, »Lara ha heredado el valor y el mérito de sus ante- »pasados, creo no se á de mostrar indigno de su glo- »rioso nombre, y nada rehusará de lo que reclaman »las leyes de la caballería.»

—«Pues bien, hasta mañana, repuso Ezzelin; pón- »gasenos á uno y á otro aquí á prueba, y juro por mi

»vida y por mi espada, no decir nada que cierto no
»sea! Así estuviera tan seguro de ser admitido en el
»cielo.»

¿Qué responde Lara? Su alma entrágase á meditaciones profundas. Todas las palabras, todas las miradas, solo á él se dirigen. Las suyas se pasean en
silencio sobre la asamblea y solo denuncian el mas
completo desden. ¡Ay! aquella indiferencia atestigua
demasiado la fidelidad de su memoria.

XXIV.   —«¡Mañana! ¡Pues bien! sí, ¡mañana!» Estas palabras dos veces repetidas, fueron las únicas
que salieron de la boca de Lara. Ningun rastro de cólera dibujóse sobre su frente, ni en el fuego de sus
miradas; sin embargo, habia en el tono de su voz, algo
que anunciaba una determinacion irrevocable, aunque desconocida. Tomó su capa, saludó con una inclinacion de cabeza y abandonó la reunion. Al pasar
por el lado de Ezzelin, respondió con una sonrisa á
la amenazadora mirada con que el caballero pretendia agobiarle. No era la sonrisa de la alegría, ni la
del orgullo contenido que se venga con el desden
de no poder descargar su resentimiento; era la sonrisa de un corazon seguro de sí mismo en lo porvenir.

¿Aquella sonrisa anunciaba la paz y la calma de la
virtud, ó el crímen endurecido, gracias á una larga
desesperacion? ¡Ay! una cosa y otra parécense demasiado en su confianza para no ser fácilmente reconocidos sobre la frente de un hombre ó en la menor
de sus palabras: únicamente las acciones pueden
demostrar lo que tanto cuesta adivinar á la inespe-
riencia.

XXV.   Lara llamó á su paje y se retiró; aquel jóven, traido por él desde los climas mas lejanos, iluminados por los astros mas brillantes, obedecia prontamente tanto á sus palabras como á sus gestos.

Dócil sin impaciencia, á pesar de su juventud, y

silencioso como su señor, habia abandonado por Lara su país natal: su fidelidad sobrepujaba á lo que podian dar de sí su estado y su edad. Aunque no ignoraba el idioma del país, raramente Lara serviase de él para trasmitirle sus órdenes: y apenas oia la lengua de su patria, corria y respondia sin vacilar á aquellos acentos que le recordaban sus montañas, la ausente voz de sus ecos, sus padres y sus amigos, á quienes nunca mas debia volver á ver y á los que habia renunciado en gracia del que todo lo era para él, siendo su único guia en la tierra. ¿Cómo admirarse, pues, de verle siempre al lado suyo?

XXVI. Su estatura era esbelta: el sol de su país no habia dañado la delicadeza de sus facciones: sus rayos abrasadores no habian tostado sus mejillas, que se coloreaban á menudo, con un pudor involuntario. Y no era seguramente ese encarnado, indicio seguro de la salud y de la dicha, sino la espresion de una pena secreta, cuyo sentimiento mas vivo denunciábase á cada paso de este modo. El fuego de sus ojos parecia robado á los astros y encendido por un pensamiento eléctrico: sus largos párpados prestaban melancólica dulzura á sus negras pupilas: notábanse en ellas, sin embargo, mas altivez que tristeza y una tristeza que parecia no poder consolarse con nada humano. Los juegos propios de su edad, las diversiones bulliciosas de los pajes, no tenian para él ningun atractivo.

Permanecia durante horas enteras con los ojos fijos en Lara: todo lo olvidaba: todo lo reconcentraba en aquella mirada estática. Cuando no acompañaba á su señor, complaciase en pasear por sitios solitarios.

Sus respuestas eran breves. Nunca preguntaba nada. Los bosques, eran su paseo favorito; sus placeres, la lectura en un libro de idioma estranjero;

su lecho de reposo, las orillas de los límpidos arroyos: parecia, al igual de su señor, vivir aislado de todo cuanto encanta á los ojos y al corazon, hallarse imposibilitado de fraternizar con los hombres, y no haber recibido de la tierra mas que el don amargo de la existencia.

XXVII. Si á alguien amaba, era á Lara seguramente: pero tan solo el respeto y la obediencia atestiguaban su afeccion: mudo y celoso, su interés adivinaba los menores deseos de su señor, y para darle cumplimiento, ni esperaba á que le fuesen indicados. Y habia altivez en todo cuanto hacia: la altivez de un carácter soberbio que no puede sufrir las reprimendas. Si se rebajaba á prestar cierta clase de cuidados propios solamente para manos serviles, solo sus acciones obedecian y su aspecto mandaba, como si lejos de hallarse guiado, por el interés de un vil salario, obedeciera menos á las órdenes de Lara que á su propia voluntad.

Lara solo exigia de él débiles servicios, como el de sostenerle el estribo cuando montaba á caballo, guardarle su espada, afinar su arpa, y leerle libros escritos en antiguos siglos y en lenguas estranjeras. Nunca el paje se mezclaba con los demás servidores, á los cuales no demostraba ni deferencia, ni desden, sino una estudiada reserva, que probaba no tener él nada de comun con aquella gente mercenaria. Cualquiera que fuesen su cuna y su rango, su carácter se doblegaba ante Lara, pero ante nadie mas absolutamente. Parecia descender de noble orígen y haber conocido tiempos mas felices. Ninguna señal de trabajos vulgares encallecia sus manos. Eran tan delicadas y tan blancas, que comparándolas con su tez, hubieran hecho creer que pertenecia á otro sexo, si sus vestidos no hubieran dicho lo contrario. Habia tambien en sus miradas algo de salvaje y feroz, impropio de ojos de mujer; era una espresion de fuego que anunciaba la influencia de un clima ardiente en aquel cuerpo delicado, espresion que solo se notaba en su aspecto, nunca en su lenguaje.

Kaled, era su nombre, aunque deciase que llevaba otro antes de abandonar ¡sus montañas. A veces, en efecto, sucediale no responder á su nombre, con insistencia repetido, como si le hubiera sido poco familiar: ó bien se le veia volverse bruscamente, como si al fin se hubiera acordado de que aquel nombre era el suyo: pero si era la voz querida de Lara la que le llamaba, entonces sus oidos, sus ojos, su corazon parecian prestar atencion doble.

XXVIII. La querella imprevista, por todos notada, no habia pasado desapercibida para el jóven paje. Cada cual mostrábase ante él sorprendido de la sangre fria con que el audaz caballero habia amenazado y de la paciencia del altivo Lara, despues de tal insulto por parte de un estraño. Al oir estas palabras, Kaled cambió muchas veces de color; palidecieron sus labios y á la vez se inflamaron sus megillas: cubrióse su frente de ese sudor helado que nos cubre, cuando el corazon cede bajo el peso de un pensamiento que en vano quiere rechazarse. Sí, hay cosas que debemos atrevernos á llevar á cabo antes que la tardía reflexion nos advierta. Fuesen las que fueren las ideas de Kaled, bastaron para hacerle enmudecer y turbar su rostro. Contemplando estuvo á Ezzelin, hasta que Lara dejó caer sobre él al pasar una sonrisa de desden: entonces Kaled volvió en sí: aquella sonrisa le enseñó mas que á los otros decia el aspecto de Lara. Siguióle rápidamente y pronto ambos desaparecieron. Todos los que quedaron en el castillo, creyeron por un momento que se les habia dejado solos. Cada cual habia examinado atentamente las facciones de Lara: cada cual se habia identificado de tal modo á la escena de que habia sido testigo que cuando la sombra del noble hubo traspasado los umbrales de la puerta, todos los corazones palpitaron como al despertar de un sueño terrible, al que no podemos dar visos de verdad, pero que todavía nos sigue espantando, porque todo cuanto hay de peor, está siempre casi al lado de la verdad.

Lara y Kaled desaparecieron... Ezzelin permaneció todavía un momento, con frente sombría y aspecto altivo: pero antes de trascurrir una hora saludó á Othon y salió tambien.

XXIX. La multitud se ha disipado. Todos los convidados reposan. El castellano y sus huéspedes se han retirado á sus habitaciones. En ellas cálmase la alegría, y el pesar suspira llamando al sueño, dulce olvido de la vida, en el cual el infortunado busca un refugio contra sus males. Allí, duermen igualmente la esperanza del amor delirante, la perfidia y la maldad, los tormentos del odio y los proyectos de la ambicion envidiosa. Las alas del olvido ciérnense sobre todos los ojos y la existencia permanece como encerrada dentro de una tumba. ¿Qué otro nombre conviene mejor al lecho del descanso, verdadero sepulcro de la noche, asilo universal, donde la debilidad, la fuerza, el vicio y la virtud yacen en idéntica desnudez? Dichoso el hombre, pues que puede respirar un momento sin sentirlo, para luchar al siguiente dia, contra el terror á la muerte, intentando evitar este último sueño, el mas dulce de todos, puesto que en él no se sueña!

CANTO SEGUNDO.

I. La noche se disuelve; la aurora disipa los últimos vapores que coronan las montañas y la luz despierta al universo: un dia mas háse añadido á los dias del hombre, que poco á poco se va acercando á su último dia. La naturaleza omnipotente, aparece como en el dia de su creacion: el sol se halla en los cielos y la vida en la tierra: las flores adornan á los valles; el astro del dia resplandece: la brisa respira salud: los arroyos dan frescura.

¡Hombre inmortal! ¡Admira las bellezas de la naturaleza, y dí en la alegría de tu corazon: — «¡Todo es mio!» Admíralas, mientras sea permitido á tus encantados ojos admirarlas! ¡Dia vendrá en que ya no serán tuyas!

Y entonces, cualesquiera que sean, los recuerdos que se evoquen sobre tu mudo sepulcro, los cielos y la tierra no te concederán ni una lágrima siquiera: ninguna nube se pondrá sombría, ninguna hoja caerá antes de tiempo, ningun zéfiro suspirará por tí: pero en cambio los rastreros gusanos se apoderarán de su pasto y prepararán tus despojos para fertilizar la tierra!

II. La aurora ha brillado: el sol ha recorrido la mitad de su carrera: los caballeros se reunen en presencia de Othon, y se agrupan á su voz: ha llegado la hora designada para decidir de la reputacion de Lara.

Ezzelin va á repetir su acusacion; va á decir la verdad, cualquiera que sea; de ello ha dado su palabra. Lara ha prometido escucharle á la faz del cielo

y de los hombres. ¿Por qué no acude Ezzelin? Un
acusador que debe hacer tales revelaciones, no debia darse mas prisa?

III.   La hora ha pasado. Lara, exacto á la cita; demuestra una firme confianza, y la sangre fria de la
paciencia. ¿Por qué no acude Ezzelin? Ya se murmura... la frente de Othon se anubla.

—«Conozco á mi amigo, esclama: no puedo poner
»en duda su buena fé; si existe aun, esperadle. El
»techo bajo que ha reposado esta noche, es el valle
»situado entre mis dominios y los del noble Lara.
»Hubiera aceptado la hospitalidad en mi castillo, y
»caballero como es lo hubiese honrado: si ha rehu-
»sado ser mi huésped, es porque ha tenido necesidad
»de ir en busca de pruebas, y prepararse para el dia
»de hoy. He dado mi palabra en su nombre: vuelvo
»á darla, y dispuesto me hallo á borrar la mancha
»que hubiera impreso en la caballería.»

Dijo, y Lara respondió:

—«He venido á este sitio cumpliendo tu deseo,
»para prestar atento oido á los cuentos pérfidos de
»un estranjero, cuyas palabras hubieran herido pro-
»fundamente mi corazon, si no le hubiera despre-
»ciado como á un insensato ó un vil enemigo. No le
»conozco... El parece haberme conocido en países
»que... ¿Pero, por qué he de perder así el tiempo en
»vanas palabras? Presenta al denunciador, ó sosten
»tu palabra con tu espada.»

El rostro del altivo Othon, encendióse en cólera;
arrojó su guante, y sacó su espada de la vaina.

—«Pues bien, dijo, prefiero esto último: respondo
»por mi huésped ausente.»

Nada alteró la sombría palidez de las facciones de
Lara, por mas que se viera en la necesidad de morir ó de matar á Othon. Sus ojos demostraban un
enojo sin piedad. Armóse tambien de su espada:
su mano probó que conocia perfectamente su uso,

por la facilidad con que agarró la empuñadura.

En vano los caballeros acudieron á ellos: nada quiso escuchar el furor de Othon: prodigó á Lara la injuria y el ultraje, añadiendo que una buena espada le justificaba.

IV. El combate fué corto: ciego por su mismo furor, Othon presentó su pecho al golpe fatal: fué herido y cayó. Pero no era herida mortal la suya...

—«Pide la vida... le grita Lara.» Othon no responde. Todo el mundo creyó que ya no se leventaria de aquella tierra ensangrentada. La frente de Lara se ennegrece á impulsos de la rabia que le domina. Alza el hierro homicida, con mas ferocidad aun que en el momento en que el de Othon se hallaba dirigido contra su pecho. Habia conservado su sangre fria, mientras se ocupaba de su defensa, y ahora con mayor motivo, nada distraia el odio de que se hallaba animado. Cae sobre el vencido, tan resuelto á darle la muerte, que casi vuelve su acero amenazador contra los que detienen su brazo, pidiéndole gracia. Reprime aquel primer movimiento: pero fija sus miradas sobre el abatido caballero, como si echase de menos la victoria inútil que deja todavía con vida á su enemigo: parece como que calcula á qué distancia de la tumba han puesto á su víctima sus terribles golpes.

V. Levantan á Othon bañado en su sangre: el médico le prohibe la menor palabra y el mas pequeño gesto. Los demás caballeros se retiran á otro salon y Lara, la causa del combate en el que acaba de triunfar, se aleja, silencioso y soberbio, irritado y desdeñoso. Dirige su corcel hácia su castillo, sin arrojar ni una sola mirada sobre el de Othon.

VI. Pero ¿dónde se hallaba aquel metéoro de una noche, que no amenazó mas que para desaparecer al retorno de la luz? ¿Dónde se hallaba aquel Ezze-

lin, que apareció un solo instante, sin dejar ninguna huella de sus intenciones?

Habia abandonado el castillo de Othon mucho
antes del dia: todavía reinaban las tinieblas, cierto
es, pero el camino le era tan familiar que no podia
perderse. Su morada estaba cerca. Se le buscó: no
estaba en ella: y al dia siguiente se hicieron nuevas pesquisas que dieron igual resultado. Su cama
no estaba deshecha: su corcel se hallaba en el establo: todo el mundo se alarmó: sus amigos se afligie-
ron y murmuraron: prosiguieron sus indagaciones
por las cercanías, temiendo encontrar las huellas
del furor de algun bandido. Pero nada encontraron: ni rastro de sangre, ni girones de su traje
en los zarzales. Ninguna caida habia doblado la
yerba; nada indicaba el lugar de un asesinato. Ni
la menor impresion de dedos ensangrentados que
testificasen los esfuerzos convulsivos de una mano
que habiendo cesado de defender se hubiera agar-
rado al musgo. Esto se habria encontrado si alguien
hubiera perdido la vida. Nada se encontró: solo
quedó una dudosa esperanza. Las sospechas pro-
nunciaban en voz baja el nombre de Lara: murmu-
raban de su mala reputacion, pero callaban al punto que él aparecia y aguardaban su ausencia para
entregarse de nuevo á conjeturas revestidas de negros colores.

VII.   Los dias pasaron: las heridas de Othon fueron curadas, pero no así su orgullo: no disimulaba
su ódio. Era un hombre poderoso el enemigo de Lara, al propio tiempo que amigo de cuantos le que-
rian mal.

Reclamó ante los tribunales del país, pretendiendo que se obligase á Lara á responder de Ezzelin.

¿Quién otro que Lara tenia motivos para temer su
presencia? ¿Quién habia podido hacerle desaparecer,
sino el hombre, á quien sus revelaciones podian ha-

cer tanto daño? El ruido aumentó: el misterio es siempre grato á la curiosa multitud.

Y deciase: «¿De dónde procede la indiferencia de Lara que desdeña la confianza de la amistad? ¿De dónde nace esa ferocidad que ha hecho traicion á su altivez? ¿Y esa habilidad en el manejo de la espada, dónde la ha adquirido su brazo, que nunca se empleó en la guerra? ¿Cómo es tan cruel su corazon? Porque seguramente no obra en él la ciega impulsion de una cólera pasajera que escite una palabra y que otra palabra apacigua, sino el sentimiento profundo de una alma que desconoce ya la piedad y que una larga costumbre de poder y de éxitos ha hecho inexorable.»

Todas estas opiniones y la inclinacion natural del hombre hácia la injuria y el descrédito, mas bien que al elogio, hicieron por fin estallar contra Lara, una tempestad capaz de hacerle temblar, y tal como sus enemigos habianla deseado. Exigiósele que respondiera de la cabeza de un hombre que, muerto ó vivo, debia perseguirle por doquiera.

VIII. Aquella comarca alimentaba mas de un descontento que maldecia la tiranía, bajo la cual se veia obligado á doblegarse. Mas de un déspota bárbaro, dictaba en ella por leyes sus caprichos. Largas guerras en el esterior y frecuentes querellas intestinas, abrian, sin cesar, una puerta á los estragos y á la opresion, que no esperaban mas que una señal para renovar las discordias civiles, durante las cuales la neutralidad no existe, y solo se cuentan amigos ó enemigos.

Los señores, encerrados en sus feudales fortalezas, eran obedecidos, pero aborrecidos por sus vasallos; la herencia que habia obtenido Lara no presentaba, como la de los otros, mas que dominios poblados por habitantes descontentos, corazones llenos de ódio y manos poco dispuestas al trabajo.

Pero su larga ausencia de la tierra natal habia
alejado de sí el ódio que la opresion produce. Despues de su regreso, la dulzura de su mando fué
desterrando por grados toda clase de terror. Sus
servidores no conservaban por su jefe sino su antigua
veneracion, y mas bien temieron por él, que por sí
mismos. Consideráronle desgraciado, por mas que
al principio creyóle la malignidad culpable. Sus
largas noches sin reposo, y su carácter silencioso,
fueron tomados como efecto de una enfermedad
exacerbada por la soledad. Aunque el género de
su existencia, hiciese triste su morada, sus maneras
eran amables, y ningun desgraciado salia nunca
sin consuelo: para ellos al menos el corazon de Lara
no desconocia la piedad. Si era frio con los grandes
y desdeñoso con los soberbios, en cambio nunca el
hombre humilde dejaba de llamar su atencion. Hablaba poco; pero bajo su techo siempre se tenia seguro un asilo que nunca se echaba en cara. Fácil
era notar que cada dia nuevos huéspedes conver-
tiánse en súbditos suyos. Sobre todo, despues de la
desaparicion de Ezzelin, fué cuando se mostró señor
mas cortés, castellano mas generoso. Tal vez su
combate con Othon hacíale temer alguna trama ur-
dida contra su cabeza. Pero en fin, fuesen cuales
fueran sus miras, supo hacerse con mas partidarios
que los señores sus iguales. Si esto era un efecto de
su política, tan hábil era, que la mayoría juzgábale
tal como él deseaba ser juzgado.

Si alguno, desterrado por un amo severo, acudia á
pedirle un refugio, seguro estaba de obtenerlo. Ningun labrador tenia que llorar la pérdida de su cose-
cha: apenas el esclavo podia murmurar contra su
destino. La avaricia encontraba en él la seguridad
para la custodia de sus riquezas: el pobre nunca estaba espuesto al desprecio; una muy buena acogida
y el afan de las recompensas, retenian á su lado á los

jóvenes guerreros, hasta que ya era demasiado tarde para pensar en abandonarle. Hacia esperar al ódio que el dia se acercaba en que podria al fin tomar una justa venganza; el amor, privado por un himeneo detestado, del objeto de sus aspiraciones, contaba con el éxito de una guerra, en la cual la posesion de los encantos que habia perdido, fuese el premio de la victoria: todo estaba preparado: Lara no esperaba mas que el momento favorable para proclamar la abolicion de una esclavitud, que solamente en nombre subsistia.

Othon creyó por fin llegada su revancha: su heraldo encontró al pretendido criminal, rodeado en su castillo de un millar de brazos libres de las cadenas feudales recientemente rotas, y que desafiaban á la tierra contando con la ayuda del cielo.

Era la misma mañana, en que Lara acababa de dar libertad á los esclavos, que gritaban: —«Ya no ahondaremos la tierra, sino para cavar la tumba de nuestros tiranos.» Tal era su grito de rábia. Hacian bien. Una palabra de órden es necesaria en los combates, para vengar al oprimido y conquistar el derecho.

Religion, libertad, venganza, una sola palabra basta para encaminar á los hombres hácia la matanza. La astucia sabe aprovecharse de una frase sediciosa y propagarla hábilmente para hacer triunfar el crímen y preparar un abundante pasto á los lobos hambrientos y á los gusanos de las tumbas.

IX. Los señores de aquellas comarcas habian usurpado tantos poderes, que el monarca, todavía niño, reinaba apenas. Aquel era, pues, el momento favorable para los sediciosos de levantar el estandarte de la revolucion. Los siervos despreciaban al rey, y odiaban al rey y á los señores. Solo esperaban un jefe. Y precisamente se les presentaba uno, unido á su causa por nudos indisolubles, y á quien las circunstancias y el cuidado de su propia defensa, llamaban de nuevo al ardor de los combates. Separado por un destino misterioso de aquellos, cuya cuna y naturaleza se habian formado para ser enemigos suyos, Lara desde aquella noche fatal, habia preparado los medios de desafiar todo cuanto el porvenir le preparara, por siniestro que fuese.

Razones ignoradas le prohibian sufrir que se intentase averiguar lo que habia hecho en climas lejanos.

Uniendo su causa á la de todos, tenia al menos la seguridad de retardar su caida. Exasperado por acontecimientos que amenazaban exacerbar su triste fortuna, la tormenta, que despues de haber hecho terribles estragos en su corazon se habia adormecido poco á poco, acababa de estallar de nuevo, y volvia á ser de nuevo lo que en otro teatro habia sido en otro tiempo.

Importábanle poco la vida y la gloria: pero no por eso dejaban de animarle las empresas desesperadas. Creyéndose destinado desde su nacimiento á ser objeto del ódio de los hombres, sonreia ante su ruina, con tal que no fuera él solo el arruinado. ¿Qué le importaba la libertad de los pueblos? No elevaba á los humildes sino para rebajar á los sobérbios. Habia creido encontrar el descanso en su sombrío retiro: el destino y el hombre acudian allí á sitiarle: mostrábase, pues, como una bestia feroz, acostumbrada á los ataques de los cazadores, y dispuesta á saltar sobre ellos. Los lazos eran inútiles: para cogerle era necesario matarle. Taciturno, feroz y sin ambicion alguna, no era mas que un espectador pacífico en la escena del mundo, cuando empujado de nuevo á la arena, volvió á aparecer como aguerrido jefe. Su voz, su aspecto, sus gestos denunciaban su natural ferocidad, y sus miradas, al gladiador esperimentado.

X.   —¿Haré ahora el relato tan á menudo repetido

de los combates que nos muestran siempre el triunfo de la muerte y el de los buitres? ¿La fortuna vacilante? ¿Pasando siempre de un lado á otro? ¿La fuerza victoriosa y la debilidad vencida? ¿Ruinas humeantes? ¿Murallas derruidas?

Esta nueva guerra fué parecida á todas: solamente las pasiones, libres de todo freno, desterraron todo remordimiento. Ningun combatiente pedia la vida: en vano hubiera pedido cuartel. Los prisioneros eran degollados sobre el campo mismo de batalla. El mismo furor animaba á los dos partidos simultáneamente triunfantes.

Tanto los que combatian por la libertad, como los que defendian la tiranía, creian haber derramado poca sangre, mientras quedase sangre que derramar.

Ya no era tiempo de estinguir la tea incendiaria. La desolacion y el hambre se disputaban el país: el incendio se propagaba por todas partes, la matanza sonreia á cada nueva víctima.

XI. Fuertes con el entusiasmo de su libertad recientemente adquirida, los partidarios de Lara obtienen la primera victoria: pero este éxito les pierde. Cesan de formar en sus filas á la voz de sus jefes: caen en horrible confusion sobre el enemigo, creyendo que su impetuosidad asegurará su derrota. La sed del pillaje y de la venganza arrastra á su pérdida á aquellos indisciplinados soldados. En vano Lara hace todo cuanto un jefe puede hacer para reprimir aquel furor: en vano pretende calmar su temerario ardor: la mano que encendió el fuego no puede ya apagarlo. El enemigo, mas prudente, puede solo detenerlos y probarles su loco error. Retiradas fingidas, emboscadas nocturnas, ataques desgraciados, batallas rehusadas, la larga privacion de un socorro necesario, acampamentos forzosos sobre una tierra húmeda, murallas inabordables, hé aquí todo cuanto no habian previsto.

En el dia del combate, avanzaban con el valor de guerreros avezados; pero preferian la accion mas sangrienta y una muerte rápida á aquellos diarios y crueles sufrimientos. El hambre, las enfermedades, sembraron la muerte en sus filas; la alegría inmoderada del triunfo cambióse en descontento. Solamente el alma de Lara permanece inquebrantable; pero le quedan pocos soldados para obedecerle y secundarle; sus numerosos compañeros quedan reducidos á escaso número. Verdad es que este se compone de los mas bravos y los mas desesperados, que al fin sienten haber desdeñado la disciplina. Solo una esperanza les queda. La frontera no está lejos. Por ella pueden, huyendo de la guerra y de su pátria, llevar á un estado vecino los pesares del destierro y el ódio de la proscripcion. Cruel es para ellos abandonar la tierra donde yacen sus antepasados, pero mas cruel les seria verse obligados á perecer ó á rendirse.

XII. La resolucion fué tomada. Pusiéronse en marcha. La luna propicia prestábales su luz para guiar sus pasos en las tinieblas... Ya aperciben el apacible reflejo de sus rayos en el rio, que sirve de límite á la tierra estranjera... ya distinguen... ¿Pero es la orilla?... ¡Cómo! Bordada se halla de las tropas enemigas! ¿Huirán? ¿Volverán sobre sus pasos? ¿Qué es lo que se vé brillar en la vanguardia? ¡La bandera de Othon! ¡La lanza del tirano que les persigue! ¿Son hogueras de pastores las llamas que brillan en las alturas? ¡Ay! ¡iluminan demasiado para favorecer su huida! ¡Privado de toda esperanza, muerto de fatiga, aquel puñado de bravos, venderá cara la victoria!

XIII. Hacen alto. Respiran. ¿Deben avanzar ó esperar que se les ataque? Si cargan al enemigo formado en batalla á lo largo del rio para oponerse á su marcha, algunos tal vez podrán romper la línea y escaparse.—«¡Carguemos! esclaman: esperar á que nos ataquen, seria accion digna de cobardes.» Sacan las espadas: aseguran las riendas de sus corceles. Esperan una señal para comenzar la accion. ¡Para cuántos guerreros la palabra que Lara va á pronunciar será embajadora de su muerte!

XIV. Su acero está ya fuera de la vaina: su rostro respira una sangre fria demasiado tranquila para parecerse á la desesperacion; pero la verdad es que demuestra mas indiferencia que la que conviene demostrar á los valientes en aquellos momentos terribles, si la suerte de los hombres les conmueve.

Vuelve su vista hacia Kaled, que demasiado fiel para demostrar el menor temor, se halla siempre al lado de su señor. Tal vez es la sombría claridad de la luna y no el terror de su alma, la que derrama en sus facciones una palidez melancólica, indicio dè su afectuoso celo.

Lara le observa y coloca una mano entre las suyas. No tiembla. Sus labios permanecen mudos; su corazon late apenas; solo sus miradas dicen:—«No »nos separaremos nunca. Tu tropa puede sucumbir: »tus amigos pueden abandonarte: en cuanto á mí, »puedo dar un adios á la vida, pero nunca á Lara.»

Dáse la señal, y el pequeño ejército estrechando sus filas, avanza sobre el enemigo, dividido en muchos cuerpos. El corcel ha obedecido á la espuela. Los aceros brillan y se cruzan. El número es mayor en una parte que en la otra, pero el valor es igual en ambas partes. La desesperacion lo disputa á la audacia y la resistencia persiste. La sangre corre por el rio, cuyas ondas conservan hasta por la mañana el color de la púrpura.

XV. Dando sus órdenes, animando á los suyos con su ejemplo, por doquiera el enemigo redobla sus esfuerzos, por doquiera sucumben sus compañeros, Lara deja oir su voz, hiere con su brazo terrible, é inspira una esperanza de que él no participa. Nadie piensa en huir, sabiendo que la fuga será vana. Los que retroceden, vuelven pronto á la carga, por todas partes donde las miradas y los golpes de su jefe hacen temblar á los vencedores. Tan pronto rodeado de sus compañeros, como solo, rompe las filas de Othon, reune á los suyos y se espone el mismo en los sitios de mayor peligro. El enemigo parece disponerse á huir. El momento es propicio. Lara levanta la mano y se lanza..... ¿Por qué su cabeza adornada de un penacho, se dobla súbitamente? Una flecha le ha atravesado el corazon. Su gesto fatal ha dejado á su corazon sin defensa y la muerte ha hecho caer aquel brazo amenazador. La palabra *victoria* espira en sus labios. ¡Como pende á un costado tristemente aquella mano belicosa: todavía empuña su espada, pero la otra ha dejado escapar las riendas del caballo!

Kaled se apodera de ellas.

Debilitado por su herida, inclinado casi sin vida sobre el arzon de la silla, Lara no se apercibe de que su paje desolado lo conduce lejos del lugar del combate; sus soldados, sin embargo, no cesan de herir y mas herir; nuevos cadáveres se amontonan sobre los que ya cubrian la tierra.

XVI. El dia llega á derramar su luz sobre los moribundos y los muertos, sobre las corazas y los cascos rotos. Corceles muertos, separados de sus caballeros. El esfuerzo de sus últimos suspiros ha hecho romper las correas de la silla. No lejos de ellos estremécese todavía, con un resto de vida, el pié que le hizo sentir la espuela, la mano que guiaba sus riendas.

Algunos créense cerca del rio, cuyas aguas parecen burlarse de la sed que devora al soldado, pereciendo con la muerte de los valientes. En vano su garganta abrasada, implora una gota, una sola gota, para saciar su sed antes de morir. Arrástranse con movimientos convulsivos sobre el musgo ensangrentado: la poca vida que les queda, piérdese en este último esfuerzo, pero al fin alcanzan la onda deseada. Inclínanse, sienten ya la húmeda frescura, han llegado al momento de gustarla... ¿Por qué se detienen? Ya no tienen sed que saciar... ya no la sienten... era su agonía... ya la han olvidado.

XVII. Bajo un tilo, separado de esta escena sangrienta, hay un gerrero respirando todavía, pero herido de muerte, en aquel cruel combate, del que él solo fué la causa.

Es Lara, cuya vida se estingue poco á poco. Kaled que antes seguia sus pasos, se halla de rodillas junto á él. Fijos los ojos en su seno entreabierto, intenta contener con su banda la sangre que sale á borbotones, y cuyo tinte se hace mas negro á cada esfuerzo convulsivo. Pronto, á medida que su aliento se debilita, no sale sino gota á gota la sangre que se escapa de su fatal herida.

Lara puede apenas hablar y hace señas de que todo socorro es inútl; estas señas le obligan á hacer un movimiento penoso. En su dolor, estrecha la mano que desea calmar sus sufrimientos, y dá gracias al paje con una tristísima sonrisa. Kaled, ni teme ni siente nada: no vé mas que aquella pálida frente que se apoya en sus rodillas, aquel rostro sombrío, cuyos oscurecidos ojos, eran antes la única luz que para él brillaba sobre la tierra.

XVIII. Los vencedores llegan despues de haber buscado á Lara en el campo de batalla; poço les importa su triunfo, si el jefe enemigo no ha sucumbido. Hubieran deseado hacerle prisionero, pero se aperciben de que seria en vano. Contémplales él con calma desdeñosa y parece reconciliarse con el destino, que le arranca de su venganza por medio de la muerte.

Arde Othon, y echando pié á tierra, contempla al que en otro tiempo hizo correr su sangre: infórmase del estado de su herida, Lara no responde, y mirándole apenas, como si el recuerdo de aquel hombre estuviese borrado de su memoria, vuelve sus ojos hácia Kaled y hablóle. Oyeron todos sus palabras, pero nadie comprendió el sentido. Su moribunda voz habló en aquella lengua estranjera, á la cual se unian para él tan estraños recuerdos: habla sin duda de acontecimientos sucedidos en otros países, ¿pero cuáles eran esos acontecimientos?

Solo Kaled los sabe, puesto que él solo le comprende y le responde en voz baja, mientras que sus enemigos les rodean mudos de asombro. En sus últimos momentos, aquellos dos hombres parecen olvidar el presente en el pasado, y hácense solidarios de un secreto destino, cuyo misterio nadie puede penetrar.

XIX. Hablaron mucho tiempo, aunque con voz debilitada. Hubiera podido crerse al oir al paje, que su muerte estaba mas próxima que la de Lara, con tanto trabajo salian las palabras de sus labios pálidos y temblorosos; pero la voz de su señor, aunque débil, fué todavía clara y tranquila hasta el momento en que la muerte anunció que se acercaba por medio de un siniestro gemido.

Nada cambió en su rostro inalterable, donde no podia leerse el menor remordimiento: pero en su última agonía, volviéronse con ternura sus ojos hácia Kaled. Cuando éste hubo acabado de hablar, Lara levantó la mano y señaló con un dedo el oriente; y esto, sea porque la claridad de la mañana hiriera su vista, en el momento en que el sol disipaba las nubes, sea por azar, sea porque tal vez el recuerdo de algun acontecimiento dirigiera su mano hácia lejanos países, teatro de aquel, Kaled no prestó mucha atencion á esto: pero volvió sus ojos, como si su corazon aborreciera la vuelta de la luz, precisamente cuando las tinieblas comenzaban á cubrir la frente de su amigo.

¡Lara no habia perdido aun todos los sentidos! ¡Ojalá que así hubiera sido!

Uno de los soldados que le rodeaban descubrió el signo redentor de la cruz, y le presentó el rosario sagrado, al que su alma pronta á volar á otro mundo podia invocar divino auxilio; Lara le contempló con mirada profana y sonriendo. ¡Qué el cielo le perdone, si fué de desden aquella sonrisa!

En cuanto á Kaled, sin romper el silencio y sin cesar de contemplar el rostro de Lara, enojóse, y con gesto impaciente, apartó la mano que presentaba el objeto sagrado, como si estorbase aquello al moribundo. Kaled parecia ignorar que la verdadera vida de Lara comenzaba en aquel momento; la vida inmortal que solo es concedida á aquellos, cuya fé adora al Cristo.

XX. Un doloroso gemido fué el último suspiro de Lara: una oscura nube cubrió sus caidos párpados: sus miembros se estendieron, estremeciéndose, sobre la tierra, y su cabeza se inclinó sobre la débil rodilla que no se cansaba de sostenerla. Antes habia estrechado sobre su corazon la mano que sostenia las suyas. ¡Ay! Ya no latía aquel corazon helado. Kaled no cesaba de interrogarle, por mas que sus débiles movimientos casi no le respondieran.—«¡Todavía palpita!,» esclamó de repente. ¡Ah, desgraciado! ¡Era un sueño! ¡Ya no existe! El que tú contemplas, *fué* Lara.

XXI. Kaled examinó tiernamente aquellos despojos terrenales, como si el espíritu que les animaba, no hubiera todavía alzado su vuelo.

Pretenden arrancarle á su dolorosa meditacion, pero nada consigue distraerle; y cuando se lo llevaron del sitio, donde tenia abrazado al cadáver sangriento; cuando vió caer por tierra aquella cabeza que pronto no habrá de ser mas que polvo, no se llevó las furiosas manos á los bucles de ébano de su rica cabellera, sino que inmóvil y estupefacto al principio, vaciló despues, y cayó, pronunciando apenas estas palabras —«¡Habia amado tanto! ¡Nunca corazon de mortal arderá en tan violenta llama!»

¡Por fin se descubria aquel largo secreto!

Desgarraron los vestidos del paje, para reanimar la vida en aquel corazon que no tenia ya ni el sentimiento de sus penas. Y se vió que el paje era una mujer. Kaled volvió en sí, y no se avergonzó. ¿Qué le importaba ya su honor y su sexo?

XXII. Lara no reposa donde sus padres. En el mismo campo donde murió, caváronle su tumba. Su último sueño no es por eso menos profundo, aunque dejara de recibir las bendiciones de un ministro del cielo, y sus cenizas quedaran privadas de un monumento fúnebre. Fué llorado por una amiga, cuyo dolor fué menos ruidoso, pero duró mucho mas que dura el de un pueblo que pierde á su rey. En vano se la cuestionaba sobre el pasado: ni las amenazas obtenian otra respuesta que el silencio. No dijo cómo lo habia abandonado todo, para seguir á aquel, cuyo corazon parecia tan poco amante; ni por que le habia amado. ¡Loca curiosidad! ¿Acaso es fruto de la voluntad el amor? ¿Lara no podia ser bueno para ella? Los hombres duros y severos tienen sentimientos mas vivos de lo que se cree; y cuando llegan á amar, ¿pueden ponerse en duda las tiernas emociones de su corazon, porque sus bocas sean avaras de palabras?

No eran nudos vulgares los que encadenaban á Lara el corazon y el alma de Kaled: pero nada pudo obligarla á confiar su misteriosa historia; y despues, la muerte ha puesto su sello en los labios de todos aquellos que hubieran podido descubrirla.

XXIII. Depositóse á Lara en la tierra, y encontráronse en su pecho, además de la última herida que habia cortado su vida, numerosas cicatrices que no procedian ciertamente de la guerra narrada. En cualquier país que fuese el que trascurrió el estío de su vida, sin duda fué en el fragor de los combates: pero nada se conoce ni de su gloria, ni de sus crímenes.

Sus cicatrices demuestran solamente que su sangre corrió en mas de una ocasion. Ezzelin, que hubiera podido contar el resto, no volvió. La noche en que habia prometido revelarlo todo, fué, sin duda, la última de sus noches.

XNIV. Dícese que aquella noche fatal (pero esto no es mas que un rumor vulgar) un siervo atravesaba el valle en el momento en que el sol iba á reemplazar á la luna, cuyo creciente, hallábase casi velado por una nube.

Este siervo, que se habia levantado muy temprano, para cortar la leña, con cuyo precio alimentaba á sus hijos, seguia el curso del rio que separaba los dominios de Othon de los de Lara, cuando oyó un ruido, y vió salir del bosque un caballo y un caballero. En el arzon de la silla, llevaba un objeto cubierto con una capa. El caballero llevaba inclinada la cabeza. Sorprendido ante esta inesperada aparicion, y presintiendo un crímen, el aldeano se ocultó á fin de espiar al desconocido. Este, cuando llegó al rio, saltó de su caballo, y cogiendo el fardo que llevaba, lo precipitó en las aguas. Se detuvo despues, lanzando en torno suyo inquietas miradas, que venian á posarse despues en el rio, cuya corriente seguian anhelantes, como si la superficie descubriera alguna cosa: dirigió despues sus pasos hácia un monton de piedras, que habian reunido los torrentes invernales; y apoderándose de las mas gruesas, las arrojó al agua con particular interés.

El siervo se habia ocultado en un sitio, desde don-

de, sin ser visto, podia observarlo todo. Creyó ver en
el rio el cadáver de un hombre, y hasta reconocer
una estrella de plata sobre los vestidos que le cubrian;
pero antes de que pudiera cerciorarse de la verdad,
un enorme guijarro hizo sumergirse al cadáver: éste volvió por un momento de nuevo á la superficie,
derramó en las ondas un tinte purpúreo y desapareció para siempre.

El caballero, no cesó de mirar al rio, hasta que el
círculo trazado sobre la superficie del agua, quedó
enteramente borrado; entonces, lanzándose sobre su
corcel, se alejó á todo galope. Llevaba cubierto el
rostro por un antifaz: y en cuanto á las facciones del
cadáver, si efectivamente lo era, el terror impidió
que el aldeano las reconociera: pero si era cierto que
habia visto una estrella sobre su seno, tal era el signo que distinguia á los caballeros, y hemos de recordar que Ezzelin llevaba una la noche del fatal suce-
ceso. ¡Si él fué quién perdió así la vida, que el cielo
haya recibido su alma! Sus restos ignorados, rodaron
á las ondas del Océano: ¡pero es muy caritativo pensar que no fué la mano de Lara la que le dió muerte
tan oscura!

XXV.   Kaled, Lara, Ezzelin, han cesado de vivir,
privados los tres de losa sepulcral.

En vano pretendieron alejar á Kaled del sitio en
que habia visto correr la sangre de su amigo; el dolor habia de tal manera abatido aquella alma, tan
altiva en otro tiempo, que derramaba escasas lágrimas, y nunca dejaba oir ni el gemido mas pequeño.
Si la amenazaban con arrancarla del lugar donde
apenas creia que Lara ya no existiese, sus ojos chis-
peaban furiosos como los de una tigre, á quien los
cazadores han robado sus cachorros: pero si se res-
petaba su solitario dolor, oíasela conversar con séres
imaginarios, como los que produce un cerebro enfermo. Dirigíales tiernas quejas; despues se detenia

bajo el árbol en que sus rodillas habian servido de apoyo en la cabeza de Lara: los mismos gestos, iguales palabras, le recordaban el momento de su agonía. Habia despojado su hermosa cabeza de su negra cabellera que conservaba en su seno; sacábala á menudo para estenderla y apretarla contra la tierra, como si secara la sangre de algun fantasma. Hacíale preguntas y respondia por él, ella misma. Despues, levantándose sobresaltada, le rogaba que se marchase, señalando con el dedo la aparicion de un espectro. Sentada con frecuencia sobre algun tronco de árbol, ocultaba su rostro entre sus manos, ó dibujaba sobre la arena caracteres estraños... Este dolor no podia durar mucho tiempo.

Ya reposa junto al que amó. Su historia es todavía un secreto; su ternura quedó bien probada.

FIN DE LARA.

EL SITIO DE CORINTO.

En el año mil ocho cientos diez, despues que **Jesús** murió por los hombres, éramos una valiente tropa que recorria la tierra á caballo, y desplegaba las velas por los anchos mares. ¡Oh, cuán alegres eran nuestros viajes! Pasábamos á vado los riòs y escalábamos las mas escarpadas colinas: nunca nuestros corceles tuvieron un dia de descanso al abrigo de una gruta, ó bajo la fresca sombra de un árbol: siempre encontrábamos un sueño dulcísimo en el lecho más incómodo. Envueltos en nuestro rudo capote albanés, tumbados sobre la tabla más dura de nuestro veloz bajel; ó estendidos á la orilla de un rio, con la cabeza apoyada en las sillas de nuestros caballos, que nos servian de almohadas, siempre estábamos seguros de despertarnos frescos y dispuestos á las fatigas del dia.

Todos nuestros pensamientos, todas nuestras palabras, tenian libre curso: gozábamos de salud, disfrutábamos de esperanzas; conociamos las fatigas de la vida aventurera, pero nunca sus pesares. Habia entre nosotros gente de todas las naciones y de todas las creencias. Unos pasaban las cuentas de sus rosarios, por ser hijos de la iglesia: otros eran hijos de la mezquita: algunos, si mal no recuerdo, no dependian de una ni de otra. De fijo que en todo el mundo no se hubiera encontrado caravana más heterogénea ni más alegre.

Unos han muerto ya; otros se hallan lejos; otros dispersos y aislados; otros hoy rebeldes, recorren las montañas que coronan los valles del Epiro, país donde la libertad deja oir todavía de vez en cuando el grito revolucionario de independencia y hace pagar con rios de sangre las crueldades de la tiranía: otros, no han podido encontrar la paz en sus hogares... ¡ay! ¡ya nunca más volveremos á reunirnos para divertirnos y viajar juntos!

¡Cuan rápidamente trascurrian aquellos dias de fatiga! Y ahora, cuan pesados, cuan lentos trascurren nuestros dias: pero mi pensamiento, como una golondrina vuela rozando el mar con sus alas, y mi imaginacion, pájaro salvaje y vagabundo, recorre de nuevo la tierra, atravesando velozmente los aires.

Esto es lo que despierta sin cesar mi lira y lo que me obliga á suplicar tan á menudo al pequeño número de los que soportan mis cantos, que me sigan en mis ideales peregrinaciones.

Extranjero, ¿quieres tú tambien seguirme y sentarte á mi lado en la cima del Acrocorinto?

I. Los años y los siglos, el soplo de las tempestades, y el fragor de las batallas han pasado sobre Corinto: pero en pié permanece todavía, como fortaleza erigida por la libertad. Las violencias del huracan, los temblores de la tierra, no han podido conmover su antiquísima roca, piedra central de una tierra que aunque decadente, ha conservado toda su altivez sobre aquel límite opuesto al doble mar, cuyas olas de púrpura, parecen dispuestas á combatirse, pero que arrastrándose acuden á sus piés, á depositar su cólera. Si toda la sangre derramada sobre aquellas orillas, desde el dia en que Timoleon hizo correr la de su hermano, hasta la vergonzosa derrota del déspota de los Persas; si toda la sangre empapada en aquella tierra, pudiese brotar de repente, este nuevo océano inundaria el itsmo que se prolonga indefinidamente en el mar. Si pudieran reunirse y amontonarse los blancos huesos de todos los que la guerra segó, veríase elevarse á través de los cielos una pirámide más alta que el monte Acrópolis, cuya cima coronada de torres, parece perderse en las nubes.

II. Veinte mil lanzas brillan sobre el monte Citeron: y desde las alturas hasta la doble ribera, álzanse las tiendas de los guerreros: la media luna brilla á lo largo de las filas en batalla de los musulmanes. Cada cuerpo de *spahis* se halla bajo las órdenes de un pachá de larga barba: y tan lejos como la vista puede alcanzar vénse cohortes de turbantes. El camello de la Arábia dobla la rodilla; el tártaro hace caracolear á su corcel; el turcomano ha abandonado á su rebaño, para ceñirse la cimitarra, y el trueno de la artillería, parece imponer silencio al mugido de las olas. La trinchera se ha abierto; la bala mensajera de la muerte, se escapa con silbido horrible de su tubo de hierro, y vá á destrozar las murallas de la ciudad, que se desmoronan poco á poco.

Pero los sitiados saben responder á los ataques de los infieles y enviarles tambien la muerte entre nubes de humo y de polvo.

III. ¿Quién es aquel guerrero, siempre el primero en el asalto? Más hábil en el arte fatal de las batallas, que ninguno de los adoradores de Alah, sobérbio y feroz como un jefe acostumbrado á ordenar la victoria, reconoce todos los puestos, siempre pronto á nuevas heroicidades, y lanza su corcel por doquiera que la accion es más empeñada y sangrienta. Si distingue una batería valientemente defendida, echa pié á tierra y reanima el valor del soldado que languidece; es el más terrible de todos los guerreros que son el orgullo del sultan de Stambul: es el mejor de todos, ya marche á la cabeza de sus batallones, ya apunte con su diestra mano el terrible cañon, ya armado de la lanza, ó ya haciendo describir un círculo á su ancha cimitarra. Es Alp, el renegado del Adriático.

IV. Nació en Venecia, donde cuenta ilustres antepasados; pero desterrado de su pátria, volvió contra ella la ciencia guerrera que sus compatriotas le habian enseñado, y hoy ciñe el turbante su afeitada cabeza.

De revolucion en revolucion, Corinto y la Grecia habian acabado por obedecer las leyes de Venecia. Entre los enemigos de la cristiandad, Alp hallábase inflamado de ese furor que esperimentan aquellos á quienes el recuerdo de una sangrienta injuria ha obligado á abrazar un culto nuevo. Venecia dejó de ser para él Venecia la *libre,* título de que tan orgullosos se mostraban sus ciudadanos.

Delatores, demasiado cobardes para mostrarse á la luz, habian depositado en la boca del leon de San Márcos (1) la acusacion que motivó su destierro: tuvo tiempo para huir y salvar sus dias, destinados á los combates. Hizo conocer á su pátria lo que perdia, rechazando de su seno á un hombre que defendiendo la cruz ó la media luna, no buscaba más que la venganza ó la muerte.

V. Cumurgi manda el ejército musulman; es el que mas tarde adornó el triunfo de Eugenio, cuando cayendo en la sangrienta llanura de Carlowitz, el último y el más terrible de los vencidos, murió sin desear la vida, pero maldiciendo la victoria de los cristianos. La gloria de Cumurgi, del conquistador de la Grecia, no puede ser completa en tanto que los adoradores del Cristo no devuelvan á

(1) Género de açusacion usado en Venecia.

la pátria de los héroes la libertad que debió en otro tiempo á Venecia! ¡Siglos han pasado desde que sometió los griegos á la media luna!

Alp habia recibido de Cumurgi el mando de la vanguardia. Muchas ciudades reducidas á cenizas justificaban esta confianza: y los golpes mortales de su brazo eran garantía de su fidelidad á su nueva religion.

VI. De dia en dia desmoronábanse las murallas, blanco contínuo del fuego de la artillería; las culebrinas truenan sin descanso : por intérvalos esplotan las bombas en alguna cúpula de Corinto.

El edificio cae con estrépito, bajo el globo encendido; las llamas surgen en columnas rojas y ondulantes, ó divididas en innumerables meteoros, van á estenderse por el espacio de los cielos.

Espesa las nubes la negra humareda, y el sol no puede atravesar con sus rayos los vapores de azufre que ocultan su disco á la tierra.

VII. Más no es solo la venganza lo que al renegado anima, cuando enseña á los musulmanes el arte de abrirse el camino de la brecha.

En los muros de Corinto hay una vírgen, que espera robar á un padre inexorable que desdeñó aceptarlo por yerno, cuando llevaba un nombre cristiano. En los dias más felices de su juventud, libre de toda acusacion, dotado de un franco buen humor, en su góndola ó en los salones, entregábase á los placeres del carnaval y daba sobre el Adriático las serenatas más melodiosas, que pueden dirigirse á una belleza italiana en el silencio de la noche.

VIII. Sospechábase que Francesca no habia sido insensible á las galanterías de aquel hombre: porque, solicitada por todos los nobles venecianos, nunca su mano se habia aprisionado en las cadenas de himeneo; y cuando Lanciotto (1) huyó al campo musul-

(1) Nombre de Alp, antes de su apostasía.

man, ya no volvió á aparecer la sonrisa en los lábios de la jóven. Palideció y tornóse cabizbaja: acudió con mas frecuencia á los templos, y raramente apareció en las fiestas y en los bailes, donde sus ojos bajos testimoniaban su indiferencia hácia los corazones, cuya conquista hacia su hermosura.

Cesó de distinguirse por la elegancia de su traje; su voz perdió su dulce vivacidad, sus piés eran menos ligeros en el baile, que tantos otros interrumpian pesarosos, cuando la mañana acudia á sorprenderles.

IX. Mientras que Sobieski humillaba el orgullo de la media luna, sobre las murallas de Buda y á orillas del Danubio, los generales venecianos, habian arrancado al imperio de Constantinopla, toda la comarca que se estiende desde Patras hasta el mar de Eubea. Encargado de representar al Dux en aquellos países, Minotti habia sido enviado á Corinto, cuando la paz, mucho tiempo hacia desterrada de Grecia, comenzaba á sonreir á aquel país desventurado.

La pérfida tregua, cuya ruptura fué la señal para espulsar á los cristianos, duraba todavía cuando Minotti habia llegado con su hija. Desde los tiempos en que la esposa de Menelao, abandonando á su rey y á su pátria, enseñó á los mortales las desgracias que son consecuencia de los amores adúlteros, ninguna belleza habia aparecido en Grecia que pudiera compararse á la divina Francesca.

X. La muralla está desmoronada, abierta la brecha: mañana al despuntar la aurora, los turcos, aunando sus esfuerzos, deben dar el postrer asalto á aquella masa de piedras derruidas. Asígnase á cada cual su puesto: en la primera fila se hallan los que tienen más esperanza, llamados injustamente *los desesperados*, cuerpo distinguido, compuesto de tártaros y musulmanes, despreciando hasta el pensamiento de la muerte, y sabiendo abrirse paso con sus cimitarras, á través de las filas enemigas; ó si llegan á sucumbir, haciendo de sus cadáveres una defensa para el guerrero que ha de morir el último.

XI. Es media noche. El redondo disco de la luna brilla friamente sobre el Citeron: el Océano desarrolla sus azuladas olas: la bóveda de los cielos sembrada está de estrellas parecidas á islas de luz en medio de otro Océano, suspendido siempre sobre nuestras cabezas. ¿Quién puede contemplarlas y volver la vista á la tierra sin sufrir un triste pesar, y sin desear alas para alzar al vuelo y confundirse entre sus claridades inmortales?

La calma reinaba sobre las olas, cuya espuma mojaba apenas los guijarros de la orilla, y cuyo murmullo parecíase al de un arroyo: el viento dormia sobre las olas: las banderas no flotaban, y por encima de las lanzas que rodeaban con sus pliegues, brillaba altiva la media luna.

Únicamente la voz de los centinelas turbaba por intérvalos aquel silencio.

A menudo tambien, el corcel dejaba oir sus altivos relinchos, que repetia el eco de las colinas. Pero un murmullo sordo, parecido al ruido del follaje estremecido por el viento, elevóse en el campo, despierto repentinamente: era la voz del muezzin, que invitaba al ejército á la oracion vespertina. Esta voz retumbó como el solemne canto de un génio, cuyos acentos respiran dulce y melancólica armonía: no de diferente modo surgen de una arpa solitaria, cuyas cuerdas son heridas por el viento, sonidos vagos y prolongados, desconocidos en la música de los hombres. Parecióles á los guerreros de Corinto el grito profético de su derrota: los mismos sitiadores se estremecieron, como heridos por uno de esos presentimientos inesplicables que á veces se apoderan del corazon, lo hielan de espanto, y le hacen palpitar con violencia, avergonzándose de su terror involuntario. De igual modo el sonido de la campana nos hace estremecer, aun cuando anuncie la pompa fúnebre de un desconocido.

XII. La tienda de Alp hallábase erigida sobre la orilla: terminada la oracion todo volvió á quedar en silencio. Habia colocado sus centinelas: habia hecho su ronda; todas sus órdenes habian sido dadas: todas habian quedado cumplidas. Una noche más de inquietudes y al dia siguiente la venganza y el amor iban á pagarle con usura el retardo de sus promesas. Unas cuantas horas más y la carnicería iba á empezar. Necesidad tenia de reposo para prepararse: pero los pensamientos precipitábanse en su alma, como las olas agitadas por la tempestad.

Alp se halla solo, de pié en el campo.

No es el entusiasmo del fanatismo el que le hace suspirar por el dia en que enarbolará la media luna sobre las torres de Corinto: si va á arriesgar su vida no es con la esperanza de la inmortalidad y de las huríes celestiales, por el profeta prometidas: no siente ese ardiente fuego del patriotismo, ese exaltado valor que inspira al ciudadano á derramar su sangre y desafiar todos los peligros en pró de su tierra natal.

Alp no es mas que un renegado armado contra su pátria; solo en mitad de su tropa, no tiene ni un corazon, ni un solo brazo en el que fiarse pueda. Síguenle, porque es bravo y enriquece á sus soldados con los despojos de los vencidos: arrástranse ante él porque conoce el arte de subyugar las almas vulgares: pero todavía no le ha sido perdonado su orígen cristiano: envidian hasta la gloria adquirida por un cristiano, bajo un nombre musulman: no se ha olvidado que aquel jefe tan temible ha sido en su juventud uno de los mayores enemigos de Mahoma.

Aquellos bárbaros ignoraban lo que puede el orgullo, cuando ha sabido ahogar todos los otros sentimientos. Ignoraban de qué modo el ódio cambia y endurece los corazones más tiernos, y cuál es el fanatismo de aquellos á quienes la necesidad de vengarse ha convertido á una nueva creencia. Sin embargo, obedecen: fácil es gobernar á hombres feroces, cuando uno se siente más audaz que ellos. Tal es el imperio del leon sobre el chacal. El chacal descubre la huella de la presa y la conduce á las garras del leon que, la inmola, se harta y le abandona el resto del banquete.

XIII. La cabeza de Alp arde, los latidos de su corazon son convulsivos.

En vano busca una posicion favorable para el sueño: el reposo huye de él, ó si consigue adormecerse un momento, despiértase sobresaltado y con el corazon oprimido. El turbante estrecha dolorosamente su frente, y su cota de malla, pesa como el plomo sobre su corazon.

Sin embargo, en otras ocasiones, el sueño habia cerrado á menudo sus párpados aunque, como hoy, se hallase tendido, vestido de todas armas, sin almohada ni tienda, sobre una tierra más dura, y bajo un cielo menos puro.

En vano llama al reposo; no puede esperar el dia en su tienda, y dirige sus pasos hácia la arena de la playa, donde encuentra á millares de soldados pacíficamente dormidos.

¿Se hallan acaso más muellemente recostados?

¿Por qué Alp, no disfruta de un sueño concedido al último de sus soldados? ¿Son, por ventura, sus peligros más numerosos que los de su jefe? ¿Son más penosos sus trabajos? Sin embargo, ellos sueñan en paz con el botin prometido, y solo, en medio de aquellos desgraciados que duermen, quizá por la última vez, Alp pasea su cruel inquietud, y envidia la suerte de todos los que se ofrecen en aquel momento á sus miradas.

XIV. La frescura de la noche, alivió un poco el estado de su alma. El aire era dulce; y el purísimo rocío derramaba un bálsamo sobre su frente. Ya ha pasado los límites del campo; apercibe ante sí la bahía y las ensenadas irregulares del golfo de Lepanto. Sobre la cima de las montañas de Delfos, brilla una nieve respetada por los años. Los siglos no la aniquilarán como aniquilan á la raza humana. Los tiranos y los esclavos desaparecen ante los rayos del sol, mas frágiles que el ligero, blanco velo, que cubre eternamente las cimas de los montes y que sobrevive á los árboles y á las torres ambiciosas. Aquella nieve inmortal parece un paño fúnebre que la libertad ha estendido sobre su tierra favorita, antes de ser desterrada de ella. Abandonando con pesar aquellos lugares, donde un génio profético inspiraba los cantos gloriosos de los héroes, alejóse llorando y acortando sus pasos cuantas veces pisaba incultos campos ó altares derribados. Dispuesto se halla á llamar á los hijos de los griegos, mostrándoles los gloriosos trofeos de sus padres: pero ¡ay, su voz es impotente, no volverá nunca aquel dia de eterna memoria, que iluminó la derrota de los persas y vió sonreir al espartano espirante!

XV. A pesar de su traicion criminal, Alp no habia perdido el recuerdo de aquellos gloriosos tiempos. Comparó el presente con el pasado: pensó en la muerte gloriosa de aquellos que habian derramado su sangre por una causa mejor, sobre aquella misma tierra por donde dirigia sus pasos errantes. Conocia cuán débil y mancillada seria la gloria que adquiriera un traidor que mandaba un ejército musulman y cuyos triunfos serian sacrilegios. No eran así aquellos héroes, cuyas cenizas dormian en torno suyo. Sus falanjes habian combatido en aquellos mismos sitios cuyas trincheras eran aprovechadas por el enemigo. Víctimas fueron de su abnegacion, pero morir no pueden.

La brisa parece suspirar sus nombres, y las aguas murmurar sus hazañas: llenos están los bosques de su gloria. La columna, que aun eleva su cabeza solitaria, enorgullécese de pertenecer á su polvo sagrado: sus sombras habitan las montañas: su memoria encuéntrase siempre en las fuentes: el arroyo mas humilde, el rio mas sobérbio han asociado su fama á sus ondas. A pesar de su yugo, aquella tierra será siempre su pátria y la de la gloria. El hombre que desea ilustrar su nombre con una noble hazaña, vuélvese á contemplar la Grecia, y orgulloso con el ejemplo de sus héroes, se atreve á pisotear las cabezas de los tiranos, y vuela á los combates, para morir ó ser libre.

XVI. Alp meditaba en silencio, bendiciendo la dulce frescura de la noche. Ninguna agitacion turbaba las olas de aquel mar, que corre eternamente sin flujo ni reflujo. Por fuerte que ,fuese el furor de las olas, apenas [si traspasaban los límites que las detenian, y la luna impotente las veia libres de su influencia. Que el tiempo esté tranquilo ó que ruja la tempestad, la roca, altiva sobre su base inquebrantable, desafía á la ola mugiente que no puede llegar hasta ella. La blanquizca huella de la espuma, es la misma hace siglos: apenas una corta playa de arena la separa del musgo de la orilla.

Alp se acerca á la muralla, desde donde podia ser herido; pero nadie le vé.

¿Cómo puede librarse de los tiros del enemigo? ¿Habrá traidores entre los cristianos? ¿Sus manos se han paralizado? ¿El frio ha helado sus corazones? Lo ignoro, pero ninguna bala parte de las murallas, ninguna ha silbado todavía sobre la cabeza del renegado, por mas que se hallase á dos pasos del lienzo de muralla, cuya puerta daba al mar, y por más que oyera el ruido del cuerpo de guardia y llegara hasta oir las palabras rudas de los centinelas que herian el suelo con paso mesurado.

Vé encima de las trincheras perros hambrientos que, gruñendo, devoran los cadáveres que yacen aquí y allá. Demasiado ocupados se hallan con sus presas para pensar en perseguirle con sus ladridos. Habian ya despojado la cabeza de un tártaro, de toda su carne, de igual modo que se quita la piel al fruto maduro de la higuera: sus blancos dientes chocaban con ruido sobre el cráneo mas blanco todavía, que se deslizaba fuera de sus colmillos y apenas podian levantar su cuello abotargado.

Alp reconoció por los turbantes que habia esparcidos por la arena, que aquellos que sirviendo de pasto estaban á aquellos animales hambrientos, eran los mas valientes de su ejército. Los *shawls,* que habian rodeado la frente de aquellos guerreros, eran de un color verde mezclado con escarlata, y de sus cabezas afeitadas, sobresalia una larga mecha de cabellos.

En la orilla, un buitre pegaba con sus alas á un lobo que habia robado á las aves de rapiña los restos de un caballo y á quien la presencia de los perros habia impedido asistir al festin de los cadáveres.

XVII. Alp apartó su vista de aquel horroroso espectáculo. Nunca su corazon se habia estremecido en medio de los peligros de una batalla; pero mejor hubiera soportado el aspecto de un guerrero que espira en las olas de su sangre, devorado por la sed de la agonía, que ver animales feroces desgarrar los cadáveres de aquellos desgraciados, libres ya de todo dolor.

Existe un sentimiento de orgullo que nos inspira la señal de los combates: cualquiera que sea la forma bajo que aparezca la muerte, la gloria se halla allí, para proclamar el nombre de los que sucumben, y el honor tiene puesto sus miradas sobre las hazañas del valor; pero cuando todo ha concluido, es penoso pisotear los cuerpos de aquellos que aun esperan un sepulcro, y ver á los gusanos de la tierra, á las aves de rapiña y á las bestias feroces, acudir á disputarse los restos del hombre, y regocijarse con su muerte.

XVIII. No lejos de allí, un templo antiguo cubria la tierra con sus ruinas: dos ó tres columnas permanecian todavía en pié y el musgo crecia sobre el mármol y el granito.

¡Tal es el tiempo inexorable! No respetará el porvenir como no respetó el pasado, dejando siempre los restos de lo que mata para hacernos gemir sobre lo que fué y sobre lo que será. Lo que nosotros hemos visto, nuestros hijos lo verán como nosotros; los restos de los monumentos que ya no existen y los fragmentos de las piedras elevadas por la mano de los hombres mortales.

XIX. Alp se sentó en la base de una columna y pasóse una mano por la frente como un hombre que medita dolorosamente: inclinada tenia su cabeza sobre su corazon agitado por un movimiento convulsivo: su mano erraba vagamente por su rostro, como la de un músico que recorre desordenadamente el teclado de un piano, antes de haber encontrado el tono que busca.

Tristemente absorto, creyó oir el soplo del viento de la noche, parecido á un suspiro tierno y melancólico; pero ¿era el viento que gemia en las hendiduras de alguna roca?

Alp levantó la cabeza y miró al mar: tersa estaba su superficie como la de un cristal: miró á la yerba; nada hacia inclinar su tallo móvil: ¿de dónde, pues, procedia aquel sonido tan dulce? Dirigió su mirada á las banderas: nada hacia agitarse sus pliegues; ni tampoco se movian las hojas de los árboles en el bosque Citeron: ni él mismo siente sobre su rostro la impresion del soplo que ha escuchado. Vuelve la cabeza... ¿Puede creer á sus ojos? Vé á una doncella, deslumbrante de belleza y juventud.

XX. Estremécese con mayor terror, que el que de fijo esperimentaria en presencia de un enemigo.

—¡Dios de mis padres! esclama, ¡qué veo! ¿quién eres tú? ¿de dónde vienes? ¿qué buscas tan cerca de un campo musulman?

Sus manos temblorosas se niegan á trazar la señal de la cruz, que ha cesado de ser para él prenda de salvacion.

Hubiera obedecido seguramente al primer impulso, pero su conciencia le detiene.

Mira, examina, reconoce aquel rostro hermosísimo, aquel talle esbelto: es Francesca la que está á su lado, Francesca que hubiera podido ser su esposa.

Las rosas brillaban todavía én sus mejillas, pero su color era más pálido. ¿Adónde habian huido el movimiento gracioso de sus labios y la sonrisa que embellecia el tono de sus mejillas? El azul del Océano tiene menos dulzura que el azul celeste de sus ojos: pero su pupila permanece ahora inmóvil como las olas, y su mirada es glacial. Una gasa ligera vela apenas sus pechos, blancos como el lirio, y á través de su suelta cabellera, descubre Alp los elegantes contornos de sus brazos.

Antes de dirigir la palabra á su amante, levantó ella hácia el cielo una mano tan pálida y trasparente, que á través de la misma hubiera podido verse la luna.

XXI. —«He abandonado, dijo, el lugar de mi re-»poso, y vengo á buscar al que amo, para ser dicho-»sa y hacerle venturoso. He franqueado las murallas, »las puertas y las filas de los centinelas; he llegado

»hasta tí sin temor alguno. Dícese que el leon huye
»ante una doncella que no tenga otra defensa que
»su pudor; y el Dios que protege á la inocencia con-
»tra el tirano de los bosques, se ha dignado en su
»misericordia preservarme de caer en manos de los
»infieles. Vengo á tí; si es en vano, nunca más vol-
»veremos á reunirnos ¡nunca más! Has cometido un
»crímen odioso, abandonando la fé de tus padres;
»pero... pisotea ese turbante sacrílego, haz el signo
»sagrado de la cruz, y eres mio para siempre: borra
»la mancha que mancilló tu corazon, y el dia de
»mañana nos reunirá para no volver á separarnos.»

—«¿Y dónde se erigirá nuestro lecho nupcial? res-
»pondió Alp. En medio de los muertos y los mori-
»bundos: porque mañana es cuando entregaremos á
»las llamas y á la matanza los altares y los hijos de
»los cristianos: solo tú y los tuyos podreis libraros:
»lo he jurado; te trasportaré á un asilo afortunado
»en donde el himeneo nos unirá y olvidaremos todos
»nuestros pesares: allí serás mi esposa, despues que
»yo haya humillado una vez más el orgullo de Ve-
»necia, y que sus aborrecidos ciudadanos hayan
»visto este brazo que pretendian envilecer, castigar
»con un látigo de escorpiones, á los que una cobar-
»de envidia, convirtió en mis enemigos.»

Francesca colocó una mano sobre las de Alp. La
impresion fué apenas sensible, pero él se estremeció
hasta la médula de los huesos.

Helóse su corazon. Quedó inmóvil de estupor.

Apenas si la fria mano de Francesca, estrechaba
las de Alp: pero este hubiera intentado en vano re-
chazarla; nunca el roce de una mano adorada co-
municó semejante emocion de terror.

El ardor de su frente habia cesado: su corazon parecia petrificado, cuando, contemplando las facciones de la que tanto amaba, reconoció de que modo
habian cambiado los colores de su tez.

Todavía era bella, pero sin espresion, y privada del rayo celeste que anima la fisonomía, como el sol hace brillar las olas en un bello dia.

Sus lábios estaban inmóviles como la muerte, y sus palabras se escapaban de sus lábios, sin que el aliento las acompañase. Su seno no era agitado por una dulce respiracion, y la sangre parecia no correr por sus venas; á pesar de la brillantez de sus ojos, sus pupilas fijas no lanzaban sino vagas miradas, como los ojos de un hombre dormido á quien un sábio hace levantar de su cama.

No de distinto modo vénse las sombrías figuras de un tapiz agitado por el viento: sus personajes inanimados, pero que parecen vivos, asustan á la débil luz de una lámpara moribunda. Creeríase en las tinieblas que se hallan dispuestas á salir del lienzo y que andan cada vez que el viento las mueve.

Francesca añadió:

—«No lo hagas por mi amor, házlo al menos por »el amor del cielo: te lo repito: arroja de tu frente »infiel ese turbante, y jura perdonar á los hijos de »tu pátria: sino, estás perdido: no verás ya mas... no »la tierra, que ya no existe para tí, sino ni el cielo, »ni tu Francesca. Si escuchas mi ruego, y sin em- »bargo, tu suerte es cruel, ello será un medio de ex- »piar una parte de tus crímenes. La puerta de la mi- »sericordia puede abrirse todavía para tí; reflexiona »un momento: prepárate á la maldicion de Dios á »quien haces traicion: dirige al cielo una última »mirada, y véle dispuesto á cerrarse para siempre. »Mira esa pequeña nube al lado de la luna; pronto »la habrá traspasado. Pues bien, si cuando ese velo »vaporoso, haya cesado de ocultarnos su disco, tu »corazon no ha cambiado, Dios y el hombre queda- »rán vengados; tu sentencia será terrible, y más ter- »rible todavía tu eternidad de dolor.»

Alp levantó sus ojos y vió en la bóveda celeste la

nube que le mostraba Francesca: pero su corazon estaba ulcerado y era inflexible su orgullo: esta funestísima pasion, arrastraba á las demás como un torrente.

¡Alp, perdir perdon! ¡Asustarse por las palabras de una doncella tímida! ¡Olvidar las injurias de Venecia! ¡Salvar á sus hijos, castigados á muerte! ¡No! Aun cuando aquella nube hubiera sido más terrible que la que encierra el trueno y estuviera destinada para aniquilarle! ¡No!

Alp fijó sus miradas en aquella señal amenazadora, sin responder una sola palabra. La nube pasó. La luna brilló de nuevo. Entonces dijo:

—«Cualquiera que sea mi destino, no puedo re-»troceder; es demasiado tarde: inclínese, enhora-»buena, para volver á levantarse, el rosal combatido »por la tempestad; pero la encina debe troncharse. »Sigo siendo lo que Venecia quiso que fuese; su »enemigo en todo, escepto en mi amor hácia tí. ¿Pe-»ro, acaso, no estás en completa seguridad con tu »amante? ¡Francesca, huyamos juntos!»

Volvió la cabeza. Francesca no se hallaba ya á su lado: solo vió el mármol de la columna. ¿Habíasela tragado la tierra? ¿Habia alzado su vuelo por el aire?

Alp no sabia qué pensar de aquella estraña y rápida desaparicion.

XXII. La noche ha huido. El sol brilla como si fuese á alumbrar un dia de fiesta. La aurora vá apartando paulatinamente el negro manto de las tinieblas: todo anuncia un calor terrible. Resuenan los tambores y las trompetas: despliéganse las banderas con ruido, flotando en la punta de las lanzas: óyese el relincho de los corceles, el tumulto del ejército y los gritos de «A las armas! A las armas!» Los estandartes de los Pachás son conducidos á la cabeza de sus tropas: desenváinanse las cimitarras; fórmase el ejército en batalla y no espera mas que una señal.

Tártaros, spahis, turcomanos, acudid á la vanguardia: caballeros, guardad todos los desfiladeros, rodead la llanura, haced inútil la fuga á los que pretendan escaparse de la ciudad; que ningun cristiano, niño ó anciano, evite la suerte que le espera. La infantería va á propagar la carnicería sobre la brecha y penetrar en Corinto.

Los corceles, estremeciéndose, tascan el freno: agitan con altivez sus flotantes crines: el freno se halla cubierto de una blanca espuma. Yerguénse las lanzas; enciéndense las mechas, apuntado está el cañon hácia la ciudad, dispuesto á vomitar la muerte y á aniquilar las trincheras que ya ha comenzado á destrozar. Las falanges de los *jaunisarios* marchan á las órdenes de Alp. Desnudo lleva su brazo derecho como la hoja de su cimitarra. El Khan y los Pachás se hallan todos en sus puestos: el mismo Visir se ha colocado á la cabeza de su ejército.

Cuando haya dado la señal la culebrina, ha de emprenderse la marcha: no se ha de conceder la vida á ningun habitante de Corinto: no se ha de dejar ningun sacerdote en sus altares, ningun jefe en sus palacios, ningun hogar en sus casas, ninguna piedra en sus murallas.

«¡Dios y el profeta; *Allah hu!* ¡Qué este grito se eleve hasta las nubes! —Esta es la brecha! exclama Cumurgi: estas las escalas para asaltar las murallas; en vuestras manos teneis los sables; ¿dejareis de ser vencedores? El que primero derribe el estandarte de la cruz, podrá realizar el deseo que quiera; nada le será rehusado!»

Así habla el bravo Visir: respóndenle blandiendo las lanzas y con esclamaciones dignas de un ejército lleno de ardiente entusiasmo.

¡Silencio!... La señal se ha dado.

XXIII.   A la manera que un rebaño de lobos ham-

brientos se precipitan sobre un formidable búfalo, á
pesar del fuego que despiden sus ojos, y de los ru-
gidos de su cólera y de que afirmando los piés hace
volar por los aires con sus sangrientos cuernos á los
primeros que osan atacarle; así los musulmanes marchan hácia las trincheras: así los mas audaces caen
bajo los golpes de los sitiados. Una gran parte de
sus guerreros cubre la tierra: rotas están sus cotas
como el vidrio, por el plomo mortífero que horada
el suelo sobre que están tendidos: batallones enteros
caen, parecidos á las espigas del trigo, segadas por
la hoz.

XXIV.   Lo mismo que una roca, de antiguo mi-
nada por los torrentes de invierno, vé de repente
enormes fragmentos desprendidos de su base, rodar
á las olas con el estrépito del trueno, así, parecidos
á la avalancha que se precipita en los valles de los
Alpes, los habitantes de Corinto, debilitados por un
largo sitio, sucumbieron á los repetidos asaltos de
las tropas musulmanas. Su resistencia fué terrible, pero al fin fueron agobiados por los infieles, y
cayeron, estrechando siempre sus filas, sin retroceder.

Solo la muerte permanecia muda en aquel teatro
de horrible matanza; los golpes de los que daban la
muerte, las quejas de los vencidos, los gritos de la
victoria, mézclanse al trueno de la artillería.

Las ciudades vecinas escuchan con inquietud aquel
ruido que llega hasta ellas, ignorando si la fortuna
sonrie á sus aliados ó á sus enemigos; si deben afligirse ó alegrarse ante aquella gritería espantosa que
los ecos de las montañas se trasmiten con sonido terrible. Salamina y Megara, el Pireo mismo, oyeron
el ruido de aquella fatal jornada.

XXV.   Tintos en sangre están los sables desde la
punta hasta la empuñadura. La ciudad se ha tomado: el saqueo comienza. Gritos agudísimos salen de

las casas, donde los soldados buscan el botin: óyense los pasos precipitados de los que huyen, resba-
lando en los arroyos de sangre que inundan las
calles. Pero en todas las partes donde los sitiados encuentran una posicion favorable, se reunen en grupos de diez ó doce guerreros, se apoyan en una muralla, resisten á los enemigos, lanzan golpes mortales y caen con las armas en la mano.

Notábase en uno de esos grupos á un anciano de
blanca cabellera, pero cuyo brazo era todavía robusto y valiente; sostenia tan bravamente el ataque de
los que se atrevian á acercársele, que los cuerpos de
los turcos que habia inmolado formaban un semi-
círculo ante él: todavía no habia sido herido, y aunque se batía en retirada, no podian conseguir acor-
ralarle.

Más de una cicatriz debajo de su armadura, ates-
tiguaba, hacer mucho tiempo que conocia los peligros;
pero todas sus heridas las habia recibido en otros
combates.

A pesar de su edad avanzada, era bastante robusto
para disputar su vida á los guerreros más jóvenes:
los enemigos que no se atrevian á acercársele eran
más numerosos que sus cabellos blancos.

Su sable privó á más de una madre de un hijo que
todavía no habia nacido, cuando Minotti habia derramado por vez primera la sangre de los adoradores
de Alah. Privado él mismo del suyo hacia mucho
tiempo, su dolor habia sido funesto á más de un padre. Si las sombras se apaciguan con la matanza, la
sombra de Patroclo, tendria menos víctimas inmola-
das á su reposo, que el hijo de Minotti que murió en
los Dardanelos. Sepultado fué en la misma orilla,
donde tantos guerreros habian encontrado su tumba durante siglos enteros. ¿Qué queda hoy para mos
trarnos la muerte de aquellos héroes y el lugar de
su sepultura? Ninguna losa mortuoria: dispersas es-

tán sus cenizas; pero la poesía les asegura la inmortalidad!

XXVI. ¡Oigo retumbar el grito de Alah! Es un batallon de musulmanes, de los mas bravos y atrevidos que se adelantan.

El nervioso brazo de su jefe está desnudo hasta el hombro. Aquel brazo que les guía está siempre dispuesto á herir.

Por sus golpes se le reconoce en los combates.

Otros se distinguen por una brillante armadura, con objeto de tentar al enemigo, con la esperanza de un precioso despojo.

Otros llevan una espada de guarnicion riquísima.

Pero ninguno posee una hoja tan temible.

No es seguramente en un rico turbante en lo que Alp desea ser reconocido, sino en su brazo desnudo y sangriento: acudid á lo más récio de la pelea, seguros de que allí habreis de encontrarlo. Ningun estandarte musulman arrastra más lejos á los Delhis.

Brilla como un meteoro. Por todas partes donde se apercibe aquel brazo temible, los guerreros más valientes combaten. Allí es donde el cobarde pide en vano la vida al tártaro inexorable; donde el héroe muere en silencio, desdeñando el gemido al sucumbir, é intentando un nuevo golpe, olvidando su debilidad para agarrarse á la tierra ensangrentada.

XXVII.   El viejo Minotti resistia todavía.

Alp se detiene y le dice:

—Ríndete, Minotti, para salvarte con tu hija!

—Nunca, traidor, renegado, nunca, aun cuando fuese eterna la vida que de tí habria de recibir!

—Francesca! Amada mia! ¿Es preciso que ella sea víctima de tu nécio orgullo?

—Se halla en seguridad!

—¿Dónde?

—En el cielo, cerrado á tu alma pérfida: lejos de tí, entre las santas vírgenes!

Minotti sonrió con cruel alegría al ver vacilar á Alp, escuchando estas palabras, y próximo á caer como si una mano enemiga le hubiese herido mortalmente.

—¡Cielos! exclamó. ¿Desde cuándo no existe?

—Desde ayer, respondió Minotti; y no lloro su muerte: ninguno de mis hijos se verá preso entre los hierros de Mahoma, ó en los de un apóstata. Acércate y defiéndete.

Este desafío era en vano. Alp no pertenecia ya al número de los vivos. Mientras que las crueles palabras de Minotti servian mejor á su venganza que hubiera podido hacerlo la punta de su espada, si hubiese tenido tiempo de hundirla en el corazon del traidor, una bala partida de un pórtico vecino, donde algunos valientes desesperados defendian todavía una iglesia, habia derribado á Alp.

Antes de que se pudiese ver correr la sangre de la herida que terminó sus dias, vaciló y cayó. Un relámpago brotó de sus ojos, y las tinieblas cubrieron su cadáver palpitante; no le quedó de la vida más que un estremecimiento pasajero, que agitó sus miembros estendidos en tierra.

Intentaron levantarle: su pecho y su frente estaban manchados de polvo y de sangre: negra saliva se escapaba de sus labios lívidos: su pulso estaba sin movimiento; no se habia oido su último suspiro; ni una palabra, ni un sollozo convulsivo habia señalado su paso de la vida á la muerte. Antes de que su alma hubiera tenido tiempo para orar, habia abandonado su cuerpo, sin la esperanza del perdon celestial: murió renegado.

XXVIII. Los clamores de los enemigos de Alp, mézclanse á los de sus soldados; estos lanzan gritos de furor, y los primeros, gritos de triunfo; vuelve á empezar el combate, crúzanse lanzas y espadas, ruedan guerreros por el polvo. Minotti defiende valientemente cada pulgada de terreno que se ve obligado á ceder en la ciudad, confiada á su mando: los restos de su tropa fiel, unen sus esfuerzos á los suyos. Todavía pueden parapetarse en la iglesia, de la cual partió la bala que vengó á medias á los vencidos, con la muerte del renegado. Minotti y los suyos se refugian en ella, dejando tras de sí un arroyo de sangre. No cesan, siempre retrocediendo, de presentar la cara al enemigo, y dirígense á respirar un momento detrás de los macizos pilares del lugar sagrado.

¡Ay! cuan corto fué aquel momento. Los musulmanes ven aumentar su número y su audacia; caen sobre los cristianos con tal encarnizamiento y tal temeridad, que hasta su gran número llega á ser funesto para los más atrevidos.

La calle que conducia á la última trinchera de los defensores de Corinto, era tan estrecha que los turcos que se perdian entre las columnas del templo, intentaban vanamente volver sobre sus pasos, y sucumbian sin poder emprender la huida; pero antes que hubiesen cerrado los ojos, sus vengadores se erigian sobre sus cuerpos espirantes. Soldados todavía más terribles, reemplazaban á los que dejaban de existir, y la carnicería no conseguia abrir claros entre sus filas.

XXIX. Las luces que adornan á los altares de los cristianos no pueden atravesar con su claridad vacilante las nubes producidas por las descargas de mosquetería.

Los otomanos se hallan ante la puerta: resiste sobre sus goznes de bronce y por cada rendija, llueve una granizada de balas.

Al fin, el pórtico tiembla sobre sus cimientos, cede el hierro, los goznes rechinan y se rompen, cae la puerta. La cosa es hecha; Corinto perdida, no podrá ya resistir, ni un solo momento.

XXX. De pié sobre las gradas del altar, Minotti sobrevive casi solo á los valientes que no han podido salvar á Corinto, y no ha cesado de amenazar á los turcos que le perseguian.

Una Madona pintada hay sobre su cabeza: es la obra de un pincel celestial: aquel cuadro parece colocado encima del altar, para elevar al hombre hácia las cosas divinas; la bendita Madre del Dios Niño, tenia á su hijo sobre sus rodillas y sonreia al ruego de los muertos suplicantes, como si prometiera llevar ella misma sus piadosas oraciones al trono del Eterno.

·En medio de la carnicería que ensangrienta al templo, la Vírgen sigue sonriendo: Minotti alza sus ojos hácia ella, hace la señal de la cruz, suspirando, y se apodera de una tea que arde sobre el altar.

Las llamas y el hierro de los musulmanes le rodean terribles por todas partes.

XXXI. Las catacumbas existentes bajo el mosáico encerraban los muertos de muchos siglos; sus nombres estaban grabados sobre sus tumbas, pero la sangre no hubiera dejado leerlos. Los escudos esculpidos; los estraños colores que presentaban las venas numerosas del mármol, no se distinguian ya bajo los restos de los aceros y de los cascos. Sobre el mármol del templo, los guerreros yacian sin vida; y bajo sus bóvedas, otros cadáveres reposaban en sus féretros, cuyas sombrías filas hubieran podido apercibirse por una estrecha abertura; pero la guerra habia penetrado en aquellas oscuras catacumbas, depositando allí su salitre destructor: allí, durante el siglo, los cristianos habian establecido su principal almacen: un reguero de pólvora comunicaba con él; esta era la última, pero la mas terrible determinacion, el supremo recurso de Minotti contra los vencedores.

XXXII. Precipítanse los turcos en la iglesia: la

pequeña tropa de los cristianos desplega una inútil bravura. A falta de poder saciar su sed de venganza sobre mayor número de enemigos, los bárbaros mutilan los cuerpos de aquellos que han sucumbido y separan las cabezas de los inanimados troncos: despojan las capillas de sus ricas ofrendas y se disputan los vasos preciosos, benditos por santos pontífices.

Corren al altar. ¡Oh, espectáculo glorioso! El cáliz de los grandes misterios se halla todavía sobre el tabernáculo; aquel vaso de oro seduce los ávidos ojos de los soldados de Mahoma. Contenia los restos del vino sagrado convertido en sangre de Cristo, que el sacerdote habia distribuido aquel mismo dia á sus adoradores, para santificar sus almas, antes de enviarles al combate. Todavía quedaban algunas gotas en el fondo del cáliz; alrededor del altar brillaban doce candelabros de riquísimo metal. ¿Quién se apoderaria de aquel despojo? Era el último y el mas bello.

XXXIII.   Ya un tártaro estendia una mano sacrílega hácia el sagrado vaso, cuando de repente Minotti acerca su tea á la pólvora.

Las bóvedas, el campanario, el altar, las reliquias, los objetos preciosos del culto, los vencedores, los cristianos, los muertos y los vivos, saltan con los restos del templo.

Casi toda la ciudad cae desmoronada: derríbanse las murallas, las olas del mar retroceden un momento, agítanse las montañas 'como sacudidas por un temblor de tierra. Aquella espantosa explosion ha lanzado á los cielos mil restos informes en medio de una inmensa nube inflamada. Cae sobre la tierra una lluvia de ceniza y ennegrece á lo lejos la playa del istmo, dibujando en el mar una multitud de círculos.

Los miembros de más de un héroe quedan esparcidos por la llanura.

¿Eran cristianos? ¿Eran musulmanes? Vengan sus madres y díganlo. En otro tiempo, sonrieron tiernamente á sus hijos dormidos en sus cunas: no pensaban, seguramente entonces, que un dia aquellos miembros delicados no serian otra cosa que trozos imposibles de conocerse.

Apenas si algunos conservaban todavía la forma humana. Vigas humeantes y piedras calcinadas ó sangrientas, cubren la playa.

Todos los séres vivientes que oyeron aquel horrible estruendo huyeron aterrorizados. Volaron los pájaros de los bosques; los perros salvajes se alejaron, rugiendo, de los cadáveres medio devorados por sus dientes. Los camellos abandonaron á sus guardianes. El dócil buey que, lejos de Corinto, trazaba un penoso surco, se escapó, despavorido, del yugo; y el corcel, rompiendo las riendas que le sujetaban, se precipitó á la carrera en la llanura: el reptil del estanque dejó oir sus tristes gemidos: los lobos ahullaron en sus cavernas, cuyo eco habia repetido el estrépito de la mina de Corinto; el chacal lanzó sus quejumbrosos vagidos, parecidos á los de un niño y á los lúgubres ahullidos de un perro á quien se maltrata. El águila, erizando las plumas de su pecho, levantó más su vuelo, buscando un refugio cerca del sol, perseguida por el humo de los negros vapores que le ocultaban la vista de la tierra.

Así fué conquistada Corinto.

FIN DE EL SITIO DE CORINTO.

PARISINA.

I.   Es la hora en que el ruiseñor deja oir desde la copa de los árboles, sus acentos melodiosos; es la hora en que las promesas de los amantes, parecen tiernísimas en cada palabra pronunciada en voz muy baja. El murmullo de la brisa y de la fuente vecina, encantan con su música al soñador solitario; las flores se humedecen con las frescas gotas del rocío: las estrellas se hallan reunidas en el firmamento. Las olas tienen un azul más acentuado y un color más sombrío el follaje: el cielo presenta ese claro oscuro, esa sombra tan dulce y tan pura que acompaña á la muerte del dia, cuando el crepúsculo se prepara á desaparecer, avergonzado ante los rayos de la luna.

II.   No es para escuchar el ruido de la cascada, por lo que Parisina abandona el palacio de los príncipes de Est. No es para admirar la luz de los cielos por lo que se hunde en las sombras de la noche.

Si se detiene bajo el cenador, no es á causa del ruiseñor, por más que sus oidos esperen oir acentos tan dulces como los suyos.

Alguien se desliza á través del espeso follaje.

Palidece el rostro de Parisina y palpita violentamente su corazon: oye pronunciar su nombre en voz muy baja entre las hojas que se estremecen; torna el color á sus mejillas, si bien su corazon se oprime más y más. Un momento... tan solo un momento y estarán juntos: pasa este momento... y su amante se halla á sus piés.

III. ¿Qué les importa el mundo y todos los cambios que en él produzca la movilidad del tiempo? Las criaturas que le animan, la tierra, los cielos, nada importan á sus ojos ni á sus corazones: tan indiferentes como los que no existen para todo cuanto les rodea, para todo cuanto se halla bajo sus piés y encima de sus cabezas; como si todo hubiera cesado de existir, respiran únicamente el uno para el otro: hasta sus mismos suspiros, llenos están de delicias. Su embriaguez es tan grande, que si aquel ardiente delirio no llegara á perder su fuerza, consumiria los corazones en que se encendió.

La idea del crímen, la del peligro, ¿por qué no acuden á turbar su dulce éxtasis? ¡Ah! Conteste quien amor sintió. ¿Acaso en tal momento pudo sentir ni dudas ni temores? ¿Pensó en la corta duracion de tan encantador momento?

Pero, ¡Ay! ¡lejos se hallan ya! ¡Preciso es que nos despertemos antes de saber que sueños semejantes no han de repetirse!

IV. Prodigándose lánguidas miradas, aléjanse del asilo que ha protegido sus culpables amores; esperando volverse á ver.

Júranselo, y sin embargo, se entristecen como si aquel fuera su último adios.

Sobre la frente de Parisina brilla la claridad de aquel cielo, cuyo perdon crée un dia implorar en vano; todos los astros parécenle testigos acusadores.

Frecuentes suspiros, largos abrazos, los lábios que rehusan desunirse, todo retiene á los amantes en el lugar de la cita; pero es preciso, es indispensable separarse.

Sus corazones palpitan, víctimas de la opresion

por el dolor producida: esperimentan ambos ese helado estremecimiento que sigue á toda accion criminal.

V.   Hugo se ha retirado á su solitario lecho, en-
donde sus deseos llaman de nuevo á la esposa de otro.
Y Parisina va á reposar su cabeza culpable, sobre el
corazon confiado de un esposo. Pero el delirio de la
fiebre parece turbar su sueño.

Los sueños que la agitan hacen nacer súbito y encendido color en sus mejillas: en su insomnio repite
un nombre que no se hubiera atrevido á pronunciar
durante el dia, y estrecha á su esposo contra su seno, que palpita por otro: despiértase él al sentir
aquellos tiernísimos abrazos, y crée inspirar, como
antes, aquellos suspiros y dulcísimas caricias. Dispuesto se halla á llorar de amor sobre aquella que,
aun en sueños, tanto parece adorarle.

VI.   Estrecha contra su corazon á Parisina dormida, y presta atento oido á sus entrecortadas palabras.

Escucha...

¿Por qué el príncipe Azo, se estremece repentinamente, como si oyera la voz del arcángel?

¡Motivo hay! No será tan terrible el sonido de la
trompeta que quebrantará su tumba, cuando se des-
pierte para no volver á dormir, y para comparecer
ante el trono del Eterno. Desde aquel momento, huyó para él, toda la dicha sobre la tierra.

Aquel nombre, que en voz baja murmura Parisina, turbada por su sueño, testifica su crímen y la
deshonra de Azo. ¿Y cuál es el nombre que retumba
en su lecho como la ola rugiente que lanza sobre la
playa una miserable barquilla, y destroza contra
una roca al infortunado náufrago, tal es el efecto
que produce en su alma? ¿Cuál es ese nombre? ¡El de
Hugo! El de su... ¿Hubiera podido imaginarlo? ¡El
de Hugo! ¡El hijo de la que él amó en su impruden-

te juventud! ¡Su hijo! ¡El fruto de un amor ilegítimo: el hijo de la crédula Blanca, bastante débil para entregarse á un príncipe que no debia llegar á ser su esposo nunca!

VII. Azo llevó la mano á su puñal; pero le dejó caer en la vaina, antes de sacarlo por completo.

Ella no merece vivir... pero, ¿cómo asesinar á una esposa tan bella? ¡Si al menos no hubiera soñado á su lado..... si no hubiera permanecido la sourisa sobre sus hermosos lábios!

¡No! ¡Ni aun despertarla quiso! Pero fijó en ella una mirada que hubiera helado sus sentidos, sumiéndolos en un sueño más profundo, si huyendo las fantasmas de sus sueños, hubiera en aquel momento abierto los ojos y contemplado la frente de Azo, inundada de gruesas gotas de sudor, en las cuales se reflejaba el sombrío resplandor de la lámpara.

Parisina ha cesado de hablar, pero duerme todavía, ignorando que el número de sus dias acaba de ser contado.

VIII. Cuando amaneció, interrogó Azo á todos los que habitaban el palacio, y recogió sobradas pruebas de lo que él temia descubrir. Todo le confirmó la debilidad de Parisina y su afrenta. Las sirvientas de la princesa, que durante largo tiempo, favorecieron su infidelidad, intentan eludir el castigo que merecen, echando toda la culpa á su señora. Ya no es un secreto: no olvidan ninguna de las circunstancias, que pueden testimoniar la verdad de sus revelaciones. El corazon desolado de Azo, nada ignora y todo lo siente.

IX. No era hombre para aplazar sus determinaciones. El sucesor de los antiguos príncipes de la casa de Est, sentado sobre su trono en la cámara del consejo, hállase rodeado de los grandes de su corte, y de sus guardias. Ante él se hallan los dos criminales, uno y otro en la flor de su edad. ¡Nada hay comparable á su belleza! ¡Como es posible, Dios mio, que un hijo aparezca desarmado, y con las manos cargadas de cadenas, en presencia de su padre! Así es conducido Hugo, para oir al suyo pronunciar en su cólera una sentencia de muerte y su propio deshonor.

Hugo no se halla consternado, por más que sus lábios guarden un sombrío silencio.

X. Muda como él, pálida é inmóvil, Parisina aguarda su sentencia. ¡Cuan cambiada se halla aquella, cuyas espresivas miradas inspiraban la alegría de palacio, donde los señores se mostraban orgullosos en servirla; donde las bellas intentaban imitar el sonido de su voz, los encantos de su figura; copiar, en una palabra, las gracias de su reina! ¡Ah! ¡Si entonces sus ojos hubieran darramado una sola lágrima, mil aceros hubieran brillado, mil guerreros hubieran acudido: todos se hubieran disputado el favor de ser los paladines de tan bella soberana!

Y ahora, ¿que és? ¿Puede mandar? ¿Obedecerán los cortesanos?

Todos guardan el más profundo silencio.

Los ojos bajos, fruncido el ceño, los brazos cruzados sobre el pecho, presentando un aspecto severísimo y conteniendo apenas sobre sus lábios la espresion de su desden..... este es el cuadro que ofrecen los caballeros, las damas, la corte toda. El jóven héroe de su eleccion, cuya lanza enarbolada hubiera prevenido su mirada, y que si hubiera estado libre un momento, hubiera obtenido su libertad á costa de su vida; el amante querido de la esposa de su padre se halla á su lado, y sus brazos están cargados de cadenas; no puede ver sus ojos que lloran menos por su propio infortunio que por el de su cómplice.

La víspera todavía, una vena ligera dibujaba apenas algunas líneas azuladas sobre el alabastro de sus párpados, cuya blancura escitaba al beso. Hoy, pálidas, lívidas, parecen comprimir más bien que velar sus moribundos ojos, que se llenan de lágrimas!

XI. Hugo mismo hubiera llorado por ella, si no hubiera sido blanco de todas las miradas. Su dolor parecia aletargado. Su frente permanecía sombría y altiva. Habríase avergonzado de estremecerse y temblar ante la corte; pero no se atrevia á mirar á Parisina.

El recuerdo de los dias que ya pasaron, su crímen, su amor, su actual situacion, el enojo de su padre, la indignacion de todos los hombres virtuosos, su destino sobre la tierra y en el cielo, pero sobre todo el destino que le aguarda á ella..... Estos son los pensamientos que le preocupan! ¿Se atreverá á contemplar aquella frente, pálida como la muerte? No; teme que su corazon deje escapar el remordimiento de los males de que se acusa.

XII. Azo toma la palabra:

«Ayer todavía, dice, me enorgullecia de mi espo-»sa y de mi hijo. Esto era un sueño que se ha des-»vanecido esta mañana. Antes de acabar el dia no »tendré ya, ni hijo, ni esposa. Condenado me hallo »á una vida lánguida y solitaria. Pues bien, cúm-»plase mi suerte. ¿Quién no haria lo que yo me veo »obligado á hacer? ¿Quién ha roto los lazos que nos »unian? No he sido yo. Pero el cielo lo ha querido. »Se está preparando el suplicio. Hugo, un sacerdote »te aguarda, y despues, irás á recibir la recompensa »de tú crímen. ¡Adios! Dirige tus ruegos al cielo; »tiempo tienes todavía hasta la vuelta del lucero ves-»pertino para reconciliarte, si es posible, con tú Dios. »Solo su misericordia puede absolverte: pero sobre »la tierra no hay lugar donde tú y yo podamos res-»pirar una hora el mismo aire. Yo no te veré morir; »pero tú, esposa infiel, verás caer su cabeza. Adios,

»mujer de alma impúdica. No soy yo, sino tú quien
»derrama la sangre de Hugo. Sobrevive, si puedes,
»al espectáculo que vas á presenciar. Regocíjate de
»la vida que te concedo.»

XIII.   Despues de dichas estas palabras, el severo Azo se cubrió el rostro. Las venas de su frente,
latieron con violencia, como si la sangre que contenian, se hubiera agolpado, por un momento. Bajó
la cabeza y pasó su temblorosa mano por sus ojos,
como para ocultarlos á las miradas de la reunion.

Hugo levantó hácia él sus brazos encadenados y
reclamó un plazo para responder á su padre; el
príncipe guardó silencio y no se negó á oirle:

—«No temo á la muerte, dijo el sentenciado: á tú
»lado me has visto acuchillar al enemigo: el acero
»que nunca holgó en mi mano, el acero que me han
»arrancado tus guardias, ha derramado en prove-
»cho tuyo mas sangre de la que hará correr el hacha
»de mi suplicio. Tú me diste la vida; puedes quitár-
»mela: fué un presente por el que no te doy las gra-
»cias. No he olvidado los infortunios de mi madre;
»su amor desdeñado; su reputacion mancillada y la
»herencia de su deshonra legada á su hijo: pero al
»fin bajó á la tumba, á donde su hijo, que es el tuyo
»y tú rival, pronto irá á unirse con ella. Su corazon
»afligido por tí, mi cabeza cortada por tus verdugos,
»testificarán ante los muertos, la fiel ternura de tus
»primeros amores y tú paternal solicitud. Verdad es
»que te he ofendido, pero ofensa por ofensa. Tú
»nueva esposa, otra víctima de tú orgullo, á mí es-
»taba destinada. ¡Tú no lo ignoras! La viste; sentis-
»te deseos de poseer sus encantos, y echándome en
»cara mi orígen, cuyo crímen te pertenecia por en-
»tero, me juzgaste poco digno de obtener la mano
»de Parisina. Yo no podia, efectivamente, reclamar
»la legítima herencia de tú nombre, ni sentarme en
»el trono de los príncipes de tú raza. Y sin embar-

»go, si todavía se me concediesen algunos años, sa-
»bria hacer mi nombre más ilustre que el de la ca-
»sa de Est, y pretender honores que solo á mí mis-
»mo deberia. Una espada tenia. Tengo un corazon
»que hubiera sido capaz de conquistar una corona,
»tan sobérbia al menos como las que han adornado
»las frentes de los soberanos de tú sangre. No siem-
»pre el hijo mejor nacido ha conquistado las más
»brillantes espuelas, y las mias han lanzado á me-
»nudo á mi corcel, mucho más lejos que los de los
»príncipes de alta cuna, cuando yo cargaba al ene-
»migo al grito terrible de «Est y victoria.»

«No puedo defender la causa del crímen, ni implo-
»rar de tú piedad, algunos dias, algunas horas, cuan-
»do el tiempo debe al fin pasar sobre mi ceniza insen-
»sible.»

«Dias crueles como los que para mí han trascur-
»rido no podian durar.»

«Viles son mi nombre y mi cuna, y tú altivez se
»negaria á honrar á un hombre como yo.»

«Sin embargo, en mis facciones, hay algo de las
»tuyas, y mi alma entera te pertenece. De tí procede
»mi carácter feroz. De tí... ¿por qué te estremeces? sí,
»de tí proceden la fuerza de mi brazo y el fuego de
»mi corazon. No tan solo me has dado la vida, sino
»todo aquello que me permite, á justo título, darte
»el nombre de padre mio.»

«Hé aquí lo que han producido tus culpables amo-
»res. El cielo te ha enviado un hijo muy parecido
»á tí.»

«No es seguramente el alma de un hijo bastardo,
»la que es indomable como la tuya.»

«En cuanto al soplo de vida que me has dado y
»que tan pronto me arrebatas, hacia de él el mismo
»caso, que tú, cuando con la cabeza armada del cas-
»co, precipitabas tu corcel sobre cadáveres ensan-
«grentados.»

«Nada es el pasado. Pronto el porvenir se le pare-
»cerá. Ojalá, sin embargo, que en el pasado hubiera
»yo encontrado la muerte. Tú causaste el infortunio
»de mi madre: tú me arrebataste la esposa que me
»habia sido destinada. Pues bien; yo lo siento en mí;
»tú eres todavía mi padre; y por terrible que sea tu
»sentencia, es justa, aunque tú la hayas dictado.
»Fuí el fruto de un crímen. Muero con vergüenza,
»deshonrado: mi vida acaba, como empezó. La falta
»del hijo fué la falta del padre: ambas faltas las cas-
»tigas en mí. Yo soy el que apareció más criminal
»á los ojos de los hombres; pero á Dios solo toca juz-
»garnos.»

XIV. Dijo, é hizo resonar, al cruzar sus brazos,
los hierros de que se hallaba cargado. El choque de
sus cadenas hirió dolorosamente los oidos de todos
los nobles reunidos en el salon. Pero bien pronto,
fueron solo los encantos funestos de Parisina los que
atrajerou todas las miradas.

¿Podia acaso escuchar con tanta calma la sentencia pronunciada contra su amante, ella, la causa viva de todas sus desgracias? Sus miradas vagas no
erraban de uno á otro lado y no se hallaban veladas
por los párpados: pero una suave blancura se estendia en torno de sus azuladas pupilas. Hubiérase
creido, al observar su mirada impasible, que su sangre se habia helado en sus venas: de cuando en cuando, sin embargo, sus bellos ojos dejaban caer una
lágrima lentamente amasada. Cosa es que era preciso haber visto! Y los que la vieron se asombraron
de que los ojos de los mortales contuviesen lágrimas como aquellas!

Intentó hablar; los sonidos de su voz, á medio formar, espiraron al pasar por sus lábios, y no dejaron
oir más que un acento ahogado.

Parecia sin embargo, que su corazon todo entero
se condensaba en aquel triste gemido. Intentó de

nuevo articular algunas palabras, pero no pudo lanzar más que un grito prolongado, y cayó como una estátua derribada de su pedestal, más parecida á un cuerpo que nunca ha gozado de la vida, ó á un mármol representando á la esposa de Azo, que á aquella bellísima culpable, cuyo corazon habia podido abandonarse á una irresistible pasion, pero que no podia soportar su desesperacion y su vergüenza. Vivia aun...

Arrancáronla de aquella muerte pasagera, pero habia perdido la razon.

Todos sus sentidos habian sido desgarrados por la fuerte contraccion del dolor, y las fibras de su cerebro, no producian ya más que pensamientos vagos y sin hilacion, parecidos á la cuerda de un arco, que floja por la lluvia, no lanza más que flechas desviadas. El cuadro del pasado borróse para ella; oscurecióse el porvenir por espesas tinieblas, interrumpidas algunas veces por surcos de luz, para descubrirle todo su horror: de igual modo, en medio de una noche tormentosa, brillan algunos relámpagos en la soledad del desierto.

Conoce con secreto horror que un peso cruel abruma su corazon: encuéntrale tan frio y opresor que comprende que el crímen y la vergüenza le agóbian.

Recuerda que la muerte debe herir á alguno. Pero, ¿á quién? Lo ha olvidado. ¿Vive todavía? ¿Es la tierra lo que pisa, y el cielo lo que vé encima de su cabeza? ¿Son hombres los que la rodean, ó espíritus infernales, cuyas sombrías miradas la amenazan, á ella, para quien las sonrisas nacian antes en todos los lábios? Todo es inesplicable y confuso para su alma delirante. Todo le parece un cáos de esperanzas y temores.

Riendo y llorando á la vez, pero siempre con la espresion de la locura, créese entregada á un sueño convulsivo! ¡Oh, en vano intentará despertarse!

XV. El metal de las campanas, balanceadas en la parduzca torre del convento, deja oir esos sonidos prolongados y lamentables que resuenan dolorosamente en todos los corazones.

Ya cantan el himno compuesto para los habitantes de la tumba y para los que se disponen á bajar á ella.

Para el alma de un hombre que vá á morir, resuenan los cánticos de muerte y las lúgubres campanas: cerca se halla del término de sus dias, con la rodilla doblada á los piés de un fraile, sobre la desnuda y fria tierra. ¡Oh dolor! El cadalso álzase ante él: los guardias le rodean, y el verdugo, con los brazos desnudos, dispuesto á descargar un golpe rápido y seguro, examina el filo de su hacha. Acude la multitud á presenciar con mudo terror á un hijo, recibiendo la muerte por órden de su padre.

XVI. Era una bella tarde de verano, á la hora en que se pone el sol, cuya luz iluminaba un dia tan trágico. Sus últimos rayos cayeron sobre la cabeza de Hugo, en el momento en que terminaba su triste confesion, y en que deplorando su destino, con acento de arrepentimiento verdadero, bajábase para escuchar de la boca del ministro de Dios, las palabras sagradas que tienen el poder de borrar las manchas del crímen; en este momento fué cuando los fuegos del astro del dia, iluminaron los bucles pendientes de su negra cabellera: pero sobre el hacha homicida, particularmente, se reflejó aquella luz, como un relámpago amenazador.

XVII. Terminaron las oraciones de aquel hijo pérfido, de aquel amante audaz. Sus dedos han dado vuelta al rosario, y ha declarado todas sus faltas.

Ha sonado la última hora de sus dias.

Despójanle de su manto: su negra cabellera vá á caer bajo el filo de las tijeras. La banda, que nunca le ha abandonado, regalo de Parisina, no le acompañará á la tumba: aquella banda vá á serle arrebatada, y una venda vá á cubrir sus ojos: pero no; este último ultraje no se hará á su altiva frente.

Los sentimientos de altivez que han animado á su corazon, sumiso en apariencia, escítanse con la expresion de un profundo desden, cuando la mano del verdugo intenta vendarle los ojos, como si no se atrevieran á contemplar la muerte: rechaza, pues, aquella venda humillante.

—«No, no, dice; entrego mi sangre y mi vida: hé »aquí mis manos encadenadas; pero que muera al »menos con los ojos libres: ¡hiere!»

Pronunciando estas palabras coloca su cabeza en el tajo fatal.

«¡Hiere!»

Esta fué la última palabra de Hugo. El hacha obedeció. Rodó la cabeza, el tronco ensangrentado retrocedió y se hundió en el polvo. De todas las venas salieron torrentes de sangre. Agitáronse sus ojos y sus lábios; pero pronto cesó aquella convulsion.

Murió, como debe morir un culpable: sin vana ostentacion; habiendo orado y doblado las rodillas; resignado; no rechazando los consuelos de la religion; sin desesperar de la misericordia divina. Mientras inclinaba su cabeza ante el ministro de Dios, su corazon habia desechado todo pensamiento terrenal: su irritado padre, su infortunada amante, nada significaban para él en aquel momento. Nada de quejas, nada de desesperacion: solo pensaba en el cielo, y solo habló para implorarle, escepto en las últimas palabras que se le escaparon, cuando, dispuesto á recibir el golpe fatal, pidió morir sin que le vendasen los ojos: este fué su único adios á los testigos de su suplicio.

XVIII. Mudos como aquel, cuyos lábios acababa de cerrar el sello de la muerte, los espectadores

6

apenas se atrevian á respirar: pero de uno á otro comunicóse un estremecimiento eléctrico en el momento en que el hacha cayó sobre aquél, cuya vida y amores, recibian tan triste fin. Un terror súbito, rechazó al fondo de todos los corazones un gemido pronto á escaparse de ellos. Nada turbaba el profundo silencio que reinó despues del ruido fatal del hacha.

Pero..... ¿qué grito es ese de demencia y horror que hiende los aires, parecido al que lanza una madre, privada de su hijo por un accidente inesperado? Este grito terrible elévase hasta el cielo como los acentos de un alma entregada á eternos sufrimientos. Ha partido del palacio de Azo. Todas las miradas se dirigen hácia aquel lado.

Nada se vé, nada más se oye.

Era el grito de una mujer, y nunca la desesperacion encontró acento tan doloroso! ¡Plegue al cielo haya terminado la vida de la infortunada! Este es el general deseo que forma la compasion de todos los espectadores.

XIX. Hugo ya no existe. Y desde aquel dia no vuelve á verse á Parisina, ni en el palacio, ni en los jardines. Creeríase que nunca habia existido: su nombre es desterrado de todas las bocas, como esas palabras extrañas que hacen nacer la inquietud y el espanto. Nunca el príncipe Azo volvió á hablar ni de su esposa, ni de su hijo; sus cenizas fueron consideradas como profanas, al menos las del caballero inmolado por el hacha del verdugo. Pero la suerte de Parisina continuó siendo ignorada, como sus restos en la mortaja, donde fueron envueltos.

¿Dirigióse á buscar un refugio en un convento para ganar allí el cielo, por el penoso camino de la penitencia, en medio de remordimientos y de lágrimas? ¿Fué el puñal ó el veneno lo que castigó sus adúlteros amores? ¿O debió el favor al cielo de espirar en una larga agonía, destrozado el corazou por el mismo golpe que cortó los dias de su cómplice, cuando ella le vió caer bajo la fatal cuchilla?

Iguórase y se ignorará siempre: pero cualquiera que haya sido su suerte en este mundo, su vida comenzó y acabó entre dolores.

XX. Azo tomó otra esposa; é hijos virtuosos apoyaron su ancianidad: ninguno fué hermoso y valiente, como el que dormia en la noche de la tumba, ó al menos su padre les miraba con indiferencia, lanzando ahogados suspiros; pero nunca las lágrimas corrieron por sus mejillas: nunca el recuerdo logró poner sombría su ancha frente, en la que muy pronto aparecieron las arrugas del pensamiento, surcos trazados por el dolor ardiente, cicatrices de las heridas del alma.

Ya no hubo para él alegrías ni dolores.

Por la noche, el sueño huia de sus párpados, y la tristeza anublaba todos sus dias. Insensible al insulto, lo mismo que al elogio, hasta su mismo corazon le abandonaba. Pero sus penas le asaltaban siempre. y cuando parecia menos atormentado por sus recuerdos, era cuando le perseguian con mayor crueldad. El hielo más sólido no puede endurecer más que la superficie de un rio: el agua siempre viva corre por debajo, y nunca puede cesar de correr.

El alma de Azo no podia desterrar sus negras reflexiones: la naturaleza les habia creado profundísimas raíces.

Por más que intentemos desechar nuestras lágrimas, siempre emanan del corazon: en vano queremos cerrarlas el paso: estas lágrimas no lloradas, vuelven á su fuente, y allí se detienen invisibles, más puras, pero no heladas, y tanto más amargas cuanto menos reveladas.

Azo sorprendia á menudo en su corazon movimientos de ternura involuntaria, por aquellos á quienes habia condenado.

No le era posible llenar el vacío que le desolaba.

Ninguna esperanza le quedaba de volver á encontrar los objetos deseados, en la morada donde se reunen las almas de los justos.

Por convencido que estuviera del crímen de aquellos, y de la justicia con que él habia obrado, el dolor le persiguió en su ancianidad.

Cuando una mano prudente poda las ramas enfermas, el árbol reverdece con mayor frescura: pero si el rayo furioso ha quemado sus ramas temblorosas. sécase el resto del tronco que nunca más verá brotar nuevas hojas.

FIN DE PARISINA.

MAZEPPA.

—

I. En las llanuras de Pultawa fué donde el rey de Suecia, abandonado por la fortuna, vió derrotado su ejército y pasados á cuchillo en torno suyo sus mas valientes soldados. El poder y la gloria, divinidades inconstantes, como los hombres que las rinden culto, se pusieron del lado del Czar victorioso, y las murallas de Moscou quedaron libertadas.

Dia vendrá mucho más terrible y memorable en que sus incendiadas torres alumbrarán la afrentosa derrota de un más afamado y formidable enemigo, y serán testigos de una dispersion más completa, de un golpe más fatal que esterminará á un conquistador y á sus atónitos soldados.

II. Tal es la suerte de las batallas: herido, cubierto de su propia sangre y de la de aquellos bravos soldados, que se sacrificaron por millares para proteger la huida de su rey, Cárlos, fugitivo, atraviesa los campos y los rios. Entonces que la verdad podia libremente hablar al poder, ninguno de los suyos levanta la voz para echar en cara á la ambicion su orgullo humillado.

Cárlos ha perdido su caballo: Gieta le dá el suyo y vá á morir esclavo de los rusos. Durante muchas leguas, este nuevo corcel, resiste bien la fatiga, pero al fin cae reventado.

En el centro de un bosque, donde la densidad de
las tinieblas no se aclara más que por las fogatas
esparcidas acá y acullá por los centinelas, y por las
que sirven de señales á los enemigos que le cercan,
es donde un rey estiende sobre la desnuda tierra
sus quebrantados, fatigados miembros. ¿Son estos
los laureles y el mullido lecho por los que las naciones se arman y destrozan?

Colocan al monarca al pié de un árbol; está aniquilado por el combate y las marchas forzadas; sus
heridas se abren; sus miembros se contraen; la noche es fria y oscura; la agitacion de la fiebre impide
al sueño concederle ni el más pasajero reposo. A pesar de todo, Cárlos soporta majestuosamente su infortunio. En el colmo del dolor sabe dominar todos
los suyos é imponerles silencio, dueño de sí mismo,
como en otro tiempo lo fué de las naciones.

III.   Sus generales están con él... Pero, ¡ay! algunos solamente, pues trás el desastre de un solo
dia ha disminuido mucho su número; si bien han
muerto al menos como bravos caballeros. Los que
han sobrevivido, tristes y silenciosos, están al lado
de su monarca y junto á sus corceles; porque el peligro hace iguales al hombre y al bruto, compañeros en su desgracia. Entre ellos, Mazeppa, *hetman* de
la Ukrania, guerrero de mucha sangre fria y valor,
prepara su lecho bajo un viejo roble; él mismo es tan
robusto y casi tan viejo como este rey del bosque.
El príncipe de los cosacos, si bien estenuado por los
trabajos de estos dias de fatiga, cuida ante todo de su
corcel, le prepara un lecho de hojarasca, le pasa su
acariciadora mano por la grupa y por la crin, le aflo-
ja las cinchas y le quita la brida. Alégrase viéndole
comer algunos brotos de césped, porque hasta entonces habia temido que el cansado animal rehusase el
alimento húmedo por el rocío de la noche, pero el
corcel era tan robusto como su dueño, y como éste se

inquietaba poco de una comida sobrado frugal ó de un abrigo sobradamente rudo. Rápido como el viento, fiero, pero dócil, obedecia todos sus deseos: educado cual los de los tártaros, escuchaba su voz y la reconocia entre la multitud; y entre las tinieblas de la más oscura noche, desde la puesta del sol hasta la aurora, hubiera seguido á su ginete como un tímido cervatillo.

IV. Mazeppa piensa despues en sí. Tiende su capa en el suelo, arrima su lanza contra el tronco de un roble, examina si sus armas están en buen estado, si la pólvora llena todavía la cazoleta de su carabina, si la piedra está bien segura y firme en la llave: y despues de haber dado una última mirada á la vaina de su sable, así como á su cinturon, saca de su mochila un frugal alimento, invitando á participar de él, al rey y á sus compañeros, con mas soltura y desembarazo que un cortesano en un suntuoso banquete..... Cárlos acepta sonriendo para afectar aun mas alegría..... para hacerse superior á sus heridas y mala fortuna.

—«Mazeppa, le dice, si todos mis guerreros, como tú valientes y atrevidos, pueden vanagloriarse de haberte igualado en los combates, marchas forzadas y á la cabeza de los forregeadores, debo confesar que, desde Alejandro, jamás la tierra ha visto una tan digna pareja como la que formas con tu Bucéfalo. Toda la gloria de los caballeros de la Scitia se eclipsa ante la tuya, por quien te ha visto galopar á través de los campos y los rios.

—»¡Maldita sea la escuela en que aprendí á montar á caballo! respondió Mazeppa.

—»¿Por qué, replicó Cárlos, si de ella saliste tan hábil?

—»Ah! dijo el hetman, esto seria largo de contar, y nosotros aun tenemos una legua que andar, y más de un sablazo que repartir, antes que nuestros

corceles puedan pacer tranquilamente en las riberas del Borístenes, á pesar de los enemigos, que son
diez contra uno. Señor, vos teneis necesidad de descanso, y yo voy á servir de centinela á vuestra
tropa.

—»No, le contestó el rey; ¡quiero que me cuentes
tu historia! ¿Quién sabe? acaso me proporcionará el
sueño que mis ojos llaman en vano.

—»¡Está bien señor! con esta esperanza, prosigue
Mazeppa, voy á intentar el despertar á mi memoria
de setenta años.

»Tenia veinte años, segun creo; sí, veinte años;
era Casimiro quien gobernaba la Polonia, y habian pasado seis primaveras desde que yo fuera
recibido en el número de sus pajes. Era un monarca sábio, como Juan Casimiro, y todo lo opuesto á Vuestra Majestad: no hacia la guerra, no ga-
naba reinos para perderlos en seguida, y, salvo
los debates de la dieta de Varsovia, reinaba en el
más ocioso reposo; no por esto, dejaba de tener algunos cuidados: amaba las musas y las bellas; las
unas y las otras son tan voluntariosas, que más de
una vez suspiraba por los campamentos; si bien pasado su mal humor, tomaba otra amiga ó un nuevo
libro.

»Era aficionado á dar fiestas espléndidas. Varsovia en peso acudia á admirar la magnificencia de
su corte, los suntuosos aderezos de sus damas, y los
bordados trajes de sus cortesanos. Casimiro era el
Salomon de Polonia: así, pues, todos los poetas le
cantaban, menos uno, que no recibiendo pension,
compuso una sátira y se alabó de no saber adular.
Era en fin, una corte donde todo eran fiestas y tor-
neos, en las que los cortesanos se convertian en poetas; yo mismo me decidí un dia á versificar y á
poner por firma á mis elegías *el desdichado Tirsis.*

»Habia cierto conde palatino, de ilustre nacimiento, rico como una mina de sal ó de plata (1) y tan sobérbio, podeis creerlo, cual si fuera hijo de los dioses. Era su nobleza de las más afamadas y sus riquezas tantas, que pocos señores podian con él ser comparados; pero de tal suerte se complacia en contemplar sus tesoros y en hojear sus antiguos pergaminos, que casi llegó á perder la cabeza, hasta el punto de imaginarse que no habia otra persona como él.

«No opinaba así su esposa. Contando treinta años menos que su esposo, cansábase de dia en dia de su autoridad; y trás deseos por algun tiempo encubiertos, esperanzas, temores, algunas lágrimas de despedida á la virtud, y uno ó dos sueños agitados, las miradas de la juventud de Varsovia, las serenatas y los bailes trajeron poco á poco, segun el uso, estos dichosos accidentes que llegan á enternecer á las más frias damas: el conde palatino, añadió á sus títulos, los que dicen ser pasaporte seguro para alcanzar el cielo. Pero es muy extraño que los hombres que mas derechos tienen para vanagloriarse sean precisamente los que menos lo hacen.

V.   »Era yo en aquel tiempo un gallardo paje: á los setenta años ha de serme permitido decir que en la primavera de mi vida, habia allí pocos hombres, ya de edad madura, ya jóvenes galantes, pecheros ó caballeros, que pudiesen competir conmigo en el arte de agradar. Tenia la fuerza, la juventud, la gracia y un rostro muy distinto del que estais viendo; era tan agraciado entonces como salvaje hoy.

»Los años, los cuidados y trabajos de la guerra han arrugado mi frente y endurecido mi alma. ¡Ah! los que me vieron en aquellos tiempos, con dificultad me reconocerian! Este cambio se ha obrado en

(1) Esta comparacion es muy natural en boca de un hijo de Polonia, cuya principal riqueza consiste en minas de sal.

mí, mucho tiempo antes de que los años se hubiesen complacido en surcar mi rostro; porque si mi
fuerza, mi ánimo y audacia hubiesen declinado, yo
no estaria en este momento, contándoos mi historia
bajo un roble, sin otro abrigo que un cielo sin estrellas.

»Pero prosigo. La belleza de Teresa... figúrome
verla pasar delante de mí, junto á aquel castaño,
tan grabado en mi corazon está su recuerdo!

»No puedo en tanto hallar palabras para pintaros
su gracioso talle; tenia ese ojo negro de las beldades asiáticas, que la vecindad de la Turquía dá á
nuestras polonesas, pero se desprendia de ellos una
dulce luz parecida á los primeros rayos de una luna
nueva; respirando amor, lánguidos y vivos á la vez,
sus miradas recordaban las de los santos mártires
que, al espirar sobre el potro, levantaban al cielo sus
arrobados ojos como si para ellos fuera la muerte un
deleite.

»Comparaba yo muchas veces su serena frente á
la superficie de límpido lago, dorado por los rayos
del sol; sus olas no osan darnos á conocer siquiera
un murmullo, mostrándose deseoso el cielo de mi-
rarse en su cristal. El sonrosado de sus mejillas, sus
purpurinos lábios... pero, ¿á qué decir más? yo la
amaba entonces, la amo todavía; en corazones como
el mio, el amor no conoce más que los estremos.
Estos corazones aman eternamente, y la vana sombra
del pasado sigue á Mazeppa hasta su vejez.

VI. »Encontrámonos—vímonos—miré—y suspiré. Ella no habló sin que por eso dejase de respon-
derme: hay mil gestos, mil miradas que nosotros vemos, que entendemos y que no podemos definir. Son
las chispas involuntarias del pensamiento, que se
escapan de un alma abrasada por el amor, estable-
ciendo entre dos amantes un comercio estraño y
misterioso; son los anillos de una abrasadora cade-

na que reune, casi á pesar suyo, dos jóvenes corazones y que como el metal, sirve de conductor á sus mútuos fuegos.

»La ví y suspiré..... yo lloraba á solas y mi timidez me impedia acercarme á ella. Fuíle, por fin, presentado, y pudimos hablarnos alguna que otra vez sin despertar sospechas. ¡Cuántas veces á su lado sentia el deseo de hacerle una dulce declaracion! ¡cuántas veces me formé aquel proyecto! Siempre las palabras espiraban en mis trémulos lábios. Por último, un dia... hay un juego frívolo que sirve para entretener el tiempo... he olvidado su nombre: pero Teresa y yo jugábamos un dia juntos, no sé por que casualidad. Poco me inquietaba el perder; bastábame estar cerca de ella, oirla, ver á la que amaba tan tiernamente. La observaba como un centinela inquieto (así fuese el nuestro tan vigilante esta noche); Teresa estaba pensativa; olvidábase que estaba jugando, sin alegrarse ni afligirse por los diversos cambios de la suerte; y en tanto continuaba jugando, como si una secreta voluntad, mejor que el deseo de ganar, la retuviese á mi lado. Un pensamiento vino á iluminar mi espíritu: creí leer en sus miradas alguna cosa que me decia que no me condenaria á morir de desesperacion, y de repente yo me declaro, aunque balbuceando; mi escasa elocuencia no impidió que fuese escuchado; y esto basta: la mujer que escucha la primera vez, escuchará la segunda; su corazon no es de hielo y aun se puede apelar de su primera negativa.

VII. »Yo amaba y se me correspondia. Se dice, señor, que Vuestra Majestad no ha jamás conocido estas dulces debilidades: si esto es cierto, abreviaré la historia de mis penas y de mi dicha; os pareceria tan absurda como inútil: pero todos los hombres no han nacido para reinar sobre sus pasiones como vos reinais sobre las vuestras y sobre los pueblos. Por

lo que á mí respecta, soy, ó más bien, era un príncipe, el jefe de muchos millares de soldados que podia conducir á los más terribles peligros; pero no.
he podido jamás vanagloriarme de tener sobre mí
el imperio que sobre otros ejercia.

»¡Venturoso destino el de un amante feliz! Pero,
¡ay! su dicha se convierte en infortunio más ó menos
tarde. Yo veia á Teresa en secreto, y la hora de
nuestras citas, llegaba siempre lenta, combatiendo mi impaciencia.

»Los dias, las noches, nada eran para mí: solo apre-
ciaba aquella hora encantadora. ¡Sí! daria toda la
Ukrania por una hora como aquella: daria toda mi
gloria para ser todavía el paje, el feliz paje que no
reinaba sino sobre un corazon, que no tenia sino
su espada, y para el que todos los tesoros eran los
dones de la naturaleza, la juventud y la fuerza.

»Misteriosa hora de nuestras citas! Se dice que
el secreto aumenta en ellas el encanto: en cuanto á
mí, lo ignoro; pero habria sacrificado mi vida para
poder una sola vez dar á Teresa el nombre de mi
esposa, á la faz de la tierra y del cielo, pues me
era muy doloroso no poderla ver más que á hurta-
dillas.

VIII.   »Miles de miradas espian á los amantes: todos los ojos de la curiosidad estaban fijos sobre nosotros. Deberia el diablo ser menos severo para con
los enamorados culpables! El diablo!... siento que no
me llevase consigo: antes debiera acusar á algun
mal humorado santo, que se complació en descargar
su cólera sobre nosotros. Una hermosa noche, gentes pagadas para espiarnos, nos sorprenden y se
apoderan de mí.

»El conde echaba espumarajos de rábia. Yo estaba desarmado: pero aun con mi espada, y armado
asimismo de los piés á la cabeza ¿qué habria podido
hacer contra el número? Estábamos cerca de su cas-

tillo, lejos de la ciudad y de todo socorro, y apenas apuntaba el dia.

»Hé aquí, me decia, el último sol que veré, hé aquí mi última hora. Mientras que me conducian al castillo, me encomendé á la buena Vírgen, invoqué dos ó tres santos, y me resigné á mi suerte. No he sabido jamás lo que sucedió á mi Teresa. Hemos estado bien alejados uno de otro.

»Como os podeis imaginar, el conde palatino no habia de ser compasivo en su cólera; aunque no tenia motivos para estar tan furioso; pero lo que sobre todo le desesperaba era el temor de que el hecho ocurrido no perjudicase á su posteridad. No podia persuadirse de que un tal ultraje se hubiese inferido á sus blasones; él, que se miraba como el más noble de su familia y que se creia el primero de los hombres, se imaginaba que seria el blanco de todas las miradas, y sobre todo de las mias. «Por la muerte! un jóven paje!» Un rey acaso le hubiese conformado con su desgracia; pero ¡un paje!.... No puedo pintaros su furor: sentí solo sus efectos.

IX.   »Que traigan el caballo,» exclamó el conde. Se trajo el caballo. Y en verdad que era un noble corcel, nacido en el país de la Ukrania, cuyos miembros parecian dotados de la vivacidad del pensamiento: era montaraz, tan montaraz como los gamos de los bosques, en donde habia sido apresado el dia anterior, sin que hubiese sentido nunca la influencia de la espuela ni del bocado. Aunque resistiéndose fieramente, erizada la crin, y cubierto con la espuma de la cólera y del terror, este hijo del desierto fué conducido hasta donde yo estaba. Aquellos mercenarios me colocan y atan sobre sus espaldas, con infinidad de lazos: y de repente, dándole un latigazo, le dejan partir en libertad... Adelante, adelante..... hénos ahí lanzados con una rapidez é impetuosidad vertiginosa.

X. »Adelante, adelante..... respiraba con dificultad..... despuntaba el dia, y no ví la direccion que
tomaba el corcel; y éste me lleva adelante, siempre adelante! Mejor que corre, vuela..... los últimos ecos de la voz humana que resonaron en mis
oidos, fueron los de mis verdugos, lejos de los cuales era conducido. El viento traia hasta mí las aclamaciones de su feroz alegria. En un acceso de furor
quise levantar la cabeza; rompí la cuerda que sujetaba mi cuello á la crin del caballo y, medio ergui-
do, enviéles mi maldicion; pero lo retumbante del
galope, impidió acaso que me oyeran, ó bien no se
dignaron escucharme. Lo sentí, porque quisiera
haberles devuelto sus infames ultrajes.

»Cierto es que los pagaron cumplidamente, algunos años despues, cuando del castillo, de su puente
levadizo y de sus fortificaciones, no quedó una piedra, ni una puerta, ni un foso, ni una barrera.

»En los dominios del conde, no se hallaria un solo
tallo de yerba, sino es la que crece al extremo de
un muro, en el sitio en que se hallaba colocada la
piedra del hogar.

»Se pasaria una y otra vez por aquel sitio sin adivinar que allí hubiese existido una fortaleza. Ví
desplomarse sus incendiadas torres y sus humeantes almenas: ví descender el plomo en lluvia abrasadora sobre techos consumidos y ennegrecidos, que
su espesor no pudo librar de mi venganza. En el
dia de mi suplicio, cuando me mandaron á la muerte con la rapidez del rayo, no sospechaban, aquellos
miserables, que un dia me verian llegar al frente de
diez mil ginetes á dar las gracias al conde por el
viaje que me habia obligado á emprender.

»Se habian procurado la bárbara diversion de atar-
me á los hijares de un fogoso caballo, que me daban
por guia. A mi vez saboreé yo el placer de la venganza, porque el tiempo más ó menos tarde todo lo

compensa. No hay poder humano capaz de escapar á las largas vigilias y á la paciencia de inflexible enemigo que conserva como un tesoro, el recuerdo de sus ultrajes.

XI.   »Cual en alas del viento, volábamos el corcel y yo, dejando trás de nosotros las moradas de los hombres. Hendíamos el aire como esos metéoros que cruzan el cielo, cuando la noche es ahuyentada por súbito ruido que anuncia una aurora boreal. Ni una ciudad, ni una aldea, en nuestro camino; por todos lados se estendia una inmensa llanura limitada por negro bosque; y á no ser por algunas almenas de elevadas fortalezas, en otros tiempos levantadas para librarse de los tártaros, no hubiera reconocido huella alguna que denotase la presencia del hombre. Un año antes, un ejército otomano habia pasado por aquellos sitios, y allí donde quedó marcada la huella de los caballos de los sphais, habia desaparecido la yerba bajo la tierra ensangrentada.

»El cielo, de color gris, presentaba un aspecto sombrío: un viento sordo dejaba oir su triste gemido: hubiera querido responderle con un suspiro; pero con tanta velocidad corriamos que ni podia suspirar ni articular una plegaria. Las frias gotas de mi abundante sudor inundaban la brillante crin del caballo, que redoblaba su ligereza, y cuyas narices se extremecian de cólera y espanto. Pensé más de una vez que iba á detener su carrera; pero no: para sus robustos lomos, mi cuerpo era una ligera carga que le escitaba más bien como una espuela. Cada movimiento que yo hacia para libertar mis entumecidos y castigados miembros, aumentaba su furor y espanto. Traté de calmarle con mi voz; era débil, y al oirla se estremecia cual si recibiera un latigazo: á cada uno de mis acentos brincaba cual si oyera el sonido de guerrera trompeta. En tanto, mis lazos estaban bañados en sangre, que corria de mi cuerpo exánime, y mi garganta estaba devorada por la más abrasadora sed.

. XII.   »Llegamos á la entrada del bosque, que era tan vasto, que por ningun lado se le podian reconocer límites. Acá y acullá, se elevaban árboles seculares, cuyos troncos inquebrantables no se doblegaron al soplo de los furiosos vientos que mugen en los desiertos de la Siberia y todo lo destruyen á su paso; pero estaban algo separados unos de otros, y los jóvenes retoños crecian espesos y frondosos entre aquellos viejos troncos. Estos arbolillos se hallaban con todo el lujo del verdor primaveral.

»Estaban aun muy distantes esas noches de otoño, que cubren la tierra de hojas de un rojo sin vida, como la sangre de que quedan cubiertos los cadáveres de los guerreros despues de un combate, cuando una noche de invierno, derramando la escarcha sobre sus cabezas insepultas las ha helado y endurecido de tal modo, que los buitres intentan en vano desgarrarlas. Era aquel un vasto tallar, en cuyo centro, de trecho en trecho, se elevaban el sombrío castaño, el corpulento roble, y el pino piramidal. Fué para mí una fortuna el que estuviesen así separados los unos de los otros; sus ramas dejaban el paso libre y no desgarraban mis miembros. Tuve todavía ánimo para soportar el dolor de mis heridas, ya cicatrizadas por el frio: y mis ligaduras estaban tan apretadas que no podia temer una caida. Pasamos á través, como el viento, dejando trás de nosotros los tallares, los árboles y los lobos que oia acudir sobre nuestras huellas. Nos perseguian en manadas, con ese infatigable paso, que muchas veces causa el furor de los perros y el ardor de los cazadores. Desde la salida del sol, no nos abandonaron ni un momento. Les veia á corta distancia, cuando el dia comenzó á iluminar el bosque, y durante toda la noche habia sen-

tido el ruido cada vez más cercano de sus pasos.
¡Ah! pues que era necesario morir, cuanto hubiera
dado yo para estar armado de una espada ó una
lanza, y poder luchar con aquellos feroces enemigos, matando muchos de ellos antes de espirar!
Cuando el caballo habia partido, me tardaba llegar
al término de su carrera, y en aquel momento yo
desconfiaba de su fuerza y de su ligereza. ¡Vano temor! era de una raza salvaje, tan ágil como el gamo
de los montes, y corria con la velocidad que la
deslumbradora nieve cae delante de la puerta del
labrador que aprisiona en su cabaña. Siempre más
ardiente, más espantado, estaba furioso como el
niño á quien se le niega lo que desea, y más irritado que una caprichosa mujer, que el despecho ha
puesto fuera de sí.

XIII. »Habiamos atravesado el bosque. El sol
habia recorrido ya la mitad de su carrera; pero el
aire era frio, á pesar de que estábamos en el mes de
Junio. Quizá tambien se habia helado la sangre en
mis venas. Los dolores prolongados abaten al hombre más animoso.

»No era yo entonces lo que hoy parezco, pues violento cual un torrente de invierno, no habia aun
determinado la causa de mis sentimientos, cuando ya estos se manifestaban exteriormente. La ira
y el terror, las torturas de mis lacerados miembros, el frio, el hambre, la desgracia y la desesperacion de verme completamente desnudo y agarrotado
sobre un corcel salvaje, ¿no era lo bastante para mi
aniquilado cuerpo? ¿cómo extrañar que sucumbiera
por un momento, bajo el peso de tantos males? Yo
era por otra parte de una raza en la que la sangre
se subleva prontamente y cuyo furor se parece al
de una serpiente, por temerario pié pisada.

»Huia la tierra, rodaban en torno mio los cielos.
Temia caer á cada momento; pero ¡ay! mis ligadu-

ras estaban bien apretadas. Desfalleció mi corazon, mi cerebro fué presa de un cruel dolor, las hinchadas venas de mi frente, latieron un instante con violencia, y despues cesaron de latir; los cielos giraban como una inmensa rueda; vacilaban los árboles cual hombres ébrios. Un ligero desvanecimiento privó á mis ojos la luz del dia. El que muere no esperimenta una agonía más cruel que la mia.

»En mis desgarradoras angustias, conocia que las tinieblas se condensaban sobre mis ojos, para disiparse y volver despues; en vano intentaba aprovecharme de la luz y despertar mis embotados sentidos; era como un desgraciado náufrago sobre débil tabla que las olas levantan y cubren á la vez, empujándola hácia una desierta playa. Parecíase mi vida á esos resplandores fantásticos, que en medio de la noche y en el acceso de una fiebre, lucen de repente ante nuestros cerrados ojos: quedó pronto como apagada: mis dolores parecieron calmarse: pero yo sufria una confusa perturbacion más penosa que el dolor. Confieso que temeré probarlo otra vez, cuando la muerte me llamará á sí. Supongo, sin embargo, que hay todavía pruebas más crueles, por las cuales nos es necesario pasar antes de ser reducidos á la nada; pero no importa, he visto la muerte muy de cerca y sabré todavía mirarla sin temblar.

XIV.   »De repente se reaniman todos mis sentidos: ¿dónde estoy? Siento la impresion del frio, pero me hallo aturdido y aletargado; á cada pulsacion, la vida vá reanimando mis miembros, hasta que una nueva angustia me arroja á una nueva convulsion y agolpa sobre mi corazon mi espesa y helada sangre. Espantosos sonidos llegan á mis oidos; mi vista se oscurece, percibiendo los objetos como á través de un espeso cristal. Creo oir el choque de las olas; reconozco tambien el cielo sembrado de estrellas. No era un sueño; el caballo atraviesa un rio de gran corriente, cuyas olas se estienden sobre un vasto lecho; estamos en mitad del mismo, y nos dirigimos á una ribera desconocida y solitaria. El contacto del agua pone término á mis sordos dolores, y mis entumecidos miembros adquieren pasajera fuerza con el agua bienhechora del rio. Mi corcel lucha fieramente contra las olas que se estrellan contra su ancho pecho.

»Alcanzamos la resbaladiza ribera, puerto de salvacion, que aprecié poco, porque todo lo que trás mí dejaba, era sombrío y espantoso, y lo que delante se me presentaba no eran sino tinieblas y terrores. Las horas que de la noche ó del dia pasé en esta suspension de mis angustias, es lo que no podré decir; á duras penas podia saber si aun vivia.

XV. »El corcel trata de abalanzarse sobre la ribera que parece rechazarle. Su pelo y su crin están relucientes y húmedos, sus miembros tiemblan y sus flancos despiden espesa humareda; halla aun fuerzas para llegar á la ribera. Una llanura inmensa, se estiende á lo lejos en las sombras de la noche; la vista no puede medir su estension, parecida á los precipicios que nos ofrecen los sueños en nuestro dormir. La luna, que apareció á mi derecha, me descubrió aquí y allá algunos espacios blanquecinos y algunos montones de negro césped destacado en masas confusas en este sombrío desierto. Pero nada pude ver que indicase una cabaña: ni una vacilante ó lejana hospitalaria luz, ni un fuego fátuo que se compadeciese de mi dolor. Ah! esta claridad engañosa me hubiese aun alentado, y en medio de mis males, me hubiera recordado al menos las habitaciones del hombre.

XVI. »Mientras tanto las fuerzas del corcel principiaban á agotarse; no marchaba sino con lentitud y apenas se sostenia sobre sus vacilantes piernas:

la fuerza de un débil niño hubiera bastado para
guiarle. ¡Ay! ¿qué me importaba entonces que mi
caballo no fuese más indomable? siempre quedaba
sujeto por mis lazos; y por otra parte si me hubieran
desatado habria sido todavía más débil que él. Hice,
no obstante, algunos esfuerzos para romper las cuerdas que me sujetaban; no conseguí sino apretarlas
más fuertemente y hacer más agudos mis sufrimientos; pero al menos esta penosa carrera tocaba
á su término, aunque no por ello lo tuviesen mis sufrimientos.

»Algunos rayos que se abrian paso entre las nubes,
anunciaban la salida del sol. ¡Cuanto tardó en mostrarse! me parecia que el dia no sucederia jamás á estos primeros resplandores que paulatinamente disipan las sombras de la noche. Cuantas veces maldije
su lentitud! Poco á poco el oriente se colora con pur-
púrea llama; el sol destronó las estrellas, eclipsó el
radiante brillo de sus constelaciones y de lo alto de
su propio trono inundó la tierra con sus rayos celosos de toda otra luz.

XVII.   »El sol se levantó y los vapores que rodeaban el vasto desierto se desvanecieron á su presencia. Más ¡ay! ¿qué me importaba entonces atravesar
llanura, rio ó bosque? Ninguna huella de hombre ó
de animales se hallaba impresa sobre aquella salvaje
tierra. Ni el aire se dejaba sentir. No oí zumbar ningun insecto en la verdura, ningun pájaro madruga-
dor saludar la vuelta del dia al abrigo de la enra-
mada. El corcel, jadeante y cual si fuera á espirar,
recorre aun algunos *werstes*, reinando por todas
partes la soledad y el silencio.

»Por fin creí oir un relincho que salia de un
pequeño bosque de negros abetos. ¿No es el
viento que muge en las ramas de estos árboles? No: pues veo correr una manada de caballos
que avanzan formando un numeroso escuadron.

Quise gritar, pero mis lábios estaban mudos. Los caballos galopan hácia nosotros con toda fiereza. ¿Pero cuáles son las manos que guian sus riendas? hé ahí mil caballos y ni un solo ginete. Su cola flota á merced de los vientos; ninguna mano ha tocado su sobérbia crin; jamás sus largas narices han sentido la brida; jamás el bocado ha ensangrentado su boca; jamás sus cascos conocieron el hierro; jamás la espuela ni el látigo han herido su cuerpo. Son mil caballos libres y salvajes como las olas que cruzan el Océano; la tierra retumba bajo sus pisadas como el eco del trueno. Vienen á nuestro encuentro. Su aproximacion dá alguna agilidad al que me conduce; parece pronto á brincar de alegría; les responde por un débil relincho y cae. Palpita todavía algunos instantes, pero su pupila está empañada y fria; sus humeantes miembros quedan inmóviles; su primera carrera es tambien la última.

XVIII. »Se acercó entre tanto [la manada de sus hermanos del desierto y oyó su último suspiro. Todos aquellos animales parecen admirarse de ver á un hombre unido á su compañero por sangrientos nudos. Se detienen..... se estremecen..... aspiran el aire con inquietud, galopan de un punto á otro durante algunos momentos, se acercan otra vez, retroceden y se vuelven á todos lados. De repente, guiados por aquel que parece el patriarca de la manada, y cuya crin del color del ébano no tiene una mancha blanca, brincan, se separan, arrojando espuma por sus narices, y se alejan huyendo hácia el bosque, espantados por instinto, á la vista de un hombre.

»Me abandonan á mi desesperacion, siempre unido al cadáver de mi desgraciado corcel; ¡ah! al menos éste no sentia ya la carga que habia causado su muerte y de la que yo en vano traté de librarle. Estábamos uno y otro inmóviles sobre la tierra: el moribundo sobre el que habia cesado de existir. No

creí que sin abrigo y otro apoyo que un cadáver
volviese á ver un nuevo dia.

»Permanecí entre mis ligaduras desde el amane-
cer hasta el crepúsculo, contando con dolor las horas, que á paso lento corrian. No tenia más vida que
la suficiente para ver eclipsarse el último sol que debia alumbrarme. Estaba en aquella horrible incerti-
dumbre que nos dá una especie de resignacion contra el último y más cruel de los temores, cuando los
años nos advierten que es inevitable y con ello se
nos hace un favor... que no nos es menos agradable
porque retarde su venida. Sin embargo la tememos
y evitamos con tanto cuidado como si fuera una
asechanza de la que la prudencia pudiera libertar-
nos. La deseamos é imploramos muchas veces, y algunos de nosotros aun lo buscamos en la punta de
nuestra espada; pero la muerte no es un final menos triste y desagradable aun para los males más
insufribles; y ella no es jamás bienvenida, sea cualquiera la forma con que se presente.

»No deja de sorprender que los hijos del placer,
aquellos que han gozado con esceso de los deleites de la mesa, del vino y de todas las ventajas
que dá la riqueza, dén el adios á la vida con calma
y sin disgusto, con más tranquilidad, muchas veces,
que aquel que por patrimonio solo tuvo la miseria.
El mortal favorecido de la fortuna, que ha gustado
cuanto la tierra' ofrece de más bello y delicioso,
no tiene nada que esperar ni nada por qué disgus-
tarse: el porvenir podrá solo inquietarle; pero no
es la conciencia culpable ó pura lo que nos la hace
temer ó mirar con calma, es la debilidad ó la fuerza de nuestros nérvios. El desgraciado espera todavía que sus males puedan tener término; y la
muerte que el deberia recibir como una amiga,
no es á sus ojos sino un enemigo envidioso que viene á impedirle coger los frutos del nuevo paraíso

que esperaba aquí abajo. Quizá el dia de mañana, era el designado para endulzar sus dolores y librarle de su abyeccion; hubiese sido acaso el primero que no hubiese maldecido, y el principio de nuevos años, cuyo resplandor hubiese brillado en medio de sus lágrimas como compensacion de sus pasadas penas; el dia de mañana le hubiese dado el poder de gobernar, deslumbrar, castigar ó perdonar á sus enemigos. ¡Menester es que ese dia de mañana ilumine sólo sus funerales!

XIX. »El sol se ocultaba sin que viese para mí esperanza de salvacion. Me creí condenado á juntar mis cenizas con las del frio cadáver á que me habian atado. Mis oscurecidos ojos tenian necesidad de la muerte. Dirigí mis últimas miradas hácia el cielo y, entre el sol y yo, distinguí un cuervo impaciente que esperaba con ánsia á que yo muriese como mi caballo para empezar su festin. Revoloteaba á nuestro alrededor, se paraba á poca distancia y tornaba á revolotear. A la luz del crepúsculo veia sus alas estendidas sobre mi cabeza, y se aproximaba tanto á mí, que habria podido golpearle si no me faltaran las fuerzas; pero el ligero movimiento de mi mano, la arena suavemente removida, y en fin, los apagados sonidos que, apenas parecidos á una voz, salieron con esfuerzo de mi garganta, fueron bastante para asustarlo y tenerlo desviado.

»Ignoro lo demás... mi último desvarío es para mí el confuso recuerdo de una brillante estrella que á lo lejos fijó agradablemente mis miradas y que hácia mí se dirigia como una luz dulce y trémula.

»Recuerdo aun la sensacion fria, dolorosa y confusa de la vuelta de mis sentidos, la calma de la muerte que la sucedió y luego un ligero soplo que me reanimó de nuevo, un breve sentimiento de bienestar, un peso helado que oprimió mi corazon y algunas chispas que relucieron ante mis ojos... una res-

piracion fatigosa, una palpitacion precipitada, un
estremecimiento súbito, un suspiro, y nada más.

XX. »Me despierto... ¿en |dónde estoy?... ¿es un
rostro humano el que contempla el mio?... ¿es un techo el que me protege con su abrigo? ¿es, en verdad,
sobre un lecho que reposan mis miembros?... ¿es
cierto que me hallo en una habitacion?... ¿este ojo
que me contempla con una tan dulce mirada, es un
ojo mortal?... Cierro mis párpados con la duda en
que estaba de que mi reciente angustia hubiese concluido.

»Una jóven, con el cabello flotante y de arrogante
talle, me contemplaba, apoyada contra el muro de la
chimenea. Desde que recobré los sentidos, fuí herido
por el brillo de sus negros ojos, algo salvajes, que no
habia apartado nunca de los mios. A mi vez yo la contemplaba, para convencerme de que vivia todavía y
que no habia servido de pasto á los buitres. Cuando
la jóven cosaca me vió abrir mis pesados párpados,
sonrió. Quise dirigirle la palabra; pero mi boca se negó á ello. Ella se acercó y me hizo con los lábios y el
dedo, una señal que significaba que no debia aun
intentar romper el silencio, hasta que restablecidas
mis fuerzas permitiesen á mi palabra hallar un libre paso; y despues puso una de sus manos sobre
las mias, levantó el almohada que sostenia mi cabeza, se alejó de puntillas, abrió suavemente la puerta y pronunció algunas palabras á media voz. No
hubo jamás música que me pareciera tan dulce; el
ruido de su ligero paso tenia tambien algo de armonioso. Los que ella llamaba no respondieron. Salió entonces de la habitacion, pero antes me dirigió
otra mirada y me hizo otro signo como para decir-
me que no tenia nada qué temer, que todo en aquel
sitio estaba á mis órdenes, que no se apartaba mucho y volveria pronto. Cuando dejé de verla, sentí
verdadera pena de hallarme solo.

XXI. »Ella volvió con su padre y su madre...
pero ¿qué mas os diré yo? no os fatigaré con el largo
relato de mis aventuras entre los cosacos. Me habian encontrado sin movimiento en la llanura. Me
trànsportaron á la choza más próxima y volvieron á
la vida al que un dia debia ser su rey.

«El insensato, cuyo furor quiso refinar mi suplicio
enviándome al desierto atado, desnudo y ensangrentado, no pudo presumir que allí el cielo me prepa-
raba un trono..... ¿Quién es el mortal que puede
adivinar sus futuros destinos?.... cerremos nuestros
corazones á la inútil desesperacion! Mañana el Borístenes puede aun ver nuestros corceles pacer tranquilamente en la ribera otomana..... Daré de todo
corazon las gracias al cielo cuando vea que las aguas
del rio nos sirven de barrera contra el enemigo! Ca-
maradas, buenas noches!»

El hetman se tendió a la sombra del roble, en el
lecho de hojas que se habia preparado. Esta cama
no era nueva ni incómoda para él: importaba poco
el lugar ni la hora en que el sueño le sorprendiera.
Ya duerme... Si os sorprende que Cárlos haya olvidado darle las gracias por su narracion, Mazeppa no se
admiró de ello: una hora ya que el rey dormia.

FIN DE MAZEPPA.

LA PEREGRINACION

DE

CHILDE-HAROLD.

ROMANCE. (1)

———

El universo es como un libro del cual no hemos leido más que la primera página, cuando no hemos visto otros países que el nuestro. He hojeado muchas de las páginas de ese libro, y todas me han parecido igualmente malas. No ha sido, á pesar de todo, infructuoso mi exámen. Odiaba á mi pátria, y las majaderías de los distintos pueblos entre los que he vivido, me han reconciliado con ella. Aunque no reportara de mis viajes otro provecho que este, no sentiria ni los gastos ni las molestías que me ocasionaron. (*El Cosmopolita.*)

———

PREFACIO. (2)

———

La mayor parte del siguiente poema se ha escrito en el lugar mismo de los sucesos que narra. Empezóse en Albania, y los pasajes referentes á España

(1) *Advertencia del traductor.*—Lord Byron denomina *á romaunt*, á su «Peregrinacion de Childe-Harold.» Tal palabra, poco menos que en desuso desde Chaucer y Drayton, es sinónima de *romance* y se aplica principalmente á las historias en verso, de carácter fabuloso. de la edad media. Chaucer llama «el romance de la Rosa» al poema de Guillermo de Lorris: «the *romaunt* of the Rose.»

Childe ó Child, es otra palabra antigua derivada del sajon que hoy se toma en la acepcion de *jóven*, pero que en la edad media era un título de nobleza, sinónimo de *knight*, caballero, ó tambien príncipe, que no deja de tener alguna analogía con la palabra *infante* del español.

(2) Prefacio de los dos primeros cantos.

y Portugal han sido escritos en presencia de las notas recogidas en estos países. Hé aquí lo que quizás era necesario advertir para responder de la exactitud de las descripciones. Los sitios que he intentado bosquejar corresponden á España, Portugal, Epiro, Acarnania y Grecia. El poema queda por ahora interrumpido: de la acogida que le dispense el público depende que el autor se aventure ó nó á conducir á sus lectores á través de la Jonia y de la Frigia hasta la capital del Oriente. Estos dos primeros cantos no son más que un ensayo.

He introducido en el poema un personaje imaginario para el enlace de las partes todas unas con otras, sin que esto quiera decir, sin embargo, que pretenda haber dado cima á una obra regular. Algunos amigos, cuyas opiniones tengo en mucha estima, me han observado que corria el riesgo de que se sospechara que yo habia querido pintar un carácter real en el personaje ficticio de Childe-Harold. Pido, pues, permiso para decirlo de una vez para siempre: Harold es el hijo de mi imaginacion, creado por el motivo que antes he significado: en algunas triviales circunstancias, y en los detalles puramente locales, pudiera ser fundada aquella suposicion, pero me atrevo á esperar que no lo será en los puntos principales.

Considero poco menos que supérfluo decir que el nombre de Childe, al igual que en Childe Waters, Childe Childers, lo he adoptado como más apropiado al metro antiguo, por mí elegido. Los *adioses* que se encuentran al principio del canto me los han sugerido «las buenas noches» *(goot night)* de lord Maxwell, en las antiguas baladas de las fronteras escocesas *(the Border Minstrelsy)*, publicados por Scott (1). Se hallarán, tal vez, en el canto primero, al-

***

(1) Sir Walter Scott.

gunos pasajes que parecerán reminiscencias de distintos poemas publicados en España; pero esto es solo efecto de la casualidad, pues, escepcion hecha de algunas estrofas, casi todo el Childe-Harold se ha escrito en Levante.

Las estrofas de Spencer permiten, segun la opinion de uno de nuestros primeros poetas, una gran variedad de tonos. «No ha mucho, dice el doctor Beattie, que empecé un poema en el estilo y metro de Spencer; y me he propuesto satisfacer mis aficiones, pasando sucesivamente del tono festivo al patético, del descriptivo al sentimental, y del tierno y delicado al satírico, segun el estado de mi ánimo, pues el metro que he adoptado consiente todos los géneros.» Escudado con una tan gran autoridad, y con el ejemplo de algunos poetas italianos de mérito reconocido, no tengo necesidad de justificarme por haber empleado tal variedad de tonos, persuadido como estoy de que si no salgo airoso en mi empresa, la falta deberá buscarse en la ejecucion, pero no en el plan consagrado por el ejemplo de Ariosto, de Thomson y de Beattie.

ADICION AL PREFACIO.

Vuelvo á tomar la pluma, ahora que todos nuestros periódicos han publicado sus acostumbradas revistas críticas. Nada tengo que decir contra sus, por lo general, justas observaciones. Muy mal haria en alzar la voz contra sus más que benévolas censuras, porque, á no dudarlo, si hubieran empleado menos dulzura, hubieran sido más francos. Reciban, pues, todos en general, y cada uno en particular, la espresion de mi sincero agradecimiento, por su generosidad. Hay, no obstante, un solo punto, sobre el cual voy á aventurar una observacion. En todas las censuras justamente dirigidas al carácter en estremo indiferente de mi peregrino (que á pesar de cuanto se ha insinuado en contra, sostendré siempre que es un personaje ficticio), se ha dicho que dejando aparte el anacronismo, Childe-Harold no era otra cosa que un caballero, porque los tiempos de la caballería eran los tiempos del amor, del honor, etc. Sin embargo, todos sabemos que las épocas en que florecia *el amor de los buenos y pasados tiempos, el amor antiguo,* eran los siglos de mayor corrupcion. Si sobre esto se ofrece alguna duda, se desvanecerá hojeando á Sainte-Palaye (1), y fijándose muy especialmente en la página 69 del tomo 2.º. Los votos de la caballería no eran mejor guardados que los demás votos; los cantos de los trovadores no eran más decentes que los de Ovidio, aunque sí mucho menos elegantes. En las *cortes de amor, parlamentos de amor* ó de *cortesía* y *gentileza,* habia mucho más amor que cortesía. Puede verse á Roland, que trata sobre el mismo tema de Sainte-Palaye. Dígase lo que se quiera del tan poco simpático Childe-Harold, él ha sido por lo menos tan buen caballero en sus atributos como los Templarios: *no waiter but á Knigth Templar.* Mucho recelo que sir Tristan y Lancelot hayan sido mejores de lo que debian, aun siendo personajes muy poéticos, verdaderos caballeros *sin miedo,* pero no sin *tacha.* Si no es una fá-

(1) Léanse en el autor del romance de Gerardo de Roussillon, escrito en provenzal, los minuciosos detalles que dá al hablar de la recepcion que hizo el conde Gerardo al embajador del rey Cárlos: veránse particularidades singulares que dán una rara idea de las costumbres y de la cortesania de aquellos siglos tan corrompidos como ignorantes.—Memorias sobre la antigua caballería, por M. de Lacurne de Sainte-Palaye, París, 1781.

bula el orígen de la órden de la Jarretiera (de la liga), los caballeros de la misma han ostentado durante muchos siglos los colores de una condesa de Salisbury, de memoria bastante sospechosa. Mas hé aquí otro dato sobre la caballería. Ninguna necesidad tenia Burke de echar de menos tan bella institucion, aunque María Antonieta fuese tan virtuosa como la mayor parte de las damas, en defensa de cuya honra se han roto tantas lanzas y se han perdido tantos estribos.

Antes de Bayardo y hasta sir José Banks (los caballeros más castos y más célebres de los tiempos antiguos y modernos), pocas excepciones de lo que sostengo podrán presentarse, y creo que se han de necesitar pocas investigaciones para acostumbrarse á no echar de menos en lo sucesivo esas ridículas mogigangas de la edad media.

Por ahora dejaré que Childe-Harold viva todo el tiempo que pueda. Hubiera sido más cómodo y mucho más fácil pintar un carácter simpático: hubiérase podido, sin ninguna dificultad, disimular sus defectos, hacerle obrar más y hablar menos, pero al poner á Childe-Harold en escena, me propuse demostrar que la perversion precoz del espíritu y de la moral nos conduce á la saciedad de los placeres pasados y nos impide el que gocemos otros nuevos; y que hasta lo que puede escitar más el espíritu del hombre (exceptuando la ambicion, que es el más poderoso de todos los móviles), esto es, el espectáculo de las bellezas de la naturaleza, y los viajes, nada logran en un alma semejante, ó anteriormente perdida. Si hubiese continuado el poema, Childe-Harold habria acabado por ser sombrío, pues el plan que me habia propuesto llevar á cabo, aparte de algunas diferencias, era el de un moderno Timon ó tal vez el de un Zeluco (1) poético.

(1) *Zeluco,* romance del doctor Moore. El objeto que se pro-

IANTHÉ.

Así en los países que acabo de recorrer, en los que las hermosas hánse considerado largo tiempo sin rivales, como en las visiones que brindan al corazon bellezas, que luego echa de menos, lamentando haberlas visto solo en sueños, jamás la realidad, ni la imaginacion, me han hecho ver objeto alguno que contigo pudiese ser comparado. Despues de haberte contemplado, por lo tanto, no intentaré pintar esos encantos que sin cesar varian. ¡Cuan débiles serian mis palabras para el que nunca te haya visto! ¿Y qué dirian ellas á los que han podido contemplarte?

Ah! así fueras siempre lo que eres hoy, sin que jamás se desvanecieran las esperanzas de tus primeros años! Siempre bella, siempre tierna y pura, sé sobre la tierra la imágen del amor sin alas, y tan ingénua como los deseos de la esperanza. Ah! sin duda que aquella, cuyo cariño cultiva tú tierna edad, enriquecida diariamente con nuevos atractivos, vé en tí el arco iris de sus venideros años, ante cuyos matices celestiales se disipan todos sus pesares.

Jóven hada del Occidente,—es una dicha para mí,

puso el autor en este romance, tan lleno de interés como injustamente olvidado, fué el de presentar los funestos efectos de la condescendencia sin límites de una madre respecto á los caprichos y pasiones de un hijo único. Adornado con todas las ventajas de la belleza física, del nacimiento, de la fortuna y del talento, no por esto fué Zeluco menos desgraciado en todos los períodos de su vida, á causa del hábito que habia contraido desde la niñez de seguir sus solas inclinaciones.

contar ya doble número de años de los que tú cuentas. Mis ojos pueden contemplarte sin beber en los tuyos la ponzoña del amor, y admirar sin peligro todo el brillo de tus encantos. ¡Feliz, si no los veo nunca desaparecer, pero cien veces más aun feliz, cuando tantos jóvenes corazones serán heridos por tus miradas, al librarme de la suerte de los que despues de mí te admirarán y sentirán las ánsias que ha mezclado el cielo á los más dulces momentos del amor!

Deja á esos ojos, que vivos como los de la gacela, miran con tan noble arrogancia, y súbitos se bajan con tan delicada modestia; deja á esos ojos que nos seducen, cuando miran de un lado para otro, ó nos deslumbran cuando en nosotros se fijan; deja que recorran mi obra y no les niegues á mis versos una sonrisa, por la que suspiraria quizá en vano, si pudiera ser yo para tí otra cosa que un amigo. Dígnate, querida Ianthé, concederme esta gracia y no me exijas te esplique la razon por que dedico mis cantos á una beldad como tú tan jóven; pero permíteme unir la más preciosa de las azucenas á las flores de mi corona.

De este modo, tú nombre irá unido á mis versos, y cuantas veces indulgentes ojos dirigirán una mirada á los viajes de Harold, el nombre de Ianthé, aquí consagrado, será el primero que se presente y el último que se olvide. Ah! si cuando habrán sido contados mis dias, este antiguo homenaje hace que tus hermosos dedos pulsen la lira del que lo rindió á tus hechiceros atractivos, habré conseguido lo más dulce que para mi memoria puedo desear. Es más de lo que la esperanza á reclamar se atreve; pero ¿puede exigir menos la amistad? (1)

(1) La Ianthé de estos versos era la jóven lady Carlota Harley (despues lady Carlota Bacon). Contaba apenas la edad de once años, cuando le fué dirigida esta dedicatoria.

CANTO PRIMERO.

I.   ¡Oh tú, á quién Helas (1) ha dado un celestial orígen! Musa que debes tu sér ó tu fabuloso nombre, á la caprichosa invencion del poeta, las liras modernas te han humillado tanto y con tanta frecuencia sobre la tierra, que apenas si se atreve la mia (2) á invocar tu sagrado nombre. Sin embargo, yo he recorrido las márgenes de tu fuente famosa; sí, yo he suspirado sobre el altar desde largo tiempo abandonado de Delfos, (3) en donde todo está mudo, excep-

(1)   Nombre primitivo que se daba y se dá aun por algunos á la Grecia actual.

(N. del T.)

(2)   Puede este verso referirse lo mismo á la lira del poeta que á la musa. Se cree, no obstante, por algunos de los comentadores de Byron, que este quiso decir que las liras moderna, habian profanado el nombre de la musa.

(N. del T.)

(3)   La pequeña aldea de Castri, ocupa parte del terreno de la antigua Delfos. Siguiendo el sendero de la montaña, al volver de Crisa, hállanse restos de sepulcros construidos en las excavaciones de la roca. Mi guia me hizo notar el de un rey que, segun dijo, «se habia roto el cuello cazando.» Su Majestad, no podia haber elegido sitio más á propósito para tan trágico fin.

Un poco más abajo de Castri, existe una caverna de una profundidad inmensa: se cree que es la de la pitonisa. La parte superior está empedrada y sirve hoy dia para establo de vacas.

Al otro lado de Castri, se levanta un monasterio griego. Algunos pasos más abajo se distingue la abertura del peñasco y de las grutas, de muy difícil acceso, que parecen penetrar en el interior de la montaña. Esta es probablemente la que Pausanias designa con el nombre de caverna Coriciena; allí nace la fuente de Castalia.

to el débil murmullo de los ondas; pero no... mi lira no debe despertar las nueve musas fatigadas, para embellecer una historia tan sencilla... un tan humilde poema como el mio.

II. En la isla de Albion vivia en otro tiempo un jóven, para el que la senda de la virtud no tenia atractivo, pasando sus dias en el más vergonzoso desórden é interrumpiendo con sus ruidosa salegrías el apacible silencio de la noche! Ay! en verdad que este era un sér pervertido, entregado por completo á las orgías y demás placeres profanos: pocos objetos habia sobre la tierra que consiguiesen fijar sus miradas, si exceptuamos la sociedad carnal y los compañeros disolutos de todas clases y condiciones.

III. Llamábase Childe-Harold. ¿De dónde provenia su nombre y su antiguo linaje? Esto es lo que no me conviene decir: baste saber que acaso ese linaje y ese nombre, no carecian de gloria, y habian sido ilustres en otros tiempos; pero basta que un solo descendiente se degrade, para mancillar un nombre para siempre, por respetable que antes haya sido. Ni todo cuanto los heraldos sacan del polvo de la tumba, ni una florida prosa, ni las lisonjeras ficciones de los poetas podrán convertir nunca en honrosos los actos indignos, ó consagrar un crímen.

IV. Parecido á esos insectos que revolotean alegremente bajo los rayos del sol del mediodía, Childe-Harold, en sus alegres pasatiempos, apenas si se fijaba en que antes que sus breves dias hubiesen trascurrido, podia sobrevenir el viento de la desgracia, y herirle con su helado soplo; pero mucho antes que hubiese pasado el primer tercio de su vida, probó Childe algo peor que la adversidad... probó el hastío de la saciedad. Cobró entonces aversion á vivir en su tierra natal, que le pareció más solitaria que la triste celda de un ermitaño.

V. Habia recorrido todas las fases del vicio, sin

reparar jamás en sus consecuencias. Habia suspirado por mil bellezas, si bien solo á una entregó su corazon y, ésta, no pudo jamás pertenecerle. ¡Ay! feliz ella al librarse de un hombre, cuyos brazos hubiesen profanado una belleza tan casta, de un hombre que habria trocado sus encantos por los más vulgares deleites, disipado sus bienes para continuar en sus prodigalidades y desdeñado los sosegados placeres de la felicidad doméstica.

VI. Childe-Harold tenia el corazon enfermo. Queria alejarse de sus compañeros de disolucion; y aseguran que alguna vez vióse en sus sombríos y humedecidos ojos brillar una lágrima, que su orgullo helaba repentinamente. Vagaba solo por apartados sitios en una meditacion sin encanto. Resolvió por fin abandonar su pátria, para visitar los ardientes climas de la otra parte de los mares. Hastiado de placeres, suspiraba quizá por la desdicha: por cambiar de teatro hubiera descendido voluntariamente á la mansion de las sombras.

VII. Childe partió del castillo de su padre. Era este un vasto y venerable edificio, tan antiguo, que parecia estar siempre pronto á desplomarse; sin embargo, macizas columnas garantian su solidez. Morada monástica, condenada á presenciar vergonzosos excesos! Alli en donde en otros tiempos la supersticion habia establecido su morada, las hijas de Pafos (1) venian á cantar y sonreir. Los monjes hubieran podido creer en la vuelta de sus pasados y buenos tiempos, si las antiguas crónicas no han calumniado á tan santos personajes.

(1) Pafos, nombre comun á dos poblaciones de la isla de Chipre, la antigua y la nueva Pafos. La primera, á que refiere el poeta, estaba en la costa S. O. de la isla, y debia su orígen á los sirios ó fenicios. En la costa inmediata á la misma, dicen que nació Vénus, saliendo de la espuma de la mar.

(N. del T.)

VIII. Muchas veces, no obstante, en medio de los estrepitosos transportes de su alegría, una extraña angustia se reflejaba sobre la frente de Childe-Harold, como si el recuerdo de alguna fatal querella ó de una pasion burlada, se despertase súbitamente en su corazon. Todos sus compañeros ignoraban aquel secreto, y quizá no mostraban muchos deseos de conocerlo, pues no era su alma de las abiertas y francas, de las que hallan consuelo comunicando sus pesares. Cualesquiera que fuesen las penas que no podia olvidar, no buscaba ni los consuelos ni los consejos del amigo.

IX. No era amado por nadie, porque los jóvenes disolutos de todos países, que á su palacio acudian, si le prodigaban lisonjas en los dias de festines, constábale que eran parásitos sin corazon.—Sí! nadie le amaba,—ni aun sus caras concubinas.—La mujer no busca sino la riqueza y el poder: dó quiera ellas estén, acude el veleidoso placer. Parecidas á las mariposas, es la luz la que atrae á las bellas: Mamon (1) consiguió aquello que á los ángeles fué negado.

X. Childe-Harold tenia una madre, y no la habia olvidado, pero evitó el despedirse de ella. Tenia una hermana querida, pero no la vió antes de dar comienzo á su larga peregrinacion. Si tenia amigos, no abrazó á ninguno de ellos. No deduzcais de aquí, sin embargo, que su corazon era un corazon de acero. Vosotros los que sabeis amar, probareis cuan cruelmente estos adioses destrozan el corazon de los que esperaban que calmarian sus pesares.

XI. Su palacio, sus dominios, las cariñosas damas que habian alegrado su juventud, y cuyos ojos azules, rizada cabellera y manos blancas como la

(1) Dios de la riqueza de los Sirios.

(N. del T.)

nieve, habrian hecho vacilar la virtud de un ana-
coreta; su copa llena hasta el borde de los vinos
más esquisitos, todo aquello, en fin, que podia cautivar más los sentidos, todo lo abandona sin exhalar
un suspiro, para atravesar los mares, recorrer las
costas musulmanas y cruzar ó atravesar la línea
central de la tierra. (1)

XII. Despléganse las velas que se hinchan al
soplo de un viento favorable, respondiendo al deseo
de Harold, que parece encantado de verse transportar lejos del país que le vió nacer. Las blancas
rocas de la costa británica, desaparecen prontamente
á su vista, y se pierden en medio de la espuma, por
las olas levantada. Acaso entonces se arrepintió de
haber querido recorrer lejanas tierras; pero este silencioso pensamiento quedó sepultado en su pecho;
sus lábios no dejaron escapar una sola queja, mientras que los demás pasajeros derramaban lágrimas
impropias de esforzados corazones y acusaban á los
vientos que se mostraban sordos á sus lamentos.

XIII. En el momento en que el sol se ocultaba
entre los mares, tomó su arpa, y creyendo no ser escuchado por testigos indiscretos, hízola vibrar con
fuerza algunas veces para sacar de ella acordes
inarmónicos. Sus dedos vagan sobre el melodioso
instrumento para preludiar sus cantos en el crepúsculo sombrío.

El bajel volaba con sus blancas alas; las costas
desaparecian detrás de él. Childe-Harold dirigió su
último adios á los elementos.

1.—«Adios! adios! mi tierra natal desaparece á lo
lejos en la azulada onda; suspiran los vientos de la
noche, mugen las olas, y la salvaje paviota deja
oir sus gritos. Nosotros seguimos en su huida al sol

(1) Lord Byron se habia propuesto primero continuar sus
viajes hasta los mares situados más allá del Ecuador. No obstante, ni el poeta, ni Childe-Harold pasaron la línea.

que va á acostarse en el palacio del Océano. Adios
quedad, por algun tiempo, uno y otro; ¡oh mi tierra
natal, adios!

2.—»Dentro algunas horas se levantará para anun-
ciar la mañana: saludaré de nuevo la mar y los cielos, pero ya no mi tierra natal. Mi antiguo castillo
queda abandonado, el hogar solitario, salvajes zar-
zas van á estenderse sobre los muros; mi perro ahu-
lla en el dintel de la puerta.

3.—»Vén, vén mi jóven paje! ¿por qué lloras y
gimes? ¿temes el furor de las olas? ¿es el viento el
que te hace temblar? Bah, seca las lágrimas que tus
ojos vierten: nuestro buque es tan fuerte como ligero y ni el mas rápido de nuestros alcones, podria
volar con celeridad igual á la suya.

4.—»Que el viento sople con violencia, que las
olas se amontonen, yo no temo el viento ni las olas;
pero no os sorprenda, señor Childe, mi afliccion,
pues me alejo de un padre y de una madre muy
amados; yo no tengo más que á ellos, á vos, y á
Aquél que está allá arriba!

5.—»Mi padre me dió su bendicion con transporte,
y sin exhalar una queja; pero mi madre suspirará amargamente hasta mi vuelta.»—«Basta, mi jóven amigo, basta: bien están las lágrimas en tus
ojos; si yo tuviera tu inocencia, vertiéranlas tambien los mios.

6.—»Vén, vén mi bravo servidor: ¿por qué estás
tan pálido? ¿te infunde temor el francés enemigo, ó
es la brisa la que te hace temblar?

»—¿Podeis creer, señor Childe, que tema á la
muerte? No es mi alma tan tímida; pero el recuerdo
de una esposa ausente, hace palidecer á un fiel esposo.

7.—»Mi esposa y mi hijo habitan cerca de vuestro
castillo, á orillas del lago; cuando ellos pregunta-
rán por su padre, ¿qué les responderá?

»—Basta, mi bravo servidor, ¿quién podria censurar tu tristeza? Pero yo, que tengo un carácter más frívolo, rio al alejarme.

8.—»¿Quién puede fiar en los suspiros de una esposa y de una amante? Nuevo calor secará pronto los ojos que poco antes hemos bañado en lágrimas. No es el disgusto de los placeres pasados el que me aflige, ni los peligros que podemos correr; mi más gran dolor es causado por no dejar trás de mí quien reclame una lágrima.

9. »Y ahora que cercado por un mar sin límites, me hallo solo en el mundo, ¿suspiraré por otros cuando nadie lo hará por mí? Quizá mi perro llore mi ausencia hasta que una estraña mano venga á alimentarle; pero á la vuelta de algun tiempo, si yo volviera á mi pátria, se abalanzaria sobre mí para morderme. (1)

10. »Huyo contigo sobre la espumosa onda, ¡oh mi rápido bajel! Poco me inquieta saber á qué país me conduces, siempre que no sea al mio. ¡Salud, azuladas olas; y, cuando esté lejos del Océano, salud, desiertos y grutas de las montañas! Mi tierra natal, adios!»

XIV. La tierra ha desaparecido; el bajel vuela, y vientos contrarios le combaten en la tempestuosa bahía de Vizcaya. Cuatro dias han transcurrido, pero al quinto, la vista de una nueva costa regocija todos los corazones. Ante ellos está la montaña de Cintra y reconocen el Tajo que lleva á la mar el tributo de sus doradas aguas. Un piloto portugués sube á bordo del buque y le guía á través de fértiles

(1) Despues de algunos años de ausencia lord Byron fué en efecto atacado por uno de sus perros favoritos, lo que le hacia decir que Homero en la *Odisea* y Southey en *Don Rodrigo*, habian pintado con alguna exageracion el reconocimiento y memoria de la raza canina. (A. P.)

comarcas, donde algunos labradores terminan la siega.

XV. Dios mio! divino espectáculo es el contemplar los dones que el cielo ha prodigado á este delicioso clima! Cuan sabrosos frutos se coloran en todos los árboles! Cuantas riquezas se ostentan en sus colinas! Y el hombre quisiera destruirlas con mano impía! Ah! cuando el Todo-Poderoso alce su terrible frente contra aquellos que desprecian sus supremas leyes, volcanizado el suelo por triple venganza, perseguirá á los numerosos guerreros galos y purgará la tierra de sus crueles enemigos.

XVI. Desde luego, cuantas bellezas presenta Lisboa! Su imágen se refleja en ese hermoso rio, al que los poetas no tienen necesidad de dar un lecho de arenas de oro. Sus mares son surcados por mil bajeles de una fuerza imponente, despues que la Albion se convirtió en aliada de la Lusitania, nacion hinchada de orgullo y de ignorancia, besando y á la vez detestando la mano que se armó de la espada para librarla del furor del desapiadado jefe de los galos.

XVII. Pero al entrar en esta ciudad, que brilla á lo lejos como una ciudad celeste, el extranjero se siente penetrado de dolor en medio de todo lo que más puede afligir la vista. Las cabañas, al igual que los palacios, son de aspecto repulsivo; sus súcios habitantes están criados entre el fango. Cualquiera que sea su rango y su fortuna, cuidan muy poco del aseo de sus vestidos, aunque se vean atacados por las plagas de Egipto. (1)

(1) Parécenos que en esta y en la anterior estrofa, así como en alguna de las siguientes, lord Byron pinta con sobrada exageracion los defectos de nuestros hermanos los portugueses, la mayor parte de los cuales, ya que no todos, solo pudieran ser vistos por la brillante imaginacion del ilustre poeta, impresionado penosamente acaso, por el suceso que refiere en la nota continuada á la estrofa XXI.

(N. del T.)

XVIII. ¡Pobre pueblo de esclavos, -nacido bajo un tan bello clima!—¿Por qué, oh naturaleza, has prodigado tus dones á semejantes hombres? El variado aspecto de los valles y colinas de Cintra se nos presenta como un nuevo Eden! Ah! ¿qué mano podria guiar el pincel ó la pluma, si habia de seguir el ojo embelesado á través de los más deslumbrantes sitios, que á las miradas de los mortales se presentan como las maravillas descritas por el poeta, que admiró al mundo abriendo las puertas del Elíseo?

XIX. Las gigantescas rocas, coronadas por un convento (1) en inclinada cumbre; los viejos alcornoques, sombreando con sus ramas un precipicio cercado de maleza; el musgo de las montañas ennegrecido por un cielo abrasador; el profundo valle en el que los arbolillos lloran la ausencia del sol; el terso azul del tranquilo Océano, los dorados frutos suspendidos entre el verde follaje de los naranjos, los torrentes que saltan de lo alto de los peñascos, la vid que se estiende por las colinas, el sauce que se balancea al márgen de los arroyos, todo contribuye á embellecer y dar variedad á tan encantador paisaje.

XX. Subid despues por tortuosos senderos, y de lo

---

(1) El convento de Ntra. Sra. de la Pena (*Nossa Senhora da Pena*) está situado en la cima ó punta de un peñasco. Abajo y algo distante de este peñasco, se halla el convento de corcho, en donde San Honorio abrió la gruta debajo de la que se vé su epitafio. De lo alto de los peñascos, la mar aumenta la belleza de la perspectiva. (*a*)

(*a*) Despues de publicado este poema, he observado que dí una interpretacion equivocada al nombre de Nossa Senhora da Pena. Provenia este error de no haberme fijado en el tilde colocado sobre la *n* que cambia el significado de la palabra peña. Esta palabra con acento significa *peña*, sin acento tiene el sentido que antes le dí. Por lo demás, no creo que aquella equivocacion haya dado lugar á un contrasentido, porque si bien el convento se llama de Nuestra Señora de la Peña, la austeridad de las prácticas del mismo, escusaba el sentido en que yo habia tomado entonces la palabra peña.

alto de las cimas de las rocas volved la cabeza para contemplar una nueva y más deliciosa perspectiva. Descansad en la capilla de Nuestra Señora de los Dolores: austeros monges muestran al extranjero sus pequeñas reliquias y le refieren sus leyendas. Aquí los impíos recibieron su castigo; y allá, en aquella gruta oscura, Honorio vivió muchos años, esperando merecer el cielo, haciéndose un infierno de la tierra.

XXI. Observad, trepando por la cima de los peñascos, numerosas cruces toscamente talladas: no creais ver en ellas ofrendas de la devocion: son frágiles monumentos de un furor homicida. Por todos lados donde el puñal de desapiadado asesino, ha derramado la sangre de una víctima, se levanta una cruz formada por dos altos, carcomidos palos. Los valles y los bosques sembrados están de estos tristes recuerdos en esta sanguinaria tierra, en donde las leyes no protegen la vida del hombre. (1)

XXII. En el declive de las colinas ó en el seno de los valles, vénse palacios que fueron en otros tiempos morada de los reyes, y á cuyo alrededor florecen

---

(1) Es un hecho harto conocido, que durante el año 1809 se asesinaba á las gentes en las calles de Lisboa y en sus cercanías, y que los portugueses no buscaban tan solo las víctimas entre sus compatriotas, pues la experiencia diaria nos demostraba que algunos ingleses habian sido tambien asesinados. En vez de conseguir la represion de todos estos delitos, se nos previno que no nos mezcláramos en las disputas que presenciáramos, aun en el caso de ver atacado uno de nuestros compatriotas. Yendo al teatro, fuí una vez detenido á las ocho de la noche, hora en que circulaba mucha gente por las calles: esto ocurria enfrente de una tienda abierta, y nosotros estábamos dos en el coche. Felizmente llevábamos armas: sin esta precaucion hubiéramos sido los protagonistas de una anécdota, en vez de poderla contar nosotros mismos. No es tan solo en Portugal donde comunmente se asesina á las gentes; en Sicilia y en Malta, se mata durante la noche á los ingleses, sin que nunca se haya castigado un solo siciliano ó maltés.

hoy silvestres plantas; sin embargo, sobre estas ruinas se refleja todavía un resto de esplendor. Allí es donde se levanta el bello *Palacio del príncipe;* y allí tambien es donde tú, Vathek (1), opulento hijo de Albion, creaste tú paraíso, echando en olvido que cuando la riqueza, ávida de placeres, ha prodigado sus tesoros, la dulce paz aparta de sí los atractivos del deleite.

XXIII. Elegiste tú morada bajo el delicioso abrigo de esta montaña, llamando á ella todos los placeres; pero hoy parecida á una mansion fatal al hombre, tú palacio encantado está, como tú, solitario. Gigantescas malezas permiten apenas llegar á tús abandonados aposentos, á tús anchos y abiertos pórticos. Nueva leccion para los corazones que reflexionen cuan vanos son los palacios de la tierra cuando el curso inexorable del tiempo los convierte en ruinas.

XXIV. ¡Hé allí el palacio donde no ha mucho han estado reunidos los jefes, palacio odioso á todo corazon inglés! (2) Ved aquel diablo, aquel enano del infierno, con burlona risa, que lleva por diadema el gorro de la locura! Vedle sentado y envuelto en una capa de pergamino, teniendo á sus lados un sello y un negro rollo en el que brillan nombres conocidos en la caballería y numerosas firmas que, el malicioso enano, señala con el dedo, riendo de buena gana.

(1) Vathek-Beckford.

(2) El convenio de Cintra fué firmado en el palacio del marqués de Marialva. (*a*) Las últimas hazañas de Wellington han borrado las torpezas de Cintra. Lord Wellington ha hecho verdaderos milagros: puede decirse que ha cambiado el carácter de una nacion, destruyendo un enemigo de sus predecesores que jamás habian podido hacer retroceder.

(*a*) Por este convenio que se firmó á 22 de Agosto de 1808, entre Junot y los generales ingleses, se estipuló que aquel, con las tropas francesas, evacuarian el Portugal y serian trasladadas por mar á Francia.

(*N. del T.)*

XXV. El Convenio es el nombre del diablo, que se mofa de los caballeros en el palacio de Marialva reunidos. Sorbióles los sesos (si es que algun dia los tuvieron), y trocó en duelo la vana alegría de una nacion. La necedad menospreció la corona del vencedor, y la política reconquistó lo que habian perdido las armas. ¡Para generales como los nuestros, crecen en vano los laureles! ¡Ay de los vencedores, antes que de los vencidos, despues de haber despreciado la victoria en las costas de la Lusitania!

XXVI. Desde el dia de aquella desventurada asamblea ¡oh Cintra! á tú solo nombre palidece la Gran Bretaña. Los que tienen las riendas del Estado tiemblan, y enrojecerian de vergüenza, si es que sus rostros pudieran enrojecer. ¿Como calificará acto tan deshonroso la posteridad? Nuestros descendientes y nuestros aliados, no verán con desdén esos generales privados de toda su gloria? Los enemigos vencidos en el campo de batalla, han sido los vencedores en ese palacio, en el que nosotros quedamos espuestos á las burlas de las naciones, en los venideros siglos.

XXVII. Tales fueron los pensamientos de Childe-Harold, mientras recorria las montañas sumido en solitaria meditacion. La belleza de estos sitios le encanta; pero más inmóvil en su inquietud que la golondrina en los aires, sueña ya en abandonarlos. Acostumbróse aquí, durante este tiempo, á hacer algunas reflexiones morales, á las que le conducia la meditacion de vez en cuando. La secreta voz de la razon le echó en cara su juventud consumida en los caprichos de la locura; y al contemplar la verdad, sus ojos, heridos por la claridad que despide, se enturbiaron y oscurecieron.

XXVIII. A caballo! á caballo! exclama, y se aleja para siempre de una comarca deliciosa que consolaba ya su alma. Desecha sus delirantes pensamientos, pero no para ir en busca de los placeres del amor ni de los de Baco. Huye ignorando aun el sitio en que irá á descansar de su peregrinacion. Ante sus ojos se desarrollarán aun mil variados cuadros, antes que su sed de viajes quede satisfecha, antes que la calma reine en su corazon, ó que la esperiencia le devuelva la cordura.

XXIX. Pero Mafra (1) le detendrá un momento. Este asilo de la desdichada reina de los lusitanos reunia la iglesia y la corte, los monges y los cortesanos: ¡á las misas sucedian los banquetes! Nefando consorcio, sin duda; pero aquí la prostituida de Babilonia ha levantado un palacio tan suntuoso que los hombres olvidan la sangre por ella vertida y doblan la rodilla ante la pompa que sabe cubrir el crímen con un barniz engañador.

XXX. Childe-Harold pasea sus embelesados ojos por fértiles valles y por amenas, encantadoras laderas. (Ah! si ellas alimentaran una raza libre!) Los hombres perezosos, los que están sumidos en la molicie, llamen, en buen hora, una locura á los viajes, y asómbrense que otros más atrevidos abandonen los voluptuosos almohadones para arrostrar las fatigas de las largas correrías: hay en el aire de las montañas una suavidad y un manantial de vida que jamás conocerá la pereza.

XXXI. Blanquea la cumbre de los montes que desaparecen en lontananza: valles menos ricos, más desiguales, les suceden, y despues llanuras inmensas, limitadas solo por el horizonte. Tan lejos como alcanza la vista reconoce los reinos de España, en donde los pastores apacentan esos ganados, cuya lana

(1) La extension de Mafra es prodigiosa: reune un palacio, un convento y una iglesia magnífica. Los seis órganos que en esta iglesia existen, son los más bellos que he visto en mi vida. No pude oirlos, pero me aseguraron que sus voces eran dignas de su riqueza. Mafra es conocido por el Escorial de Portugal.

es tan renombrada; pero es menester que hoy el pas_
tor arme su brazo para defender sus corderos. España ha sido invadida por terrible enemigo: todos
sus hijos deben combatir ó sufrir las calamidades
de la conquista.

XXXII.   Allí donde la Lusitania encuentra á su
hermana, ¿qué límites separan las dos naciones rivales? Es acaso el Tajo el que interpone sus majestuosas ondas entre estos celosos pueblos? Es acaso
la orgullosa cordillera de Sierra Morena la que entre
las dos levanta sus peñascos? Es acaso una barrera
levantada por los hombres como la gran muralla
de la China? No; ni es una muralla levantada por los
hombres, ni un rio largo y profundo, ni disformes
peñascos, ni altas montañas como las que separan
á la Iberia de las Galias

XXXIII.   No; es un simple riachuelo de plateadas
ondas que apenas tiene un nombre y cuyas flori-
das orillas pertenecen á uno y otro reino. Allá es
donde el pastor, que se apoya sobre su cayado, contempla en su ociosidad las ondas, siempre mansas,
que corren entre los dos pueblos enemigos. Porque
tan altivo como el más noble de sus duques, el último de los labriegos españoles, conoce perfectamente
la diferencia que existe entre él y el esclavo lusita-
no, el último de los esclavos (1).

XXXIV.   No muy distante de este débil límite,
corren las sombrías olas del ruidoso Guadiana, con
frecuencia celebradas en las antiguas baladas. En
otros tiempos, sobre sus orillas, se encontraron los
ejércitos mauritano y godo, cubiertos de relucientes
armaduras. Aquí fué donde los más ágiles se detu-
vieron para siempre y los más fuertes guerreros

(1) He descrito á los portugueses, tal cual me parecieron.
Desde entonces han hecho progresos, al menos en valor perso-
nal: esto es evidente.

fueron sojuzgados por la muerte. Los turbantes de los hijos de Mahoma y las cimeras de los cristianos rodaron confundidos con las ondas del quejumbroso rio bajo el peso de los cadáveres.

XXXV. Bella España, pueblo glorioso y encantador! ¿dónde está el estandarte que Pelayo hizo flotar cuando el pérfido padre de la Cava (1) llamó á su pátria á los guerreros que enrojecieron los arroyos de sus montañas con la sangre de los godos? Dónde están aquellos ensangrentados pendones que se desplegaron en otros tiempos sobre la cabeza de tús hijos, y que, coronados por la victoria, rechazaron por último á los invasores hasta sus negras costas?

(1) La hija del conde Julian, la Helena de España. Pelayo conservó su independencia en las montañas de Asturias, y algunos siglos mas tarde los descendientes de sus compañeros vieron coronados sus esfuerzos con la toma de Granada.

Casi todos los historiadores españoles están de acuerdo con la tradicion, para atribuir la invasion de España por los Mauritanos á la violacion por¦ D. Rodrigo, de Florinda, llamada por aquellos la Caba ó Cava (a). Era hija del conde Julian, uno de los primeros lugartenientes del monarca godo. Este infortunado padre defendia á Ceuta contra los Mauritanos, cuando supo la nueva de la deshonra de su hija. Indignado por la ingratitud de su rey y por el ultraje inferido á su familia, renegó de su religion y de su patria, estipuló una alianza con Muza, en aquel entonces lugar teniente del Califa en Africa, y dirigió la invasion de España por un ejército de sarracenos y africanos. La consecuencia de esta traicion fué la derrota y muerte de Don Rodrigo y la ocupacion de casi toda la península por los Mauritanos.

Los españoles, ha dicho Cervantes, abominan de tal manera el nombre de Florinda, que jamás lo dan á sus hijas, reservándolo para sus perros.

(a) Ni esta tradicion, ni la que atribuye la traicion al propio conde don Julian, á su hermano Oppas y á los hijos del cruel Wi'iza, antecesor de don Rodrigo, es aceptada por los historiadores españoles, cual supone lord Byron, pues la mayor parte de aquellos convienen en que no hay pruebas ciertas de que la irrupcion de los árabes en España se debiese á una traicion.

(N. del T.)

Una aureola brillante envolvió la cruz y la media luna palideció, cuando los ecos del Africa repitieron los desgarradores gritos de las madres de la Mauritania.

XXXVI. Todos los romances populares repiten aun tan gloriosas hazañas. Tal es ¡ay! la mas bella recompensa del guerrero. Cuando se hunden los monumentos, cuando faltan los anales, los cantos de los pastores inmortalizan su fama, espuesta á perecer. Orgullo, cesa de mirar al cielo para dejar caer una mirada sobre tí mismo; y contempla como en un canto pasan á la posteridad los héroes. ¿Esperas acaso que los libros, las columnas, los monumentos, consagrarán tú grandeza? ¿Puedes creer que el sencillo lenguaje de la tradicion hable de tú gloria, cuando tús aduladores duerman contigo en la noche de los tiempos y la historia te haya infamado?

XXXVII. Despertaos, hijos de España, despertaos y acudid. Escuchad la caballería, vuestra antigua diosa, que os grita: *¡A las armas!* Ella no blande como en otros tiempos su formidable lanza; su casco no está adornado del rojo penacho que en los aires flotaba; ella vuela sobre las nubes de humo de vuestros cañones y os habla con la voz atronadora del bronce; ella os dice: «¡Despertaos, á las armas!» ¿Es acaso más débil su voz que cuando sus cantos guerreros resonaban en las costas de Andalucía?

XXXVIII. ¿No oís como se estremece la tierra bajo los precipitados pasos de los corceles y el choque de las armas en la llanura? ¿No veis á los que hiere la ensangrentada hoja del sable? ¿No volareis á socorrer á vuestros hermanos, que sucumben á los golpes de los tiranos y de los esclavos de la tiranía? Los fuegos de la muerte han brillado; las inflamadas balas vuelan por todas partes; el estruendo de cada explosion, repetido de peñasco en peñasco, os dice que espiran millares de guerreros. La muerte se cierne sobre los vapores de azufre: el Dios de la guerra hiere con su pié la tierra y, á su sacudimiento, se estremecen las naciones.

XXXIX. Ved sobre la montaña aquel gigante del que la sangre mancha su espesa cabellera: los dardos de la muerte brillan en sus manos de fuego: su ojo pulveriza todos cuantos objetos mira; aquel ojo gira inquieto en su órbita, se fija un momento y vá á centellear á lo lejos. A sus piés se arrastra la Destruccion contemplando los estragos de este dia. Tres poderosas naciones ván hoy á combatirse para derramar, ante esta bárbara divinidad, la sangre que prefiere á todas las ofrendas.

XL. ¡Oh, Dios mio! que brillante espectáculo para el que no cuenta entre sus filas ni al amigo, ni al hermano! Ved sus banderas bordadas de diversos colores y sus armas resplandecientes á los rayos del sol! Parecidos á los furiosos dogos que rechinan los dientes y con sus ladridos amenazan de lejos su presa, todos estos soldados ván á participar de los peligros: solo corto número gozará de la victoria y el sepulcro recibirá á los más bravos. El dios de la matanza, apenas si puede contar sus falanges, en medio de los transportes de su alegría.

XLI. Tres ejércitos se confunden para ofrecer el sacrificio; elevánse estrañas súplicas al cielo en tres distintos idiomas; tres brillantes estandartes se despliegan bajo la bóveda de los cielos; óyense los gritos de ¡Francia! España! Albion! Victoria! Los agresores, las víctimas y el benévolo aliado que, sin provecho, viene locamente á combatir por los otros (1), se han reunido aquí como si temiesen que

(1) España debe á Inglaterra profundo reconocimiento, eterna gratitud, por el eficaz y poderoso apoyo que le prestó en la guerra de la Independencia. Sin embargo, séanos permitido consignar tambien que no lo prestó locamente ni sin provecho,

la muerte no hubiese ido á herirles bastante pronto
en su suelo natal: ellos ván á ser pasto de los buitres, en el llano de Talavera, y á fertilizar los campos cuya conquista se disputan (1).

XLII.   Allí se pudrirán, víctimas honradas de la
ambicion, por más que la gloria cubra el césped del
cerro en donde se hallan. ¡Capciosa palabra! yo no veo
en estos guerreros más que viles instrumentos, que
los tiranos sacrifican por miriadas cuando se atreven á cubrir de cadáveres humanos el camino que
les conduce... ¿á dónde?... A un sueño.

¿Pueden los déspotas ser dueños de un solo lugar
donde su dominacion sea reconocida? ¿Pueden llamar suyo un solo rincon de tierra, excepto aquel
donde al fin ván á depositar sus huesos poco á poco
reducidos á polvo?

XLIII.   ¡Oh Albuera, nombre de gloria y de dolor!
cuando mi peregrino espoleaba su corcel en tú llanura ¿quien podia prever que fueses en breve tiempo el
teatro donde vendrian á juntarse los enemigos para
desafiarse y perecer? ¡Paz á los que han dejado de
ser! Ojalá los honores del bravo y las lágrimas del
triunfo hagan duradero el precio de su valor! Hasta
que nuevas víctimas vayan á ensangrentar otras comarcas, tú nombre, Albuera, circulará entre la multitud y será repetido en estos perecederos versos,
indignos de tú fama.

XLIV.   Bastante hemos hablado ya de los predi-
lectos de la guerra! Dejémosles jugar su funesto
juego y arriesgar por la gloria su vida. La gloria no reanimará sus cenizas, aunque millares de

cual supone lord Byron, pues con ello se propuso lo que le interesaba : abatir á su más poderoso y terrible enemigo, á Napoleon I.   (*N. del T.*)

(1) En los llanos de Talavera se dió la batalla qué lleva
este nombre, en 28 Julio de 1809.

(*N. del T.*)

hombres sucumbieran para ilustrar el nombre de uno solo.

Pero seria cruel desengañar á esos dichosos mercenarios, que creen combatir y morir por su pátria, cuando si hubiesen vivido, habrian podido ser su afrenta, yendo á perecer más tarde en alguna sedicion doméstica, ó en una esfera más reducida, convirtiéndose en salteadores de caminos.

XLV.   Harold, siempre solitario, se dá prisa para llegar á los lugares en que Sevilla se enorgullece de no estar sometida. Libre está aun aquella presa que con avidez codician los franceses; más pronto la conquista se abrirá hasta ella un camino de fuego é imprimirá las huellas de sus devastadores pasos sobre las ennegrecidas piedras de sus ricos palacios. ¡Hora inevitable! se quiere en vano resistir al destino, cuando la destruccion llama su famélica raza sobre una ciudad desdichada! Si sus decretos no fueran irrevocables, Ilion (1) y Tiro estarian aun en pié, la virtud triunfaria siempre y el asesinato dejaria de prosperar.

XLVI.   Pero no preveyendo la suerte que les espera, los habitantes de Sevilla se entregan por completo á las fiestas, á los alegres cantos y á las orgías; trascurren las horas en los mas alegres regocijos; no es el hierro enemigo el que hiere el corazon de sus ciudadanos; no es el sonido de los clarines guerreros el que se deja oir, y si el del bandolin del amor. Aquí la locura no vé jamás desiertos sus altares, el desenfreno hace sus escursiones nocturnas; y la voluptuosidad, acompañada de todos los crímenes secretos de las capitales, reina hasta el último momento en los vacilantes muros de Sevilla (2).

_____

(1)   Otro de los nombres de Troya, con el que más propiamente se designaba su ciudadela.

(*N. del T.*)

(2)   Los franceses entraron efectivamente en Sevilla en 1.º de

XLVII.   Mas no es así el morador de la campiña, que huye en busca de un refugio, acompañado de su trémula esposa, temiendo dirigir sus húmedos ojos demasiado lejos, por temor de ver sus viñedos asolados y consumidos por el fuego de los enemigos. ¡Pasó ya el tiempo en que bailaba el fandango, á la dulce claridad de la luna y al son de sus alegres castañuelas! Ah! monarcas, si pudiérais saborear los placeres que emponzoñais, seguro es que no correríais trás de las emociones de la gloria: el ronco sonido del tambor no vendria á turbar ya más el sueño y sabria el hombre lo que es la felicidad.

XLVIII.   ¿Cuáles son actualmente las coplas del robusto muletero? ¿Acaso es al amor, ó á su prometida, ó á la Vírgen de los cielos, á quienes canta para alegrar su larga caminata, al monótono sonido de las campanillas de su mula? No, que solo deja oir el grito de *viva\] el rey* (1), interrumpido algunas veces para maldecir á Godoy, al viejo é imbécil rey Cárlos, al dia en que la reina de las Españas vió por vez primera á su jóven amante, de negros ojos, y á la traicion que se originó de sus adúlteros amores.

XLIX.   En toda esa estensa llanura de terreno, coronado á lo lejos por peñascos, sobre los que se levantan todavía las torres de los moros, la tierra

Febrero de 1810, y no abandonaron esta ciudad hasta 1812.

(N. del T.)

(1)   *¡Viva el rey Fernando!* Este es el estribillo de la mayor parte de las canciones patrióticas de los españoles: casi todas se dirigen contra el viejo rey Cárlos, la reina su esposa, y el príncipe de la Paz. Muchas son las que he oido cantar y sus aires eran muy bonitos.

Godoy, príncipe de la Paz, nació en Badajoz, en la frontera de Portugal. Fué primeramente guardia de corps. Su figura llamó la atencion de la reina y luego llegó á ser duque de Alcudia, etc.. etc. Los españoles dan generalmente á Godoy la culpa de las desgracias de su pátria.

ha sido escarbada por todas partes por las herraduras de los caballos, y el césped, ennegrecido por las llamas, patentiza que Andalucía ha visto los enemigos. Aquí estaban acampados, las guardias encendian sus fogatas y habia sus puestos avanzados: aquí el valiente labrador, que tomó por asalto la *guarida del dragon,* contempla aun estos sitios con orgullo y señala estos peñascos, que tantas veces fueron perdidos y recobrados.

L. Todos cuantos encontrais por los caminos adornan su cabeza con una escarapela de color de escarlata (1), lo cual os dará á conocer si el que se dirige hácia vosotros es amigo ó enemigo. ¡Ay del que se atreva á presentarse sin esa prueba de su realismo! está siempre aguzado el puñal é imprevisto será el golpe. Ah! cuan pronto los soldados de la Francia serian arrojados de España, si las traidoras dagas, bajo la capa ocultas, pudiesen embotar el filo de los sables y desvanecer el humo de los cañones!

LI. En toda la extension que puede abarcar la vista, cada sombrío peñasco de Sierra-Morena presenta una batería mortífera: el obús, los caminos cortados, las empalizadas erizadas de estacas, las zanjas llenas de agua, los batallones sobre las armas, los almacenes construidos en las mismas rocas, los corceles ensillados, bajo un abrigo de bálagos, las balas amontonadas en forma de pirámides (2), las fogatas siempre encendidas, anuncian lo que vá á suceder.

LII. Aquel, cuya amenazadora mirada ha bastado para derribar á los reyes de sus tronos, detiéne-

---

(1) La escarapela roja con el nombre de Fernando, escrito en medio.

(2) Todos cuantos hayan visto una batería, recordarán que las balas están colocadas en forma de pirámides. Sierra-Morena estaba cubierta de fortificaciones en todos los desfiladeros por donde pasé yendo á Sevilla.

se un instante antes de levantar su cetro. Durante cortos momentos tiene á bien pararse. Muy pronto sus ejércitos sabrán abrirse paso á través de estos vanos obstáculos y veráse obligado el Occidente á reconocer en él al azote de la tierra. ¡Ah, hermosa España, cuan triste será el dia de desolacion en que verás á tús propios hijos precipitarse á bandadas en la mansion de los muertos, mientras el buitre de las Galias desplegará sus alas victoriosas!

LIII.   ¿Es acaso necesario que su tan arrogante como brava juventud, se sacrifique solamente para saciar la ambicion de un tirano? ¿No hay, pues, término medio entre la servidumbre y la muerte, entre el triunfo de la rapiña y la destruccion de España? ¿El Dios á quien adoran los mortales, habrá decretado su ruina y no oirá su suplicante voz? ¿Serán inútiles los prodigios del valor? ¿Los consejos de los prudentes ancianos, el amor de la pátria, el ardor de la juventud y el corazon indómito de la edad madura, no lograrán acaso librar á la Iberia de su fatal destino?

LIV.   ¿Habrá acaso en vano la española vírgen colgado de los sauces su silenciosa guitarra? Olvidando su sexo, viste la cota de malla de los guerreros, toma parte en sus peligros y entona el himno de las batallas. La que no ha mucho palidecia á la vista de una herida y á la que los lúgubres gritos del ave nocturna helaban de espanto, contempla ahora impávida el brillo de las espadas y el movimiento de innumerables bayonetas, pasando por encima de los soldados que agonizan; y avanza, cual Minerva, por lugares que temeria pisar el mismo Marte.

LV.   ¡Oh, vosotros, que oireis con asombro la historia de sus hazañas! si la habeis conocido en tiempos para ella mas apacibles; si habeis admirado sus tan negros ojos, que al color de su negro velo aventajan; si habeis oido su dulce, su tierna voz dentro de su gabinete; si habeis visto los largos bucles de su cabello, que el pincel no puede copiar, su talle aéreo y su casi divina gracia, ¿hubierais podido creer nunca que los muros de Zaragoza la verian un dia sonreir á la vista del peligro con que amenaza la cabeza de Gorgona (1), dar órdenes á los soldados y conducirlos por los terribles senderos de la gloria?

LVI. Cae su amante... y ella ni siquiera derrama una inoportuna lágrima; ha sido muerto su jefe... y ella ocupa su puesto fatal; los soldados pierden terreno... y ella impide su fuga; el enemigo es rechazado... y ella guia á los vencedores. ¿Quien mejor que ella podrá aplacar los manes de su amante? ¿Quien como ella podrá vengar la muerte de su jefe y hacer que recobren la esperanza los abatidos guerreros? ¿Quien como ella se encarnizará contra los franceses, puestos en fuga por una mujer ante unos muros próximos á desplomarse? (2)

LVII. No pertenecen, sin embargo, las mujeres españolas á una raza de amazonas; formólas el amor ante todo para sus encantadores artificios. Si rivalizan en valor con sus hermanos, si se atreven á mezclarse con sus armados ejércitos, su bélico ardor no es sino la ira de la tierna paloma, que pica la mano del que amenaza á su esposo. Superiores á las mujeres de los demás países por su dulzura y valor, tie-

---

(1) Gorgona ó Gorgonas. Las tres hermanas, mónstruos hembras de la fábula, que no tenian más que una cabeza y un ojo en comun: eran tan horribles que se convertian en piedras cuantos las miraban.

(N. del T.)

(2) No he exagerado las hazañas de la hija de Zaragoza. Durante mi estancia en Sevilla la he visto pasearse muchas veces por el *Prado* (?), ostentando las condecoraciones y las medallas que la Junta le habia concedido (a).

(a) Hubo en Zaragoza más de una heroina. Las que más se distinguieron fueron la Agustina y la condesa de Bureta.

(N. del T.)

nen á la par que un alma más grande, más poderosos atractivos.

LVIII.   En sus mejillas se ven unos hoyuelos, allí
impresos por el redondeado dedo del Amor (1). Sus
lábios, nido de besos prontos á volar, diciendo están
á su amante que debe hacerse acreedor á ellos por
su valor. ¡Que de encantos ofrece la altivez de su
mirada! Febo no ha podido borrar el tinte de su frescura y de sus delicados colores, que sus rayos convierten en más encantadores aun. ¿Quien buscaria
en el Norte más pálidas hermosuras? ¡Cuan acaba-
das, delicadas y lánguidas parecen sus formas! (2).

LIX.   Oh vosotras, regiones que los poetas desean
descubrir, harems de este país, en donde hago resonar mi lira en honor de las beldades Ibéricas, cuyos encantos hasta un cínico admiraria, atreveos á
comparar con ellas vuestras huríes, á las que pri-
vais de respirar el aire libre de los cielos, temiendo
que el Amor vuele hasta ellas en alas de la brisa. Re-
conoced por tanto que en su pátria encontramos el
paraíso de vuestro profeta, por sus celestiales vírgenes, por su dulce y angelical belleza.

LX.   Y tú, Parnaso (3), á quien contemplo yo en

(1)   Sigilla in mento impressa Amoris digitulo
      Vestigio demonstrant mollitudinem.   Aul. Gell.

(2)   «Largos cabellos negros, ojos lánguidos del mismo color,
un tinte aceitunado claro, formas más graciosas en sus movimientos de lo que concebir pudieran los ingleses acostumbrados al aire adormecido y negligente de sus compatriotas: todos
estos dones de la naturaleza, embellecidos todavía con los más
elegantes y al propio tiempo más decentes adornos, hacen irresistible la hermosura de las hijas de España.»—*Byron*, á su
madre.

(3)   Estas estrofas han sido escritas en Castri (Delfos) al pié
del monte Parnaso, el cual tiene hoy dia el nombre de Liakura. Subiendo al Parnaso para ir á ver la fuente de Delfos (Castri) en 1809, ví una bandada de doce águilas (Hobou-
se pretendia que fuesen buitres) y acepté el augurio. El dia
anterior, habia yo compuesto los versos dirigidos al Parna-

estos momentos, no en el delirio de un sueño, ni en el fabuloso horizonte de un poema, si no con toda la grandeza de tú agreste majestad, alzando hasta las nubes tú frente de nieve coronada! ¿Puede nadie admirarse, si intento arrancar estos acentos de mi lira? ¿No le será lícito al más humilde de los visitantes, al pasar tan cerca de tí, el saludarte con sus cantos, aunque ya ninguna Musa tome el vuelo en tus cimas?

LXI. ¡Cuántas veces he soñado yo en tú sagrado monte! Quien no conoce tú glorioso nombre, ignora las más divinas inspiraciones del hombre! Hoy que te contemplo, me avergüenzo de celebrarte con tan débiles acentos; cuando recuerdo los que te invocaron en otro tiempo, me estremezco y no puedo hacer otra cosa, si no doblar las rodillas. No me atrevo ni á levantar la voz, ni á emprender un vuelo inútil; pero contemplo en silencio tú pabellon de nubes, contento á lo menos de pensar que te estoy viendo.

LXII. Más feliz ahora que muchos bardos ilustres, á quienes tiene sujetos el destino en remotas playas, ¿veré yo sin impresion alguna, estos sagrados lugares que otros creen ver en su delirio sin haberlos visitado jamás? Aunque Apolo no habite ya en su gruta, y aunque tú, en otro tiempo estancia de las Musas, no seas ahora sino su sepulcro, todavía un génio benigno reina en esos lugares, suspira con el céfiro, permanece silencioso en las cavernas y deslízase ligero por sobre estas melodiosas aguas.

LXIII. Un dia tornaré á verte; he interrumpido

so en Childe-Harold. La vista de las aves me dió la esperanza de que aceptaria Apolo mi homenaje. Lo cierto es que he gozado fama de poeta durante el período poético de los veinte á los treinta años. ¿Será así en adelante? Esta es otra cuestion. Sin embargo, he visitado al dios y el lugar en que mora y agradeciéndole lo que haya tenido á bien hacer por mí, pongo en sus manos, lo mismo que el pasado, el porvenir.

mis cantos para rendirte ahora un primer homenaje. Olvidando á España, á sus generosos hijos, á sus amables hermanas y su destino, siempre tan caro para toda alma libre, te he saludado, augusta montaña, 'derramando una lágrima. Vuelvo, pues, á mi objeto; pero permítame ántes que me lleve de tú sagrado sitio alguna prenda como á recuerdo; concédeme una hoja del árbol inmortal de Dafne y no toleres que la esperanza del que te invoca, sea tenida por un vano orgullo.

LXIV. No; nunca en los mejores tiempos de la Grecia ha descubierto á sus piés tú gigantesco peñasco semejante coro de beldades; jamás, ni cuando la sacerdotisa abrasada por la celestial llama dejaba oir el himno pítico, vió Delfos un grupo de vírgenes más dignas de inspirar los cánticos del amor, que las hijas de Andalucía exaltadas por halagüeños deseos. Ah! ¿por qué no habitan ellas estas florestas apacibles que ofrece aun la Grecia, por más que la gloria esté desterrada de sus valles?

LXV. La arrogante Sevilla (1) es muy hermosa; todavía puede ensalzar su fuerza, su riqueza y su antiguo orígen; Cádiz, que se alza en la lejana costa, es aun más seductora, pero no merece más nobles alabanzas. ¡Vicio corruptor, cuantos encantos tienen tus voluptuosos senderos! ¿Quién puede librarse de quedar fascinado por tú mágica mirada cuando hierve la sangre de la juventud en nuestros corazones? Tú nos sigues bajo la forma de una serpiente con cabeza de ángel y sabes variar tu engañador aspecto conforme al gusto de cada mortal.

LXVI. Cuando Pafos cayó destruida por el tiempo (¡viejo maldito, la reina que gobierna el universo debe estar tambien sujeta á tí!) huyeron los placeres en busca de un clima, como aquel apacible:

(1) Sevilla es la Hispalis de los Romanos.

y Vénus, fiel únicamente al mar que fué su cuna, la inconstante Vénus, tuvo á bien escoger á Cádiz y establecer su culto en la ciudad de las blancas murallas: célebres son sus misterios en mil templos; se le han consagrado millares de altares, y en ellos se mantiene encendido siempre el fuego divino (1).

LXVII. Desde la mañana hasta la noche y desde la noche hasta los momentos en que despertándose la aurora sobresaltada, dirige, avergonzándose, una tímida mirada á la ruidosa multitud que corre á los placeres, óyense músicas, vénse tejer guirnaldas de rosas, prepararse caprichosos juegos y nuevas locuras que rivalizan entre sí. Despedíos por largo tiempo de los tranquilos goces del sábio, vosotros los que venís á estableceros en Cádiz; nada interrumpe estas fiestas, por más que en los lugares de la verdadera devocion se eleve el incienso monacal hasta los cielos; no obstante el amor y las oraciones se juntan y se reparten las horas del dia.

LXVIII. Llega el domingo. ¿De qué modo en esta playa cristiana, se venera el dia destinado á un piadoso descanso? Se le consagra á una fiesta solemne: ¡escuchad! ¿no ois mugir al rey de las selvas? rompe las lanzas con que se le resiste, echa por tierra con sus astas á caballos y caballeros, aspiran sus narices el vapor de su sangre, y resuenan en la plaza estridentes gritos que piden una nueva lucha. La furiosa multitud aplaude al contemplar entrañas aun palpitantes; la beldad no ha apartado sus ojos; ni siqniera ha fingido estar entristecida.

LXIX. Es el dia séptimo, el jubileo del hombre.

---

(1) ¡Cádiz, encantadora Cádiz! ella es el sitio más risueño de la creacion. La belleza de sus calles y de sus casas no la aventaja si no la hermosura de sus moradores. Verdadera Citera que guarda en su seno las mujeres más admirables de España, las *hermosas* de Cádiz son las *Mágicas de Lancastre* de su país.

¡Oh Lóndres! tú comprendes perfectamente el dia de oracion! Tus elegantes patronos, tus aseados artesanos, tus bien vestidos aprendices, salen á respirar el aire puro para toda la semana: tús simones, tús whiskys, tus coches de un solo caballo y el modesto gig (1), circulan á través de todos los arrabales, corren hácia Hampstead, Brentford y Harrow (2), hasta tanto que estenuado el caballo se olvida de tirar del coche, el cual queda parado en medio del camino, provocando las envidiosas chanzas de los que van á pié.

LXX. Las góndolas del Támesis pasean á las hermosas con cintas adornadas; otras prefieren la ruta de las barreras como más segura; hay algunos que suben á la colina de Richmond: á estos les gusta más dirigirse á Were; y aquellos á la ladera de Highgate. ¿Preguntais el por qué, sombras de Beocia? (3) Es para celebrar los ritos del solemne culto del Cuerno, guardado en la santa autoridad del misterio y por cuyo temido nombre, juran los jóvenes de ambos sexos, consagrando sus votos por medio de libaciones y danzas que duran hasta la mañana siguiente.

LXXI. Todos los pueblos tienen sus locuras; las tuyas, hermosa Cádiz, en nada se parecen á las nuestras. No bien el reloj acaba de dar las nueve de la mañana, cuando ya tus devotos habitantes cuentan los granos de sus rosarios: oran á la Vírgen

---

(1) Especie de cabriolé.

(N. del T.)

(2) Lugar ó aldea de los alrededores de Lóndres, en el que Byron, hizo parte de sus estudios elementales. (A. P.)

(3) Encontrábame en Tebas cuando escribí esto; por consiguiente, no podia estar en sitio más á propósito para hacer esta pregunta y obtener la respuesta. Aquí no considero yo á Tebas como á pátria de Píndaro si no como á la capital de la Beocia, en donde se propuso y quedó explicado el primer enigma.

sin mancha (la única, en mi opinion, que sea vírgen en Cádiz) (1), y le ruegan que les libre de tantos crímenes como fieles tiene postrados á sus piés. Desde la iglesia corren en tropel á la plaza de toros. El mismo deseo llama á ella á los jóvenes y á los viejos, á los ricos y á los pobres.

LXXII. La liza está abierta y libre la espaciosa plaza; en las gradas del anfiteatro se sientan ó mejor se hacinan millares de espectadores. No han dejado oir aun los clarines sus tocatas y ya no queda sitio para los que llegan demasiado tarde. Allí han acudido los *Títulos* y los *Grandes* y sobre todo las damas que descuellan en el arte de dirigir miradas amorosas; pero que siempre se hallan dispuestas á curar las heridas que hayan causado sus maliciosos ojos. Aquí el frio desden no ocasiona á ningun amante aquel género de muerte de que se quejan con frecuencia los poetas románticos que cantan los crueles dardos del amor.

LXXIII. Todos los espectadores guardan silencio. Adornada su cabeza con un blanco penacho, llevando espuelas de oro y armados de una ligera pica, cuatro caballeros, montados en arrogantes corceles, prepáranse para peligrosas hazañas; inclínanse y se adelantan hasta el centro de la plaza; flotan sus ricas bandas á merced del viento, y trotan con gracia sus corceles. Si se distinguen en el combate, reciben los prolongados aplausos de la multitud y las sonrisas de las hermosas: ¡dulce recompensa á las mas nobles acciones! ¿las alcanzan nunca más grandes los reyes y los guerreros?

LXXIV. Brillantemente vestido y llevando una magnífica capa, pero siempre de pié en medio de la plaza, aguarda impaciente el ágil matador el mo-

---

(1) Creemos escusado protestar contra esta *licencia poética* del escéptico lord Byron.

(*N. del T.*)

mento de atacar al rey de los animales mugientes, al toro. Ha recorrido antes, sin embargo, con paso prudente el circo todo, por temor de que algun imprevisto obstáculo pueda detenerle en su veloz carrera. Armado de un venablo, no combate sino de lejos; es todo lo que el hombre se atreve á aventurar sin el auxilio del fiel caballo, al que condena con harta frecuencia ¡ay! á recibir por él las heridas y la muerte (1).

LXXV.   El clarin ha sonado ya tres veces; la señal está dada; ábrese el chiquero y la muda espectacion tiene los ojos fijos en el poblado circuito del silencioso circo.

Excitado por un latigazo, sale el terrible animal, y dirigiendo á su derredor salvajes miradas, golpea el arenoso suelo con retumbante pié: no se lanza maquinalmente sobre su enemigo; vuelve primero á derecha é izquierda para medir sus golpes los amenazantes cuernos; se golpea los hijares con su movible rabo, y sus enrojecidos ojos se dilatan y parece que despiden llamas.

LXXVI.   De repente se detiene y fija su mirada. Huye, jóven imprudente, huye á preparar tú pica: ha llegado el momento de morir si no despliegas toda la destreza que puede aun librarte de su furor. Los ágiles corceles saben desviarse hábilmente; el toro echa espumarajos, pero no logra evitar los golpes que le asestan; torrentes de sangre manan de sus desgarrados hijares; huye y agítase furioso á causa de sus heridas; una lluvia de venablos le abruma; las picas se suceden rápidamente unas á otras; sus pro-

(1)   Nada debemos decir respecto á los poco exactos detalles con que pinta el poeta una corrida de toros, bárbaro espectáculo que á fuer de buenos españoles y amantes del buen nombre de nuestra pátria quisiéramos ver abolido. Mientras esto no suceda no tendremos derecho para protestar contra las calificaciones que, al igual que Byron en la estrofa LXXX, nos prodigan los extranjeros.   (N. del T.)

longados bramidos manifiestan sus sufrimientos.

LXXVII. El toro se repone; ni los venablos, ni las picas logran detenerle; inútiles son los rápidos desvíos de los corceles. En vano los que los montan le oponen su fuerza y sus armas: lo desprecia todo. Uno de los caballos cubre la tierra con su cadáver; queda otro casi abierto ¡horroroso espectáculo! y su ensangrentado pecho deja en descubierto sus palpitantes entrañas. Herido de muerte, arrastra su cuerpo con vacilante paso, y salva á su dueño de un inevitable peligro.

LXXVIII. Vencido, jadeante, pero furioso hasta el último momento, permanece el toro inmóvil en la plaza, en medio de sus enemigos fuera de combate, haciéndose temer todavía á pesar de sus heridas, de los hierros de las picas y de los dardos que tiene colgados de la piel.

Este es el instante en que los matadores vuelven á rodearle, agitando sus rojas capas y sus venablos; hace él un supremo esfuerzo y vá á caer sobre ellos como un rayo; ¡inútil furor! una mano traidora abandona la capa, con ella quedan tapados los ojos del toro; ya no hay remedio: vá á morir.

LXXIX. El hierro del venablo queda hundido en el sitio en que el ancho cuello del animal se une á la espina dorsal. Párase, se estremece, pero no quiere retroceder; despues se desploma en medio de los gritos de triunfo, sin arrojar un postrer gemido y muere sin agonía. Adelántase un carro ostentosamente adornado, y en él colocan el cadáver del vencido. ¡Grato espectáculo para el enagenado pueblo! Cuatro veloces, aunque domados caballos, muerden sus frenos, arrastrando aquella pesada masa, que se distingue apenas entre la multitud.

LXXX. Tal es la bárbara diversion que reune á los jóvenes castellanos y entretiene al galan español. Acostumbrados tempranamente á ver derramar sangre, deleitándose. sus corazones en la venganza, contemplan, sin conmoverse, los dolores de sus semejantes. ¡Cuántas disensiones domésticas ensangrientan las pacíficas aldeas! Aunque se reuna contra el enemigo un numeroso ejército, todavía quedan bastantes españoles lejos de los campamentos para aguzar en secreto el puñal que debe castigar con la muerte la más ligera ofensa.

LXXXI.   Sin embargo, ha concluido ya el reinado de los celos; ya no existen las rejas, ni los cerrojos, ni las apergaminadas carceleras, ó venerables dueñas. Permanecen en el olvido del último siglo todos esos medios capaces de sublevar un alma generosa y que empleaba un viejo esposo para asegurarse de la fidelidad de su triste prisionera. ¿Que mujeres fueron nunca más libres que las hermosas españolas, cuando, antes de que el volcan de la guerra hubiese vomitado sus ardientes lavas, se las veia con su cabellera dividida en graciosas trenzas, pisar cadenciosamente el césped de los prados, en tanto que el astro protector de los amantes alumbraba la danza con sus plateados rayos?

LXXXII.   ¡Ay! cuantas veces habia Harold amado ó soñado á lo menos que amaba, pues el éxtasis del amor no es sino un sueño! pero su triste corazon se habia vuelto insensible. No habia probado aun las aguas del Leteo y habia sido poco despues cuando aprendiera que lo que tiene el Amor más estimable son sus alas: sean lo que fueren la belleza, la ternura y la juventud de los amantes, siempre se escapa de los deliciosos manantiales del placer un veneno traidor que derrama su amargura sobre las flores (1).

(1)   .... Medio de fonte leporum
    Surgit amari aliquid quod in ipsis floribus angat.
                                      LUC.

LXXXIII. Sin embargo, no es que él no admirase los encantos de la belleza; los contemplaba como los contempla el sábio. Y no es que la sabiduria hubiese nunca hecho nacer en un corazon como el suyo alguna de sus castas inspiraciones; pero el delirio de la pasion tiene su término en la calma ó en el olvido; y el vicio, que por sí mismo cava su huesa en medio de los deleites, habia ya sepultado para siempre sus esperanzas todas. Víctima triste de la saciedad, y no viendo sino tinieblas en su odiada vida, llevaba Harold grabada sobre su lívida frente la maldicion que turbaba el reposo de Cain.

LXXXIV. Espectador insensible, no se mezclaba nunca entre la multitud, aunque no siempre la mirara con el ódio de un misántropo. Quizás hubiera deseado alguna vez tomar parte en sus danzas y en su alegría, si el destino que abrumaba su corazon le hubiese podido tolerar una sonrisa. Nada lograba aliviar su melancolía; un dia, no obstante, tuvo que combatir el demonio de los deseos, y sentado con aire pensativo al lado de una hermosa, improvisó estos versos dedicados á unos atractivos tan amables como los que le habian encantado en otros más felices tiempos:

A INÉS.

———

1.—«Cesa de sonreir á este semblante inquieto. ¡Ay! yo no puedo devolverte tú sonrisa; ¡haga sin embargo el cielo que nunca sepas tú lo que son las lágrimas! ¡ojalá que jamás las derrames en vano!»

2.—«¿Quiéres saber qué secreto infortunio emponzoña mis placeres y mi juventud? ¿Por qué pretendes conocer un dolor que tú misma no podrás mitigar?»

3.—«No es el amor, ni el ódio, ni los perdidos honores de una ambicion bastarda, lo que me hace maldecir mi suerte y huir léjos de todo lo que ántes me era caro.»

4.—«Es el tédio fatal que para mí nace de todo cuanto veo, de todo cuanto oigo. La hermosura ha dejado de agradarme: tús mismos ojos tienen apenas encantos para mí.»

5.—Es la tristeza sombría y eterna que perseguia por todas partes al Hebreo fratricida: yo no me atrevo á dirigir mis miradas más allá de la tumba: yo no tengo esperanza de encontrar el descanso ántes de bajar á ella.»

6.—«¿Qué desterrado puede huir de sí mismo? Hasta en los más lejanos países me veo aun perseguido por el azote de mi vida, por el demonio de mis pensamientos.»

7.—«¡Entréguense otros á los arrobamientos del placer y disfruten en paz lo que yo abandono! ¡Sueñen para siempre en su felicidad, y ojalá, á lo ménos, que su despertar no sea nunca semejante al mio!»

8.—«Condenado estoy á ir errante por mil regiones, arrastrando siempre la maldicion de mis recuerdos. Todo mi consuelo consiste en saber, sea cual fuere la desgracia que me hiera, que he experimentado ya la más terrible de todas.»

9.—«¿Cuál es esta desdícha? ¡Ay! no lo quieras saber; dígnate no preguntarme, por piedad: continúa sonriendo y no intentes descubrir un corazon en el que encontrarias un infierno.»

LXXXV. ¡Adios, amable Cádiz, sí, adios y un adios prolongado! ¿Quién puede olvidar la constancia con que han resistido tus murallas? Tú sola permaneciste fiel cuando todos los Españoles hacian traicion á su fé; tú fuiste la primera en ser libre y la última en ser vencida: y si, durante aquellos dias de crímenes y de peligros, corrió por tus calles la sangre de tus ciudadanos, un solo traidor (1) sucumbió á los golpes del puñal. Todos fueron nobles, ménos la nobleza misma; nadie se unció al carro del conquistador sino los caballeros degenerados.

LXXXVI.   Tales son los hijos de España: ¡más ay! cuán caprichosa es su suerte! Combaten por la independencia, ellos, que nunca fueron libres (2). Un pueblo privado de su rey, defiende una monarquía sin fuerza, y cuando los señores huyen, mueren los vasallos, fieles á los cobardes y á los traidores, bendiciendo una pátria que no les dió más que la existencia. El orgullo les señala el camino de la libertad; rechazados, acometen todavía al grito de ¡Guerra, guerra á cuchillo! (3)

(1)   Alude á la conducta y muerte de Solano , gobernador de Cádiz.

(2)   Pudiéramos escusarnos de rectificar tan equivocado concepto. España dejó de ser libre, cuando extranjeras dinastías vinieron á gobernarla, no sin que la inícua destruccion de sus libertades costara raudales de noble y generosa sangre. Nuestra España de la edad media y principios de la moderna, y especialmente Cataluña y Aragon, vivió la vida de los pueblos libres, cuando todas las naciones de Europa, y entre ellas Inglaterra, estaban sometidas al ominoso yugo feudal.

(N. del T.)

(3)   «Guerra á cuchillo,» respuesta de Palafox á un general francés en el sitio de Zaragoza (a).

(a)   Esta fué efectivamente la respuesta del esforzado defensor de Zaragoza al general en jefe del ejército sitiador, que le proponia entregase por capitulacion la plaza. No podemos resistir al deseo de dar algunas ligeras noticias biográficas de este ilustre héroe de nuestra guerra de la Independendencia, siquiera sea como testimonio de la profunda veneracion, de la admiracion sin límites que nos merecen esta y todas las grandes figuras de aquella titánica lucha, sostenida por un pueblo al que nos enorgullecemos de pertenecer, contra el vencedor de todos los reyes. D. José de Palafox nació en Aragon en 1780. Hijo de una noble familia, ingresó en el cuerpo de guardias de corps , en el que servia en clase de oficial, cuando

LXXXVII. Vosotros, los que quereis conocer la España y sus habitantes, leed la sangrienta historia de sus combates: todo lo que la feroz venganza puede inspirar en contra de extraño enemigo, se ha empleado contra los ejércitos de la Francia. Desde la reluciente cimitarra hasta el pérfido cuchillo, no hubo arma que la guerra no pusiese en manos del español. ¡Ojalá pueda así salvarse su hermana y compañera, regando la pátria con la sangre de sus opresores: ojalá se diese semejante acogida á todos los injustos agresores!

LXXXVIII. ¿Es posible que la piedad no arranque una lágrima para los que sucumben?—«Ved los asolados llanos, y manchadas aun por la matanza las manos de las mujeres; que se abandonan los cadáveres á los hambrientos perros, ó sirven de pasto á los buitres: que sus restos desdeñados de las aves carnívoras, que los blanqueados huesos, y la huella de sangre que inundó nuestras campiñas, dejen sobre el campo de batalla horrible recuerdo. Así es como nuestros hijos creerán en tan terrible lucha.»

LXXXIX. Pero no está aun terminada: nuevas legiones descienden de los Pirineos. ¿Quién puede prever el fin de esta guerra? Las consternadas naciones tienen la vista fija sobre España; si ella se

acompañó á la familia real de España á Bayona, de cuyo punto se evadió al ver que se retenia prisionero á Fernando VII. Respondiendo á su patriótico llamamiento, levantóse Aragon contra el invasor. Nombrado por el pueblo gobernador de Zaragoza, organizó en esta ciudad la vigorosa resistencia que la ha inmortalizado. Despues de un sitio de sesenta y un dias obligó á los franceses á retirarse (14 de Agosto de 1808). Volvieron estos á sitiarla en 20 de Diciembre del propio año, y trás una resistencia que recuerda la de Numancia y Sagunto, Zaragoza capituló en 20 de Febrero de 1809. Fué conducido prisionero áFrancia, en donde estuvo hasta 1814, ó sea hasta que regresó á España Fernando VII, que le nombró capitan general de Aragon. En 1820, secundó el movimiento iniciado por Riego, pronunciándose por la Constitucion. Despues de 1823, vivió en el retiro; y la reina-regente le nombró á su advenimiento duque de Zaragoza y grande de España. Murió en 1847.

(N. del T.)

hace libre, dá libertad á mas brazos que los que encadenaron en otros tiempos sus crueles Pizarros. ¡Extraña vicisitud! la dicha de las comarcas descubiertas por Colon, repara los males que vinieron sobre los hijos de Quito (1), mientras que la madre pátria es presa de todos los furores de una horrible carnicería.

XC.   Ni toda la sangre derramada en Talavera, ni todos los prodigios de valor de que Zaragoza fué testigo, ni los cadáveres que cubrieron los llanos de Albuera (2), han conseguido hacer triunfar los sagrados derechos de la España. ¿Cuando será el dia que vea florecer de nuevo los olivos en sus campos? ¿Cuando descansará de sus valerosas hazañas? ¿Cuántos dias de inquietud iluminará todavía el sol antes que el raptor francés abandone su presa, y que el exótico árbol de la libertad cubra con su sombra el suelo que la rinde culto?

XCI.   Y tú, amigo mio! (3) ya que mi inútil dolor

---

(1)   Quito, una de las ciudades más importantes del antiguo imperio del Perú, que fué conquistada por Pizarro en 1533.
(N. del T.)

(2)   Pueblo de Estremadura, en donde se libró, en 16 de Mayo de 1811, la batalla que lleva su nombre entre el ejército francés mandado por el general Soult, de una parte, y de otra el anglo-español que manba Beresford.
(N. del T.)

(3)   El honorable Jehn Wingfield que murió atacado de la fiebre en Coimbra. Diez años habia que le conociera en la mejor mitad de su vida y en la más feliz parte de la mia.

En el corto espacio de un mes he perdido la que me diera el sér y la mayor parte de los que me hacian soportable la existencia. Yo podria hacer una aplicacion rigorosa de los versos de Young:

Insatiate archer, could not one suffice?
Thy shaft flew thrice, and thrice my peace was slain;
And thrice, ere thrice you moon had filled her horn.

Insaciable arquero, ¿no te bastaba una víctima? Tres veces la flecha ha volado y tres veces la paz de mi corazon ha sido

se escapa del alma y se viene á mezclar con el disgusto de mis cantos: si al menos el hierro te hubiese hecho caer en las filas de los héroes, el orgullo prohibiria á la amistad exhalar una queja; pero tú desciendes á la tumba sin laureles, olvidado de todos, excepcion hecha de mi solitario corazon; tú no puedes confundirte con las ilustres sombras de los guerreros, mostrándoles tús heridas. Mientras que la gloria corona cabezas más indignas que la tuya, ¿qué has hecho tú para merecer tan tranquila muerte?

XCII.   ¡Oh tú, el más estimado y el más antiguo de mis amigos! tú que consolabas mi corazon privado de todo cuanto ama, dígnate aun visitarme en mis sueños: la vuelta de la luz hará correr de nuevo mis lágrimas al despertar en mi dolor, y mi imaginacion se deleitará al rededor de tú tumba, hasta el dia que, volviendo mi cuerpo á la tierra nuestra madre comun, descansen juntos el amigo que no existe y éste que le llora.

XCIII.   Hé aquí un canto de la peregrinacion de Childe-Harold; los que querais seguirle más lejos, encontrareis la prosecucion del relato continuada en otro canto, si el poeta se atreve á escribirlo. Ah! ojalá no me diga la crítica severa que basta ya con

muerta antes que la luna hubiese llenado tres veces su creciente (a).

Acaso habria debido yo consagrar algunos versos á la memoria de Cárlos Caradit Mathews, agregado del colegio Downing, en Cambridge; pero está muy por encima de mis alabanzas: el fiel retrato de su talento, queda probado con los honores obtenidos, contendiendo con los más hábiles candidatos de Cambridge. Estas distinciones han sentado las bases de su reputacion en el punto donde fué adquirida, y sus bellas cualidades viven todavía en la memoria de sus amigos, que le amaban demasiado para envidiarle su superioridad.

(a)   La muerte es en inglés del género masculino. La representan armada de un arco y sus flechas, ó de un dardo.

(N. del T.)

el primero! Si teneis un poco de paciencia, os diré lo que vió nuestro peregrino en los demás países que ha recorrido y lo que ofrecen los monumentos de aquellos siglos antiguos, en los cuales la Grecia y los griegos, no estaban aun oprimidos por los pueblos bárbaros.

FIN DEL CANTO PRIMERO.

CANTO SEGUNDO.

I. Vén, celeste vírgen de ojos azules!... Pero ¡ay de mí! tú no inspiras nunca los cantos de un mortal. —¡Diosa de la sabiduría! aquí es donde en otros tiempos estaba tú templo, que existe todavía á pesar de los estragos del incendío, de la guerra (1) y de los si-

(1) Una parte de Acropolis fué destruida, durante un sitio, por la explosion de un almacen de pólvora.

Podemos experimentar y figurarnos el sentimiento que inspira la vista de las ruinas de una ciudad, que antes fué capital de un imperio. Las reflexiones que sugiere tal espectáculo, fueron hechas muchas veces para que yo deba repetirlas aquí; sin embargo, cuando se recuerda lo que fué Atenas y se vé lo que ella es hoy, la comparacion prueba toda la pequeñez del hombre y la vanidad de sus dos más bellas virtudes, el patriotismo que ensalza su país y el valor que le defiende. Este pueblo que fué teatro de lucha entre poderosas facciones, de disputas de oradores, de elevacion y caida de tiranos, del triunfo y suplicio de célebres generales, no lo es hoy más que de pequeñas intrigas y eternas discusiones entre los chismosos agentes de algunos nobles y *gentlemen* de Inglaterra. Las zorras, los buhos y las serpientes que habitaban las ruinas de Babilonia, eran menos destructoras que estos hombres. Al menos los turcos pueden motivar su tiranía en el derecho de conquista: los griegos han sufrido la suerte de la guerra, que es caprichosa aun para los más bravos; pero que los poderosos hayan decaido, cuando dos pintores se disputan el privilegio de despojar el Partenon y triunfan sucesivamente segun el contenido de cada nuevo fir-

glos que han aniquilado tú culto; pero el hierro, la llama, y el tiempo mismo, son menos destructores que el formidable espectro y el funesto reinado de esos hombres que jamás han sentido el sagrado entusiasmo que tú porvenir y el de tú querido pueblo despiertan en los corazones de las naciones civilizadas.

II.   ¡Antigua ciudad, augusta Atenas! ¿Dónde están tús grandes ciudadanos, tús heróicas almas?... ya no existen y solo se nos aparecen como sueños del pasado. Los primeros en la carrera que conducia á la gloria, consiguieron su objeto y no hicieron más que pasar por la tierra... ¿Es esto todo? Sus altos hechos se narran en nuestras escuelas y nos asombran durante una hora! pero es en vano que se busque el arma de tús guerreros y el banco de tús sofistas: sobre tús torres arruinadas y ennegrecidas por la niebla de los años, revolotea la pálida sombra de tú grandeza.

III.   Levántate, hombre de un dia; acércate, ven aquí; pero no ultrajes estas indefensas cenizas. Contempla estos lugares, sepulcro de una nacion, mansion de divinidades cuyos altares están abandonados. Los mismos dioses se vieron obligados á ceder... Las religiones tienen tambien su turno. Primero la de Júpiter, y despues la de Mahoma; y otras creencias

man! Sila no pudo sino castigar á Atenas, subyugarla Filipo é incendiarla Jerjes: reservado estaba á un asalariado anticuario y á sus viles agentes hacer tan despreciable esta ciudad como ellos mismos.

Antes que hubiese sido en parte destruido por el fuego, el Partenon habia sido sucesivamente un templo, una iglesia y una mezquita. Bajo este triple aspecto, habia cambiado muchas veces de adoradores; á pesar de todo, era siempre un lugar consagrado tres veces á la religion. Su violacion es, pues, un triple sacrilegio. Pero ¡ay! «el hombre orgulloso revestido con efímera autoridad, comete á la faz del cielo acciones tan extravagantes que hace llorar á los ángeles.» (a)

(a) Shakspeare.

nacerán con otros siglos, hasta que el hombre aprenda que es en vano que queme incienso y que corra la sangre de las víctimas: ¡pobre niño de la duda y de la muerte, sus esperanzas descansan sobre débiles cañas!

IV. Encadenado á la tierra, levanta hácia el cielo sus ojos. ¡Sér desdichado! ¿no te basta saber que existes? ¿Es acaso la vida un don tan precioso que quisieras vivir mas allá de la tumba é ir, no sabes donde, aunque poco te importa, satisfecho de huir de la tierra y de confundirte con los cielos? ¿No acabarás de soñar en las felicidades y males venideros? Mira y pesa este polvo antes que sea dispersado por los vientos: esta estrecha urna cineraria es mas elocuente que millares de homilias.

V. O abre si quieres este elevado túmulo en donde está sepultado uno de los antiguos héroes. Descansa en la lejana y solitaria costa (1). Sucumbió y las naciones heridas en este sosten de su poder, vinieron á gemir en torno de su mausoleo. Ni uno solo de los habitantes de este país le llora hoy; ningun guerrero vela aquí, donde, segun la tradicion, aparecieron los semidioses. Coge esta cabeza entre esos huesos esparcidos. Dime, ¿es ella, un templo digno de ser habitado por un Dios? Hasta el gusano abandona por último su rota crisálida.

VI. Mira esta arcada destrozada, estos muros en ruina, estas desiertas habitaciones, y estos pórticos

---

(1) Los griegos no han tenido siempre la costumbre de quemar los cadáveres. Sabido es que el gran Ayax fué enterrado todo entero. La mayor parte de los héroes transformábanse en dioses despues de su muerte; y muy olvidado habia de ser el guerrero por el que no se celebrasen sobre su tumba juegos anuales, ó cuyos compatriotas no hubiesen instituido fiestas para conmemorar su memoria, como lo hicieron por Aquiles, por Brasidias y por el mismo Antinóo, cuya muerte fué tan heróica como infame habia sido su vida.

sombríos. Esta fué, no obstante, la morada levantada á la ambicion, el palacio del pensamiento y el templo del alma. Mira estas órbitas privadas de sus ojos, el animado asilo de la sabiduría, de la jovialidad y de las pasiones sin freno. Todo cuanto han escrito los santos, los filósofos y los sofistas, ¿podrá poblar esta desierta morada ó restaurar esta habitacion?

VII.   ¡Con cuanta verdad decias tú, el más sábio de los hijos de Atenas : Todo lo que nosotros sabemos, es que no sabemos nada! ¿Por qué retroceder con terror delante de lo que no podemos evitar? Sufre cada uno con sus dolores; pero el hombre débil y tímido gime por males imaginarios, creados por los desvaríos de su cerebro. Busquemos lo que la suerte ó el destino nos dicen ser lo mejor; la paz nos aguarda á orillas de Aqueronte. Allí, no más forzados banquetes, en los que obligan á sentarse al ya harto convidado; pero el silencio prepara el lecho de un reposo siempre bien acogido.

VIII.   Si como han dicho los sábios, hay, no obstante, mas allá de la sombría orilla, una mansion destinada á las almas, para confundir la doctrina de los saduceos y de los sofistas, neciamente orgullosos de sus dudas, ¡cuan dulce será ensalzar un Dios benéfico con los que han hecho menos pesadas nuestras pruebas mortales! ¡Cuan dulce será oir todas aquellas voces que nosotros creimos no oir nunca, y admirar las majestuosas sombras del sábio de la Bactriana, del filósofo de Samos y de todos los que enseñaron la virtud!

IX.   Allí es donde volveré á verte, oh tú, cuya vida y amor se estinguieron á un mismo tiempo y me han dejado solo en este mundo para vivir en él y amar en vano! Ah! ¿puedo creer que tú no existes cuando tú memoria sobrevive todavía en mi corazon? Pensaré, pues, que aun podemos encontrarnos y acariciaré tú imágen sobre este corazon que has dejado vacío. Cuando nos queda el recuerdo de nuestros juveniles años, puede ser prenda de un porvenir... Ah! seria una gran dicha para mí, el saber que tú alma es feliz (1).

X. Deseo sentarme aquí, sobre esta piedra cubierta de musgo, base no destrozada aun de una columna de mármol. Hijo de Saturno, aqui es donde estuvo tú querido trono: poderoso rey del Olimpo, trato de reconocer los borrados vestigios de tú templo (2); pero inútilmente. Ay! ni tan siquiera con los ojos de la imaginacion se puede reconstruir lo que el tiempo ha destruido. Estas orgullosas columnas levantan solo sus seculares cabezas; y el impasible musulman se apoya sin conmoverse contra ellas y el frívolo griego pasa cantando por su lado.

XI. ¿Quién, entre todos los sacrílegos, es el que ha saqueado el templo elevado sobre el monte Acrópolis, del que Pala se alejó desconsolada al abandonar el último monumento de su antiguo poder? ¿Cual es el más bárbaro y odioso de los expoliadores? Rougis. ¡Oh Caledonia (3), uno de tús hijos! ¡Isla de Albion! yo me regocijo de que no sea ninguno nacido en tú seno. Tús libres ciudadanos respetarian

(1) Lord Byron escribió esta estrofa en Newtead (Octubre de 1811) al saber la noticia de la muerte de su amigo de Cambrige, el jóven Eddlestone.

(2) El de Júpiter Olímpico, del cual subsistian aun diez y seis columnas, todas de mármol. Habia tenido ciento cincuenta en su orígen. Algunos eruditos han pretendido que estas columnas habian pertenecido al Partenon.

(3) Nombre con que antiguamente se designaba á la Escocia, habitada por las dos razas ó pueblos, los Scots y los Pictas. Estos últimos, continuamente en guerra con los primeros, acabaron por ser exterminados en la batalla de Stirling (siglo IX) por Kennet II rey de los Scots.

(*N. del T.*)

sin duda una comarca tan querida en otros tiempos de la libertad. ¿Como se han atrevido á profanar la mansion de los dioses, y á llevarse sus altares sobre los mares, que por largo tiempo rehusaron ser sus cómplices? (1)

XII.   Pero el descendiente de los Pictas, se conquistó la afrentosa gloria de destrozar lo que habian respetado los vándalos, los adoradores de Mahoma y la guadaña del Tiempo. Tiene un corazon duro y frio, un alma ruin, el que ha podido concebir y ejecutar el odioso proyecto de saquear la desdichada Atenas. Sus ciudadanos, sobradamente débiles para defender sus sagradas ruinas, sienten, sin embargo, los dolores de su pátria: hasta ese dia no habian sentido de un modo tan cruel el peso de las cadenas de la esclavitud.

XIII.   ¿Se atreverán nunca los hijos de la Gran-Bretaña á decir que Albion fué feliz con las lágrimas de Atenas? ¡Oh pátria mia, aun cuando haya sido en tú nombre, que esos viles profanadores han desgarrado su seno, no te atrevas á confesar un atentado que ha avergonzado á Europa! ¡Albion, la reina del Océano, la pátria de un pueblo libre, está cargada con los despojos de una comarca devastada! Sí, ella que presta su generoso auxilio á las naciones oprimidas, ha demolido con manos de harpía estos restos de la Grecia, respetados por el envidioso tiempo y por los tiranos.

XIV.   Pala! ¿donde estaba tú égida que contuvo al feroz Alarico y á la devastacion? ¿Donde estaba el hijo de Peleo, cuya sombra se escapó del imperio de los muertos y apareció en aquel dia de peligro armado de su formidable lanza? ¿Es que el severo Pluton no podia dejar en libertad una vez más á aquel guerrero para ahuyentar á este nuevo expo-

(1)   El navío habia naufragado en el Archipiélago.

liador? Errante por las riberas de la laguna Estígia, Aquiles no ha vuelto para proteger los muros que antes habia defendido.

XV. Oh Grecia, cuan insensible ha de ser el corazon del hombre que te vea y no sienta lo que un amante sobre las cenizas de la que fué su amada! ¿Quien podrá ver, sin derramar una lágrima, tús templos degradados y tús antiguos altares profanados por los bretones que tenian el deber de proteger estas sagradas ruinas? Maldito sea el dia en que salieron de su isla para venir á desgarrar tú sangriento seno y transportar tús desolados dioses al odioso clima del septentrion!

XVI. Pero ¿donde está Harold? ¿me olvidaré de seguir por los mares á este sombrío viajero? Se embarcó sin fijar la atencion siquiera en nada de lo que para los demás es motivo de disgusto. Ni una amante vino á abrumarlo con un fingido dolor, ni un amigo á tenderle la mano para dar un adios á este indiferente extranjero que marchaba á recorrer otros países. Solo un corazon de roca puede ser insensible á los encantos de la belleza: Harold no tenia ya el corazon de otro tiempo; y abandonó, sin exhalar un suspiro, una comarca entregada á la guerra y al crímen.

XVII. Aquel que ha recorrido la azulada senda de los mares ha podido contemplar un brillante espectáculo cuando el soplo de una fresca brisa imprime á las blancas velas de la fragata redondeadas y graciosas formas: el bosque de mástiles que en el puerto se deja, los campanarios de la ciudad, la arena de la playa, desaparecen trás de nosotros: la mar se estiende á lo lejos como una inmensa llanura; los buques que componen la escuadra navegan parecidos á una manada de cisnes salvajes. El buque menos velero parece dotado de nueva agilidad, mientras las espumosas olas vienen á estrellarse complacientes en torno de cada proa!

XVIII. Pero todavía os admirará mas el recinto de estas ciudadelas flotantes! El bruñido bronce de los cañones, la red que se estíende sobre el entrepuente, las órdenes dadas con ronca voz y el ruido que hacen los marineros al subir á las gávias: escuchad el pito del contramaestre y los gritos conque los marinos se escitan entre sí mientras el cordaje se desliza por sus manos: mirad este midshipman (1), oficial todavía niño, que aprueba ó reprende engruesando su ágria voz. Este jóven escolar sabe ya dirigir á sus dóciles subordinados.

XIX. Por el entrepuente, que brilla como un cristal pulimentado que ninguna mancha empaña, se pasea con gravedad el teniente de guardia. Ved tambien esta parte del buque reservada para el capitan, que se adelanta con majestad; silencioso y temido de todos, solo raras veces habla á sus subalternos, para conservar ese ascendiente y severidad que son la salvaguardia del triunfo y de la gloria. Si bien los altivos bretones no buscan nunca libertarse del imperio de la ley, por dura que sea la que se les imponga.

XX. No ceses de prestarnos tú soplo, brisa propicia á los marinos: impele nuestras naves hasta tanto que el sol nos prive de sus rayos. Entonces el navío almirante se verá obligado á plegar sus velas á fin de que los buques tardos, que atrás han quedado, puedan alcanzarle. ¡Ah, como se maldice este cruel retardo! con cuanto disgusto se renuncia á aprovecharse del viento favorable! cuantas horas se pierden hasta la vuelta de la aurora, dejando caer sobre el mar las pensativas y soñadoras miradas, mientras se aguarda á los perezosos navíos!

(1) Guardia marina, alumno de la escuela naval, ó aspirante á oficial.

(*N. del T.*)

XXI. Aparece la luna en el horizonte. ¡Oh cielo, que bella noche! estensos rayos de luz iluminan á lo lejos las juguetonas olas. En esta hora misteriosa los amantes suspiran en la costa y las jóvenes fian en sus juramentos. ¡Ojalá que el amor nos sonria tambien cuando nosotros pisemos de nuevo la tierra! Entre tanto la mano de un grosero Arion (1) pulsa las cuerdas del instrumento, cuya viva armonía tanto gusta á los marineros: forman en su derredor alegre círculo, ó si un conocido aire les provoca al baile, saltan y rien, cual si se creyeran todavía en la ribera.

XXII. Harold divisa las rocas de la costa á través del estrecho de Calpé (2): allí se vé la Europa frente al Africa; la pálida luz de Hécate (3) ilumina á un mismo tiempo la comarca que habita el íbero de negros ojos y la del mauritano del color de ébano. ¡Como brillan sobre las costas españolas los dulces reflejos de su luz! Descúbrense sus pintorescas rocas, la pendiente de sus colinas y los bosques de verde follaje; así como las sombrías montañas de la

(1) Arion, poeta y músico griego, de la isla Lesbos, cuyos compañeros de viaje, á su regreso de Italia, se propusieron matarle para apoderarse de sus riquezas. Conocidos por Arion sus designios suplicóles que por última vez le permitieran tocar la lira, despues de lo cual se arrojó al mar, siendo salvado por un delfin que su melodía habia atraido junto al bajel. Se supone que Arion es el inventor del ditirambo.

(N. del T.)

(2) Calpé, poblacion y montaña antigua de la Bética en el estrecho de Gibraltar y enfrente de Abila, en Africa. Pretenden algunos que era la antigua *Carteia* (Gibraltar, segun unos, Algeciras, segun otros). Calpé formaba con Abila las *Columnas de Hércules*.

(N. del T.)

(3) Hécate, hija de Júpiter y de Latona, triple divinidad que era *Luna* en el cielo, *Diana* en la tierra y *Proserpina* en los infiernos.

(N. del T.)

Mauritania, parecidas á gigantes, proyectan sus sombras desde sus orgullosas cimas hasta sus obscuros valles.

XXIII.   Es de noche. Estas son las horas en que la meditacion silenciosa nos recuerda que hemos amado aun cuando el amor haya huido lejos de nosotros. El solitario corazon que hoy gime abandonado por la amistad, recordará que tuvo un amigo. ¿Quién desearia encorvar la cabeza bajo el peso de los años, cuando jóven aun sobreviven sus primeros amores? Cuando las almas de los que se amaron han olvidado su ternura queda á la muerte muy poco que arrebatar. ¡Ay, dicha de nuestros juveniles años! ¿quien no querria ser niño una vez más?

XXIV.   Inclinados sobre uno de los costados del buque para contemplar el disco de Diana, que se refleja en el espejo del Océano, olvidamos nuestras esperanzas y nuestro orgullo: nuestra alma nos representa insensiblemente el recuerdo del pasado. No hay un mortal bastante infeliz para que un sér querido, más querido que él mismo no haya en otros tiempos ocupado sus pensamientos y no venga á pedirle el homenaje de una lágrima. Este es un dardo agudo que traspasa dolorosamente el lacerado corazon, y del que en vano quier uno apartar la cruel herida.

XXV.   Detenerse sobre las rocas, soñar sobre los mares ó sobre el borde de los abismos, extraviarse á paso lento bajo la sombra de los bosques, buscar los sitios alejados al imperio de los hombres y que nunca han hollado los pasos de un mortal; subir huyendo de la vista de todos los escarpados montes donde en libertad yerran los ganados sin redil; quedar solo inclinado sobre los precipicios y cerca de espumosas cascadas, esto no es vivir en la soledad, es conversar con la naturaleza, admirar sus encantos y variados tesoros.

XXVI. En medio de la multitud ó del choque de los hombres, comprender, ver, sentir, ser 'el favorito de la fortuna; ciudadano cansado del mundo, llevar una vida errante y no tener nadie que nos ame, nadie á quien podamos amar, no estar rodeado más que de viles aduladores que miran á los desgraciados con horror; no tener un amigo que una dulce simpatía nos haga caro, y que si dejábamos de existir reemplazaria en su rostro la tristeza á la sonrisa; no tener un solo amigo entre todos los que nos molestan y reciben nuestros favores, hé aquí á lo que llamo estar solo, he aquí la verdadera soledad!

XXVII. Cien veces más felices son aquellos piadosos ermitaños que encuentra el viajero cuando á la fresca caida de la tarde vá á soñar sobre las gigantescas cimas del monte Atos (1). Desde esta altura domina una mar tan tranquila y vé sobre su cabeza un cielo tan puro, que pasaria voluntariamente el resto de sus dias en ese sagrado lugar. No sin tristeza se aleja del encantador espectáculo de que acaba de gozar y lamenta, suspirando, no haber vivido siempre como esos anacoretas y aborrece más un mundo que habia casi olvidado (2).

XXVIII. Pasemos en silencio la monotonía de una via muchas veces surcada, pero que no conserva vestigio alguno de los que la recorren. Nada

(1) Uno de los mas grandes goces de Byron, como él cuenta en su diario, era sentarse, despues de haberse bañado, sobre alguna elevada roca á orillas del mar y permanecer allí muchas horas contemplando el cielo y las aguas. Su vida, como sus versos, ha dicho lord Egerton Bridges, era la de un verdadero poeta. Sabia dormir y dormia muchas veces envuelto en su capote sobre las tablas del entrepuente, en tanto que los vientos y las olas mugian á su alrededor. Un pedazo de pan y un vaso de agua bastaban para su diaria subsistencia. No se me persuadirá jamás de que un petrimetre, de costumbres y hábitos artificiales, pueda ser un buen poeta.

(2) Se dice que Alfieri tenia los mismos gustos que Byron.

diré de la calma y del viento, de la estacion favorable ó contraria que se suceden, ni de todos los caprichos de los elementos. Aquellos que habitan una de estas flotantes ciudadelas, conocen la alternativa de la alegría y de la tristeza; la inconstancia de los vientos y de las olas que contraría muchas veces los deseos de los marineros, pero llega al fin el deseado dia en que se grita: ¡Tierra, tierra! y la alegría renace en todos los corazones.

XXIX. No nos olvidemos de hablar de las islas de Calipso, agrupadas como hermanas en medio del Océano. Sonrie allí todavía un puerto á los fatigados navegantes, aunque la bella diosa haya, desde hace tiempo, cesado de regar con |sus lágrimas sus estériles rocas, y de aguardar en ellos la |vuelta de aquel que la prefirió á una esposa mortal. Aquí fué donde el hijo de Ulises probó las olas amargas precipitado en las aguas por el brazo de su severo Mentor. Privada así del padre y del hijo, lareina de las ninfas lloraba un doble infortunio.

XXX. Su reinado ha concluido; no son ya de temer sus seductores encantos. Jóven viajero, no te entregues por eso á una ciega confianza; debes revestirte de prudencia, pues soberana mortal se sienta en el trono de la peligrosa diosa y podrias hallar en ella otra Calipso. Amable Florencia! (1) si mi corazon, antes demasiado crédulo, pero que hoy ha renunciado al amor, pudiera todavía ser herido por la belleza, á tí te lo entregaria; aunque abrumado por un excesivo dolor, no me atrevo á quemar un indig-

---

(1) Esta amable Florencia, que segun dice Byron |en una de las cartas dirigidas á su madre, tenia tanto talento como gracia y hermosura, no era otra que miss Spencer Smiht, nacida en Constantinopla, en donde su padre, el baron Herbert estaba de embajador de Austria. El ilustre poeta le dedicó algunos versos que pueden verse en la «Miscelánea.»

(N. del T.)

no incienso sobre tú altar, ni consiento en afligir un alma tan pura como la tuya.

XXXI. Estos fueron los pensamientos de Childe-Harold al ver á esta bella; el brillo de sus encantos no le inspiró más que una inocente admiracion: el Amor se mantuvo á respetuosa distancia, pues si bien recordaba que Harold habia frecuentemente depositado ofrendas en sus templos, no ignoraba que ya no debia contarle entre los mortales que reconocen sus leyes. El dios niño renunció para siempre á introducirse en un corazon que, cual el suyo, resistiria este último ataque, no dudando que todos sus encantos serian impotentes contra él.

XXXII. ¡Cual no seria la sorpresa de la bella Florencia al ver á este hombre que suspirando incesantemente, y sin ninguna emocion, decia admirar los atractivos que tantos otros rodeaban de un homenaje real ó fingido, jurando vivir siempre bajo las leyes de su amante, haciendo solo de ella depender el destino de su vida, y repitiendo, en fin, cuantos juramentos la belleza exige de sus esclavos! ¿Cómo Childe-Harold podia no sentir ó fingir cuando menos este amoroso ardimiento, cuya confesion pudo ser muy bien recibida con indiferencia, pero difícilmente con enojo?

XXXIII. Este corazon, que ella creeria de mármol porque se refugiaba en el silencio, y del que el orgullo estaba alejado, no era un novicio en el arte de seducir (1); en otros tiempos en más de una ocasion habia estendido los lazos del deleite. Si habia renunciado á sus culpables estratagemas, era solo cuando nada hallaba ya que le pareciese digno de sus deseos. Harold desdeña hoy tales medios de

(1) Para refutar este verso, basta citar la profesion de fé del poeta, en 1821.—«No soy ni un José, ni un Escipion, pero puedo afirmar, sin temor de que se me desmienta, que no he seducido jamás á una mujer.» (E.)

triunfo. Si es que los bellos ojos de Florencia despertaron el amor en su alma, no se le vió jamás confundido entre la multitud de sus rendidos adoradores.

XXXIV. Conoce muy poco á la mujer aquel que crea que su voluble corazon se conquista con suspiros. ¿Que le importa el homenaje del sentimiento, cuando ha concedido ya una vez sus favores? No mostreis nunca demasiada humildad cuando pinteis vuestro amor á la diosa que os hechiza, si no quereis verla despreciar vuestra pasion á pesar de todo el calor de vuestra elocuencia. Es tambien muy prudente disimular vuestra ternura: una atrevida confianza no desagrada á las bellas. Escitad y calmad sucesivamente su despecho y pronto accederán á vuestros deseos.

XXXV. Esta es una verdad muy sabida, y los hombres que están más convencidos de ella son los que mas se quejan. Cuando el amante vé colmados todos sus deseos, el precio de tantos suspiros le parece una mezquina recompensa. Una juventud gastada, un alma envilecida, el honor perdido, hé ahí los frutos del amor feliz. Si por un cruel favor la esperanza se vé engañada, desde luego, la herida se envénena y se hace incurable cuando el amor mismo no piensa ya en agradar.

XXXVI. Dejemos estas frívolas digresiones que aun tenemos más de una montaña que trepar y más de una ribera que costear, guiados por la pensativa melancolía y no por la ficcion. Vamos á recorrer climas más bellos que cuantos en solitarios sueños pueda crear una imaginacion mortal, más bellos que los que se celebran en las nuevas utopias para enseñar al hombre los altos destinos á que deberia aspirar, si esta corrompida criatura fuese susceptible de aprovecharse de semejantes lecciones.

XXXVII. La naturaleza es siempre la mejor de

las madres, por variable que sea en sus diversos aspectos. Yo, á quien ella no ha tratado nunca como uno de sus hijos favoritos, por más que no haya cesado de amarla, quiero tomar por asunto de mis cantos los cuadros que nos ofrece. Ah! cuanto atractivo tiene ella en sus bellezas agrestes cuando ninguna obra de arte viene á manchar su noble sencillez. Creo verla cual me sonríe así de noche como de dia, y por ello la he rendido caprichoso homenaje, recordándola y amándola siempre más en los accesos de mi misantropía.

XXXVIII. ¡Tierra de Albania, donde nació Iskander (1), cuya historia deleita á la juventud é instruye al sábio; pátria de aquel otro héroe del mismo nombre, que por sus caballerescas hazañas venció muchas veces á sus enemigos; tierra de Albania, permíteme contemplar tus peñascos y tus salvajes hijos! La cruz desaparece, tus minaretes se levantan y la pálida media luna brilla en los valles, entre los bosques de cipreses que sombrean los alrededores de cada ciudad.

XXXIX. Childe-Harold reconoció la árida comarca (2) en que la triste Penélope suspiraba mirando el mar, y más léjos reconoció todavía la célebre roca que fué el refugio de los amantes sin esperanza y la tumba de la musa de Lesbos. ¡Desdichada Safo! el

(1) Véase el apéndice, nota A.
(2) Itaca (22 Setiembre). Atravesamos el canal, dice L. Hobhouse, teniendo al oeste á Itaca, entonces en poder de lós franceses: estábamos muy cerca y distinguimos algunos árboles achaparrados sobre una tierra negruzca y cubierta de matorrales, algunas pequeñas casuchas, diseminadas entre los árboles de las colinas, y uno ó dos molinos de viento así como una torrecilla en las alturas. Por lo que respecta á la guarnicion que tenia Itaca en aquel entonces, podreis juzgar de su fuerza numérica cuando sepais que, habiendo sido bloqueadas un mes despues las islas Jónicas por una escuadra inglesa, un sargento y siete hombres tomaron posesion del reino de Ulises.

dios de la poesía no pudo, pues, proteger un corazon
ardiendo en el sagrado fuego del génio! ¿Como dejó
perecer á la que daba la inmortalidad, si es cierto
que la lira nos asegura una gloria eterna, el solo
Eden á que pueden aspirar los hijos de la tierra?

XL.   Fué en una bella noche de otoño cuando
Childe-Harold saludó de léjos el cabo de Leucade (1), que deseaba ver y que abandonó con pesar.
Habia recorrido muchas veces los lugares testigos de
combates memorables: Accio, Lepanto y Trafalgar (2);
sin que su corazon se conmoviese por los recuerdos
que le despertaban. Nacido sin duda bajo alguna
estrella poco propicia á las inspiraciones de la gloria, no le gustaban los relatos de sangrientas guerras ó de valerosas hazañas; el oficio del maton (3)
le era odioso y los guerreros no lograban escitar
más que la burlona sonrisa de su desprecio.

XLI.   Pero cuando vió brillar la estrella vespertina por encima del triste promontorio de Leucade; cuando saludó este último refugio del amor desdichado, Childe-Harold experimentó ó creyó experimentar una singular emocion, y mientras que el
buque se deslizaba majestuosamente bajo la sombra que esta antigua roca proyecta á larga distancia sobre el mar, sus miradas seguian el curso

(1)   Leucade se llama hoy Santa-Maura. Su promontorio es
designado con el nombre de «el salto del amor;» y de allí fué,
segun dicen, de donde Safo se arrojó al mar.

(2)   Accio y Trafalgar no tienen necesidad de comentarios.
La batalla de Lepanto no fué menos sangrienta ni fecunda en
resultados; sin embargo, es mucho menos conocida. Se libró en
el golfo de Patrás: el autor del Don Quijote perdió en ella su
mano izquierda (a).

(3)   Maton, espadachin, perdonavidas.

(a)   Esta batalla que se libró en el golfo de Lepanto en 7 de Octubre de
1571 por las escuadras reunidas de España, Venecia y Roma al mando de
D. Juan de Austria, contra la otomana que fué destruida, acabó para siempre con la preponderancia marítima de los turcos.

(N. del T.)

melancólico de las olas, aunque absorbido en su habitual meditacion, pareció estar más tranquilo y su frente más recelosa.

XLII.   Aparecia la aurora y con ella las ¡agrestes colinas de la Albania y las sombrías rocas de los Suliotas; la cima más distante del Pindo, semivelada por las nubes, está coronada por un manto de nieve que los primeros destellos del dia coloran con un bello tinte de púrpura; los vapores de la mañana se disipan y permiten distinguir la morada del habitante de las montañas: allí es donde ahullan los lobos; allí donde el águila afila su encorvado pico; allí donde hallan un abrigo las aves de rapiña, las bestias feroces y el hombre más feroz aun; y allí es tambien donde sordamente se forman esas negras tempestades que perturban la última estacion del año.

XLIII.   Al llegar á estos lugares, fué cuando Harold se halló solo por fin, y dió un prolongado adios á las naciones cristianas: él se aventura á penetrar en ese país desconocido, que todos los viajeros admiran, pero que la mayor parte temen visítar: su corazon estaba armado ¡contra el destino; sus necesidades eran escasas; no buscaba el peligro, pero no retrocedia nunca á su vista. Estos lugares tienen un aspecto salvaje; pero es un espectáculo nuevo; y tal idea mitiga para él los calores del estío, el rigor de los vientos del invierno y las constantes fatigas del viaje.

XLIV.   Aquí la cruz de Cristo (porque aquí se halla todavía, ¡aunque cubierta de oprobio por los circuncisos), olvida aquel orgullo que acompaña por doquier á sus ministros celosos de los homenajes de los hombres; aquí el sacerdote y el simple cristiano son igualmente despreciados.

¡Odiosa supersticion! cualquiera que sea el disfraz con que te cubras, ídolo, santo, vírgen, profeta, media luna ó cruz, cualquiera que sea el símbolo que trates de ofrecer á la adoracion del mundo, tú serás siempre un tesoro para el sacerdocio á la vez que la ruina del resto de la humanidad. ¿Quien podrá separar tú mezcla impura, del oro del verdadero culto?

XLV.   Mirad el golfo de Ambracia, en donde antiguamente el imperio del mundo fué perdido por una mujer, sér encantador y sin malicia! En esta bahía es donde la brisa riza ligeramente las aguas en las que los generales romanos y los reyes del Asia (1) hicieron combatir sus armadas navales conducidas á una victoria incierta y á una carnicería demasiado cierta. Hé ahí los lugares en que se levantaron los trofeos del segundo César (2); están tan marchitos como las manos que los conquistaron. ¡Anarquistas coronados, vosotros multiplicais las desgracias de los hombres! ¡Gran Dios! este globo, obra de tús manos, ¿está acaso destinado á ser perdido y ganado por los tiranos?

XLVI.   Desde las escarpadas rocas que sirven de barrera á la Albania, hasta el centro de los valles ilirios, Childe-Harold recorrió muchas montañas, en lugares apenas nombrados por la historia. Sin embargo, la Atica, tan celebrada ofrece muy difícilmente algunos valles risueños, y el viajero encuentra

(1)   Se dice que la víspera del dia en que se dió la batalla de Accio, tenia Antonio al levantarse trece reyes en su cámara. Hoy (12 de Noviembre) he visto las ruinas de la ciudad de Accio, cerca de la eual Antonio perdió el mundo en una pequeña bahía donde dos fragatas maniobraban con dificultad. Un muro desplomado es todo lo que queda. Por el otro lado del golfo se dejan ver las ruinas de Nicopolis, edificada por Augusto en conmemoracion de su victoria.—BYRON á su madre, 1809.

(2)   Nicopolis, cuyas ruinas ocupan una gran extension, está situada á poca distancia de Accio y allí se ven todavía algunos restos de los muros del hipódromo.

aquí todos los hechizos de que Tempé (1) está tan envanecido; el mismo Parnaso, este monte sagrado y querido del poeta, no puede igualarse á algunos sitios escondidos trás estos peñascos.

XLVII. Dirigióse por cerca del Pindo á la blanquecina cumbre; atravesó el lago de Aquerusia (2), y dejando á un lado la capital de este país, prosiguió su viaje para saludar al príncipe de la Albania (3) cuyas órdenes son mucho más respetadas que las leyes, porque gobierna de un modo cruel la nacion más audaz y rebelde. Sin embargo, se encuentran diseminadas por las montañas algunas poblaciones que desprecian su poder, y desafiando á sus soldados desde la fortaleza de sus peñascos, no quieren ceder sino al oro (4).

XLVIII. Monástica montaña de Zitza (5), asilo

(1) Tempé, valle. Se designa especialmente con este nombre un bellísimo valle de la Tesalia. Los antiguos, sobre todo Virgilio, han celebrado su belleza.

(N·del T.)

(2) Segun Pouqueville, es hoy el lago Janina; pero Pouqueville es con frecuencia inexacto.

(3) El célebre Alí-Bajá. En los viajes de Pouqueville, se halla una noticia incorrecta sobre este hombre extraordinario.—«Dejé á Malta en el brik de guerra The Spider (la Araña) y llegué ocho dias despues á Prevesa. Desde allí penetré en el interior de la Albania con el intento de visitar al pachá en Tépalen, palacio de su alteza, en donde me detuve tres dias. El nombre del pachá es Alí y pasa por ser un hombre de un talento de primer órden. Gobierna toda la Albania (la antigua Illiricum), el Epiro y una parte de la Macedonia.—BYRON á su madre.

(4) Cinco mil suliotas, ocupando el castillo de Sulí y los peñascos que le rodean, resistieron por espacio de diez y ocho años á treinta mil albaneses; pero el castillo fué al fin tomado por traicion. Durante esta guerra se llevaron á cabo hazañas dignas de los más gloriosos tiempos de la Grecia (a).

(5) El convento y la aldea de Zitza están á cuatro horas del

(a) Ary Scheffer, ilustre pintor que murió en París en 1858, ha inmortalizado el patriotismo de los albaneses en un lienzo célebre, conocido por el cuadro de «Las mujeres Suliotas.»

(N. del T.)

venturoso y santo, despues de haber llegado á tú alta cima coronada de verdes florestas, dirigimos las miradas á nuestros piés, por encima de nuestras cabezas y á nuestro alrededor y ¡cuantos colores dignos del arco iris, cuantos mágicos atractivos se presentan á nuestra vista! Pintorescas rocas, frescas umbrías, risueñas colinas, todo se halla reunido en este cuadro, hasta el azul de los cielos que forma una bóveda propia de tan encantadores lugares. Más abajo, la ronca voz de un lejano torrente nos indica el despeñadero de una cascada que corre por entre suspendidos peñascos, cuya aspereza infunde á nuestra alma un pavor mezclado de encanto.

XLIX. Las blancas paredes del convento se distinguen por entre los árboles que coronan esta colina, cerca de la cual se levantan en forma de anfiteatro las altas montañas qué la dominan, si bien ella misma no carece de majestad.

Allí habita el afable y hospitalario monge griego, y allí recibe siempre el viajero una buena acogida y no se marcha jamás sin conmoverse, si es que le place contemplar las bellezas de la naturaleza.

L. Que venga á buscar el reposo sobre el césped y al abrigo de estos árboles 'seculares. Durante los más calurosos dias del estío, suavísimas brisas agitarán en torno suyo sus ligeras alas y respirará el aire puro de la region de los cielos, que

---

camino de Joannina ó Janina, capital del bajalato. El rio de Kalamas (antiguamente Aqueronte) penetra en el valle, formando á poca distancia de Zitza una hermosa catarata. Este lugar es quizás uno de los mas bellos de la Grecia, si bien pudieran disputarle este honor las cercanías de Delvinachí y una parte de la Acarnania. Delfos, el Parnaso y, en la Atica, el cabo de las Columnas, están muy distantes de igualarle en belleza. La Jonia y la Troas nada tienen que les sea comparable. Quisiera decir otro tanto de las cercanías de Constantinopla, pero el paisaje de Stambul presenta un tan diferente aspecto que es imposible compararle con el de que hablo.

apartada de sus pasos está la llanura. Que goce los placeres inocentes cuando se le ofrecen. Aquí los ardientes rayos del sol, impregnados de pestilencial veneno, no pueden atravesar el follaje; que el peregrino ocioso venga aquí en busca de descanso para sus fatigados miembros y contemple cómodamente, la aurora, el sol en su carrera y la belleza de las noches.

LI.   Sombríos, inmensos y agrandándose á medida que la vista les recorre, estiéndense á lo léjos los Alpes de la Chimera, á la manera de un anfiteatro volcánico (1), al pié del cual un rico valle forma un cuadro lleno de vida: allí se vén juguetones ganados, el undoso follaje de los árboles, riachuelos de plateadas aguas y el abeto de los montes balanceando sus oscuras ramas; allí tambien se vé el negro Aqueronte (2) consagrado en otros tiempos á la tumba. ¡Oh rey de las sombrías riberas! si esto que veo es el infierno, cierra tú Elíseo; jamás hará nada mí sombra por conocerlo.

LII.   No vienen á profanar esta maravillosa perspectiva las torres de ninguna ciudad; Janina no está lejano, pero permanece oculto por las colinas: raras son aquí las huellas de los hombres: vénse pocas aldeillas y apenas algunas solitarias cabañas: sin embargo, suspendida la cabra al borde de los precipicios, ramonea pacíficamente los tiernos arbolitos, y envuelto el zagal en su blanco capote (3) tiéndese en la pendiente de una roca y observa con aire melancólico su errante rebaño, ó, si amenaza la tempestad, vá á dejar que se desvanezca su pasajero furor, bajo la gruta que le sirve de abrigo.

(1)   Las montañas Chimariotas parecen pertenecer á una formacion volcánica.
(2)   El Aqueronte de los antiguos, hoy dia Kalamas.
(3)   Es la capa de los Albaneses.

LIII.   Oh antigua Dodona! ¿en donde está tú bosque sagrado, tú fuente profética y tú divino oráculo? ¿Cual es el valle en donde repetia el eco las respuestas de Júpiter? ¿Que señales quedan todavía del altar del dios del rayo? Todo se ha olvidado ya... ¡Y el hombre se atreverá á quejarse cuando vengan á romperse los débiles lazos que le sujetan á la vida! Cesa, criatura insensata, cesa en tús inútiles lamentaciones! bien puedes conformarte con el destino de los dioses! ¿Querrás acaso sobrevivir al mármol y al roble, cuando las naciones y los mundos están sujetos á la guadaña del Tiempo?

LIV.   Dejó tras sí, Childe-Harold, las fronteras del Epiro, y ya no volvió á ver las montañas. Cansado de dirigir siempre su vista á las alturas, fijóla agradablemente en un sonriente valle, ornado de nuevo verdor y de todos los encantos que trae la primavera. Las bellezas de la llanura tienen tambien su grandeza cuando un majestuoso rio pasea por ella sus grandiosas olas, cuando las ramas de los árboles se encorvan en sus orillas, formando bóvedas de follaje, se contemplan en el móvil cristal ó son iluminadas por los rayos de la luna, durante una noche solemne.

LV.   Habíase ocultado el sol detrás del extenso Tomerit (1); percibíanse los mugidos de las rápidas olas del Laos (2) y extendíanse por la tierra, poco á poco, las sombras de la noche, cuando al bajar Chil-

(1)   Tomerit, al que señalaban los antiguos con el nombre de Tomarus.

(2)   En la época en que lo atravesé sufria el rio Laos una gruesa avenida y más arriba de Tepalin parecia tan ancho como el Támesis delante de Westminster; á lo menos así lo creimos mi amigo M. Hobhouse y yo, aunque durante el estío debe traer indudablemente menos agua que cuando lo vimos nosotros. Ciertamente es el rio más hermoso del Levante: el Aquelóo, el Alfeo, el Aqueronte, el Escamandro y el Caistro no pueden comparársele ni en belleza ni en anchura.

de-Harold al rio, dominado por la ciudad, apercibió los minaretes de Tepalen, cuyas brillantes luces parecíanse á metéoros. Al acercarse hirió sus oidos el sordo rumor de las voces de los guerreros, juntándose á la voz de la brisa que suspiraba en el dilatado valle.

LVI. Pasó junto á la torre silenciosa y sagrada del harem y penetrando por debajo de los grandiosos arcos de la entrada, observó el palacio de éste jefe formidable, cuyo poder proclamaba todo lo que descubria. Mostróse éste déspota, rodeado de una ostentacion deslumbradora; los esclavos, los eunucos, los extranjeros y los santones cumplian respetuosamente sus órdenes. Su morada es un palacio por dentro y una fortaleza por fuera; parece el ugar de cita de los hombres de todos los países.

LVII. Una multitud de guerreros, montados en caballos, cubiertos de ricos caparazones, formaban en la vasta corte un escuadron dispuesto siempre al combate. Soldados extrañamente vestidos, hacian guardia en los corredores, y de tiempo en tiempo el eco de las bóvedas, repetia el ruidoso galope del corcel de un Tártaro de ancho turbante. El Turco, el Griego, el Albanés y el Mauritano, reuníanse en el palacio, bajo banderas de todos colores, en tanto que el belicoso redoble del tambor anunciaba el regreso de la noche.

LVIII. Por su corta túnica, se reconoce el salvaje Albanés, armado de una carabina ricamente ornada, llevando vestidos bordados de oro y ceñida su cabeza con un shawl (1); el Macedonio, con su banda de color de escarlata; el Delhi, cubierto con su bonete de guerra y llevando un encorvado machete;

---

(1) El shawl es un chal, una especie de pañuelo grande ó pequeño manto con que ciñen su cabeza los albaneses.

(*N. del T.*)

el Griego, conocido por su astucia y su agilidad; el hijo mutilado de la negra Nubia y el Turco de luenga barba que desdeña casi siempre dirigiros la palabra, acostumbrado á mandar, y que es demasiado poderoso, para dejar de ser cruel.

LIX. Unos están echados junto á sus armas y se entretienen en observar el variado cuadro que se les ofrece, otros juegan ó fuman su pipa. Por una parte un grave musulman que va á orar al Profeta; por otra, un Albanés que se pasea con arrogancia; más lejos se oye cuchichear al Griego, siempre hablador..... Sin embargo, ¿cuales son los ecos solemnes que llegan de la mezquita? La voz del muezzin estremece el minarete: «¡Solo Dios es Dios!... Es la hora de la oracion!—¡Dios es grande!»

LX. A la sazon era cuando se observaba el ayuno del Ramazan (1). El dia estaba consagrado á la penitencia; pero cuando la hora tardía del crepúsculo hubo pasado, entregáronse de nuevo á los placeres de la mesa. Todo estaba en movimiento en el palacio de Alí-Bajá; los esclavos preparaban y servian los platos del festin. Quedó la galería desierta; un confuso ruido salia de los departamentos interiores; los pajes y los esclavos iban y venian sin cesar.

LXI. En estos sitios nunca se oye el acento de la mujer. Encerrada en retirada estancia, apenas si se le permite dar un paso sin ir tapada y sin que la sigan, que solo su esposo es el dueño de sus encantos y de su corazon. Acostumbrada á su encierro no desea salir de él. El amor de su señor y los dulces cuidados de la maternidad ¡deliciosos cuidados que están por encima de los sentimientos todos! hacen su felicidad. Educa ella misma al hijo que ha con-

---

(1) Ramazan, es la cuaresma de los adoradores del Profeta.

(N. del T.)

cebido y jamás le separa de un seno, cuya paz no turba ninguna baja pasion.

LXII. Dentro un pabellon de mármol en medio del cual se elevaba un surtidor de agua viva que al caer, cual benéfica lluvia, lo llenaba de frescura, estaba echado Alí sobre unos cogines, cuya muelle blandura convidaba al reposo. Alí es un príncipe guerrero y cruel; pero reune tanta dulzura en su frente venerable, que no podreis concebir como su corazon feroz se complace en los proyectos sanguinarios.

LXIII. Y no es que la luenga barba blanca que adorna su rostro no pueda conciliarse con las pasiones de la juventud, pues el amor sujeta á sus leyes á los viejos... Hafiz (1) lo ha experimentado; el cantor de Teos lo ha con frecuencia repetido... Más los crímenes que desprecian los tiernos acentos de la piedad, los crímenes odiosos en todos los hombres, y sobre todo en aquellos que tienen la frente arrugada por los años, estos crímenes han convertido á Alí en un tigre feroz. La sangre llama la sangre, y el hombre que ha comenzado su vida haciéndola derramar, la vierte á torrentes al fin de sus dias.

LXIV. Childe-Harold descansó de sus correrías en el palacio de Alí, contemplando mil objetos nuevos para él. Despues, fatigado del espectáculo ostentoso del lujo de los musulmanes, ya no vió sino con disgusto esa mansion de la riqueza y del deleite, asilo de un príncipe que huia del bullicio de la ciudad. Con menos brillo estos lugares tendrian verdaderos encantos; pero la paz del corazon detesta los goces fingidos, y el placer, mezclado con la ostentacion, pierde todo su atractivo.

LXV. Los hijos de la Albania tienen un corazon

(1) Poeta persa. (A. P.)

indómito; sin embargo, no carecen de virtudes, aunque sean estas salvajes en sí mismas. ¿Que enemigo les ha visto huir jamás? ¿Cuales son los soldados que sufren con más resignacion las penalidades de la guerra? Su vida no es menos frugal en los dias de paz que en los tiempos de guerra y de carestía. Su venganza es mortal; pero su amistad es firme. Fieles á la voz del reconocimiento ó del valor vuelan con intrepidez, siguiendo á su jefe, á los más grandes peligros.

LXVI. Childe-Harold les vió en el palacio de Alí-Bajá acudiendo en tropel para marchar al combate y á la gloria, y les vió tambien cuando cayó en su poder, víctima de una pasajera desgracia. Los hombres crueles lo son mucho más con los desgraciados; pero los Albaneses le acogieron bajo su hospitalario techo; pueblos ménos barbáros se hubieran mostrado quizás ménos generosos y hasta sus mismos conciudadanos se hubieran mantenido aparte (1). ¡Ah! ¡Cuan pocos son los hombres que no dejan de ser lo que eran cuando se les sujeta á semejantes pruebas!

LXVII. Vientos contrarios empujaron un dia su nave contra unos áridos peñascos de la ribera de Suli; en estos horrorosos sitios las tinieblas la rodeaban por todas partes; peligroso era el tomar tierra, pero más peligroso todavía permanecer sobre las encrespadas olas. Titubearon por algun tiempo los marineros, no atreviéndose á aventurarse en un país en que quizás les esperaban pérfidos huéspedes. Desembarcaron al fin, temerosos de ser sacrificados por estos pueblos, para quienes los turcos y los cristianos son igualmente enemigos.

LXVIII. ¡Vano terror! Los Suliotas les tendieron una mano amiga y les guiaron á través de las rocas

---

(1) Aquí hago alusion á los truhanes de Cornuallia.

y de los peligrosos pantanos. Más humanitarios que los esclavos civilizados, aunque ménos pródigos en dulces palabras, reanimaron el fuego de sus hogares, hicieron secar sus mojados vestidos, llenaron las copas, encendieron la alegre lámpara y les ofrecieron una cena frugal, es verdad, pero era la única que les podian ofrecer. ¿No es la verdadera humanidad la que inspira estos generosos cuidados?

Proporcionar descanso al desgraciado abatido por la fatiga, consolar al afligido, ¡que leccion para los felices del mundo! ¡ojalá que al ménos abochornara al corazon del malvado!

LXIX. Cuando Harold quiso despedirse de estas montañas hospitalarias, algunos bandidos, unidos entre sí por el pillaje, hacian peligroso el camino y estendian por todas partes los estragos del hierro y del incendio: tomó, pues, una escolta fiel, valiente en el combate, y curtida en las fatigas, y con ella atravesó los inmensos bosques de la Acarnania, y no la despidió hasta que reconoció los valles de la Etólia y las plateadas aguas del Aquelóo.

LXX. En los lugares donde el solitario Utraikei forma una redondeada hoya, en la que desaparecen las fatigadas olas para reflejar los silenciosos rayos de la luna, los árboles de la verde floresta que adornan la colina se oscurecen bajo el negro velo de las tinieblas y se balancean dulcemente sobre el seno de las silenciosas aguas, mientras que las brisas del sud acarician la azulada superficie de la bahía que su suave aliento apenas riza.

Allí es donde Harold recibió una amigable acogida, siendo grande su emocion al contemplar este precioso cuadro, pues la noche era para él fuente de muchos y dulces placeres.

LXXI. Brillaban en la ribera los fuegos nocturnos; habia terminado la comida de la tarde y la copa llena de un vino (1) color de púrpura daba la vuelta al círculo de los convidados. Childe-Harold, que habia llegado inopinadamente hasta ellos, se detuvo de repente para contemplarlos con sorprendidos ojos. Antes de media noche comenzaron las danzas: cada palikar (2) se quitó el sable, y cogidos todos de las manos empezaron á saltar cadenciosamente y dejaron oir sus cantos.

LXXII. Childe-Harold se mantuvo á alguna distancia para observar tan alegre reunion que, si bien algo grosera, no le repugnaba esta inocente alegría. La vista de estos bárbaros en sus ruidosos transportes forman un estraño espectáculo: nada iguala á la rapidez de sus movimientos; brillaban como la luz sus ojos; sus largos cabellos descendian hasta la cintura y sus rostros estaban iluminados por los reflejos de las llamas y sus cantos mejor que sonidos armónicos parecian gritos.

1.—«Redoble del tambor, redoble del tambor (3) tú música guerrera anuncia el combate y llena de esperanza á los valientes: á esta voz de gloria despiertan los hijos de la montaña, el timariota, el ilirio y el atezado habitante de Suli.

2.—»¡Ah! ¿quien compite en bravura con el fiero suliota, vestido con su túnica blanca y velloso capote? Deja abandonados al lobo y al buitre su salvaje re-

---

(1) Los musulmanes de la Albania no se abstienen de beber vino, así como en los demás puntos de Turquía son bien escasos los creyentes que sobre este punto sigan al pié de la letra los preceptos del Profeta.

(2) Palikar, abreviacion de la palabra griega *palikari*. Este es el nombre que generalmente se dá á todos los soldados, por los albaneses que hablan el griego moderno. La verdadera significacion de esta palabra es la de mozo, muchacho.

(3) Estas estrofas están tomadas de diversos cantos albaneses: yo me he servido de las traducciones griegas ó de las italianas.

baño y desciende á la llanura como un torrente cae de un peñasco.

3.—»Los hijos de Chimarí, que no perdonan nunca las ofensas de un hermano, ¿concederán la vida á los enemigos por ellos vencidos? ¿Nuestras fieles armas se negarian á tal venganza, cuando nada hay mejor que el corazon de un enemigo?

4.—»La Macedonia envia sus hijos invencibles, que abandonan por algun tiempo sus cavernas y la caza de los bosques, cuyas bandas de color de sangre han de enrojecerse mucho más antes que sus espadas vuelvan á entrar en la vaina y la guerra quede terminada.

5.—»Los piratas de Parga, que hacen del Océano su morada y enseñan á los pálidos cristianos lo que pesan las cadenas de la esclavitud, van á bajar de sus galeras para llevarse los cautivos al recinto que es sirve de prision.

6.—»No ambiciono los placeres que dá la riqueza, pues mi cimitarra sabrá conquistar lo que el cobarde se vé obligado á comprar. Yo me llevaré la jóven esposa de largos cabellos y arrancaré á sus madres las desconsoladas vírgenes.

7.—»Amo la belleza de la jóven, y me embriagará con sus caricias, y me arrebatará con sus cantos; que traiga su melodiosa lira y entòne una cancion sobre la derrota de su padre!

8.—»Recordemos el dia del asalto de Prevesa (1), los lastimeros gritos de los vencidos, los cantos de triunfo de los vencedores: entregamos todas las casas á las llamas y nos repartimos el botin: los ricos fueron degollados y solo concedímos gracia á las jóvenes hermosas.

9.—»No comprendemos las palabras de piedad ni

(1) Esta villa fué tomada por asalto por los albaneses contra los franceses que la defendian.

de temor, que deben ser desconocidas por los que quieren combatir bajo las banderas del visir. La media luna no ha visto un jefe tan glorioso como Alí-Pachá desde los dias del Profeta.

10.—»Su hijo, el bravo Muchtar, está á orillas del Danubio: tiemblen, pues, ante las colas de caballo (1) los giaours (2) de rubios cabellos (3), cuando sus delhis (4) caigan sobre sus batallones entre torrentes de sangre, ¡cuan pocos serán los que vuelvan á ver las murallas de Moscou!

11.—»Selictar (5), saca de la vaina la espada de nuestro jefe: redoble del tambor, tú música guerrera nos promete el combate. Montañas que nos veis descender al llano, volvereis á vernos vencedores ó no nos vereis más.»

LXXIII.—¡Bella Grecia! (6) tristes restos de una antigua gloria! ya no existes, y sin embargo, eres inmortal: caida, eres grande todavía. ¿Quien guiará mientras tanto tús dispersos hijos, quien destruirá los hábitos de tan larga esclavitud? ¡Ay! ellos no son ya aquellos griegos que, marchando á una segura muerte, hallaron gloriosa tumba en el desfiladero de las Termópilas! Oh Grecia! ¿cual será el guerrero que se inspire en su generoso valor? ¿cual será el que lanzándose á las ribezas del Eurotas te arrancará de la mansion de la muerte?

LXXIV. ¡Génio de la libertad! ¿cuando acompañaste á Trasíbulo y á sus fieles atenienses á las alturas de Filé (7), podias prever la deshonra y las

(1) Estandarte del Pachá. (A. P.)
(2) Infieles, cristianos. (A. P.)
(3) Los rusos. (A. P.)
(4) Cuerpos de caballería compuestos de aventureros. (A. P.)
(5) Porta-espada. (A. P.)
(6) Véase el Apéndice, nota C.
(7) Filé, desde cuyo punto se descubre una bella vista de Atenas. Quedan todavía muchas ruinas de esta ciudad, que fué

desdichas que hoy marchitan todos los encantos de los verdes llanos del Atica? No son ya treinta los tiranos que encadenan á los descendientes de Trasíbulo: el último de los musulmanes puede tratarlos como esclavos. ¿Se atreven á insurreccionarse? No, se contentan lanzando una vana maldicion contra la mano que les castiga: trémulos esclavos desde la cuna hasta la tumba, no merecen ser llamados hombres.

LXXV. Todo ha cambiado en ellos, escepto los rasgos de su fisonomía! ¡Oh libertad! ¿quien al ver el fuego que brilla en sus ojos no cree que su corazon arde de nuevo en tú llama, que ya no conocen? Sueñan aun algunos que se aproxima la hora en que podrán recobrar la herencia de sus padres; suspiran por un socorro extranjero é invocan las armas de Europa sin atreverse nunca á marchar solos contra sus enemigos, borrando así su envilecido nombre de la lista de las naciones esclavas.

LXXVI. Vosotros, que no teneis más que cadenas por herencia, ¿no sabeis que los que quieren ser libres deben romper sus hierros por sí mismos y con solo su brazo conquistar la libertad? ¿Creéis que ella os será dada por el francés ó el moscovita? Desengañaos; ellos podrán abatir á vuestros opresores; pero vosotros no encendereis ya el fuego divino sobre el altar de la libertad. ¡Sombras de los ilotas, triunfad de la cobardía de vuestros tiranos! ¡Oh Grecia! al cambiar de señor, no verás el término de tus infortunios: pasaron ya tús dias de gloria y tú afrenta se eterniza.

LXXVII. La comarca conquistada á los cristianos, en nombre de Aláh, puede aun por ellos ser arrancada á los descendientes de Othman, y quizá las

tomada por Trasíbulo antes de la espulsion de los treinta tiranos.

impenetrables torres del serrallo están llamadas á recibir en su recinto á los pueblos latinos, que en otros tiempos supieron apoderarse de él (1). Los rebeldes hijos de Wahab (2) que se atrevieron á despojar la tumba del Profeta de los piadosos dones de sus adoradores, podrán aun abrirse una sangrienta vía á través del Oriente; pero jamás la libertad volverá á habitar esta desdichada comarca, en la que los esclavos se sucederán á los esclavos durante siglos de dolor.

LXXVIII.   Observad, sin embargo, la alegría de los griegos, al acercarse los dias de la cristiana abstinencia, esos dias de penitencia durante los que se preparan á celebrar sus santos misterios, aliviando al hombre del peso de sus pecados con súplicas y privaciones. Pero antes que el arrepentimiento se cubra con el cilicio, es permitido á cada uno entregarse al júbilo durante algunos dias, tomar parte en todos los placeres, ocultar su rostro bajo una máscara, vestirse con estraños trajes, recorrer los bailes y reunirse á los divertidos hijos del carnaval!

LXXIX.   ¡Oh Stambul, que ciudad ofrece más diversiones que tú! (3) En esta antigua metrópoli de su imperio olvidan los griegos que los turcos profanan hoy el templo de Santa Sofía y los altares de la Grecia. (¡Ay de mí, sus desdichas vienen aun á en-

(1)   En la época en que fué conquistada Constantinopla por los latinos, de la que fueron señores por muchos años. (Véase á Gibbon).

(2)   La Meca y Medina han caido desde largo tiempo en poder de los Wahabis (Wechabitas) tribu árabe, cuya fuerza crece cada dia.

(3)   Decia Byron, hablando de Constantinopla:—«He visto las ruinas de Atenas, de Efeso y de Delfos; he recorrido una parte de la Turquía y muchos otros países de Europa y algunos del Asia, pero no he visto jamás una obra de la naturaleza ó del arte que me haya impresionado tanto como la vista de Constantinopla.»

tristecer mi musa!) Sus bardos arrancaban antiguamente de su lira alegres acordes, porque el pueblo
era libre: todos sentian entonces una alegría que
hoy se vén obligados á fingir. Mis ojos no habian
visto nunca un espectáculo de tantas fiestas; mis
oidos no habian sido nunca heridos por tan dulces
conciertos como aquellos que repetian los ecos del
Bósforo.

LXXX. Resuena en la ribera el alegre tumulto,
varia la música, pero sin que deje de oirse continuamente; los remos baten la mar cadenciosamente, y
las olas en su balanceo tienen tambien su armonía,
parecida á una tierna queja. La reina de los mares
sonrie á esta fiesta desde lo alto de su celeste trono, y cuando una brisa pasajera se desliza por la
superficie del mar, diríase que un rayo más brillante reflejado sobre la onda, esprime la satisfaccion de
la diosa y las relucientes olas iluminan la ribera que
ellas bañan.

LXXXI. Numerosos ligeros cayos rozan la espuma; las vírgenes del país bailan en la ribera; las pa-
rejas de danzarines olvidan el sueño igualmente que
el techo paternal; sus lánguidos ojos cambian entre
sí dulces miradas, á los que pocos corazones podrian
resistir; su mano agitada por un tierno estremecimiento se siente estrechada con amor y responde á
la mano que la aprieta. ¡Amor de nuestra juventud!
encadenado por tús guirnaldas de rosas, el feliz
amante deja disertar á su gusto al cínico y al filósofo; que horas semejantes son las únicas en que la
vida no es pesada carga.

LXXXII. Pero entre este tropel de máscaras, ¿no
hay algunos hombres agitados por secretos pesares
que sus contraidas facciones casi revelan? La voz de
las olas les parece que viene á mezclar un lastimero
gemido con sus vanos pesares; para ellos la alegría
de cuanto les rodea no es sino el orígen de melan-

cólicos pensamientos y no provoca sino un frio desden. No escuchan sino con pena los cantos y los tumultuosos transportes de los que se entregan á la alegría del momento; ¡cuanto les tarda el cambiar sus trajes de fiesta por la lúgubre mortaja!

LXXXIII. Tal debe ser el sentimiento de todo griego amigo de su pátria, si todavía la Grecia puede vanagloriarse de tener un solo buen patriota. No merecen este glorioso nombre los que hablan de guerra, resignándose á la paz de la esclavitud, ni los que, satisfechos con recordar en voz muy baja todo cuanto han perdido, se acercan á sus tiranos con dulce sonrisa y tienen en sus serviles manos más bien la hoz que el hacha vengadora. ¡Ah Grecia! los que te aman menos son los que más te deben ; su nacimiento, la sangre de héroes y aquella larga sucesion de ilustres antepasados que son la deshonra de una posteridad degenerada.

LXXXIV. Cuando los austeros espartanos renazcan con sus virtudes, cuando Tebas dé la vida á otro Epaminondas, cuando Atenas pueda citar corazones dignos de sus antiguos héroes, cuando las mujeres griegas paran hombres, entonces, pero solamente entonces, tú serás libre. Son menester siglos para fundar un imperio: basta una hora para aniquilarlo. ¡Cuantos años transcurren antes que un pueblo recobre su eclipsado esplendor, recuerde sus virtudes y triunfe del tiempo y del destino!

LXXXV. Y á pesar de los encantos con que estás todavía engalanada en estos dias de duelo, pátria de dioses y de tantos héroes dignos del Olimpo! la eternal verdura de tús valles, tús montañas siempre coronadas de nieve (1), te proclaman todavía el térmi-

(1) Hay allí muchas montañas y particularmente la que lleva el nombre de Liakura, de las que la nieve no desaparece nunca á pesar de los fuertes calores del estío; pero en el llano la nieve se derrite siempre al caer.

no de todos los variados dones de la naturaleza; tús altares y tús templos destrozados, sus restos confundidos con las cenizas de los héroes, son removidos por el hierro del arado. Así perecen los monumentos levantados por mortales manos; solo la virtud celebrada por las Musas, sobrevive á los estragos del tiempo.

LXXXVI. Sin embargo, una solitaria columna, aun en pié, parece gemir sobre sus hermanas caidas á su al rededor (1); el elevado templo de Minerva adorna todavía la roca de las Columnas (2) que aparece por encima de las aguas; acá y allá están las ignoradas tumbas de algunos guerreros. Sus ennegrecidas piedras y su verde césped desprecian los siglos, pero no el olvido. Los visitantes extranjeros son los únicos que, como yo, se detienen allí con veneracion y se alejan exhalando un suspiro.

LXXXVII. Tú cielo, no obstante, es siempre el más azul, tús peñascos los más agrestes, tú floresta la más fresca y tús llanos los más cubiertos de verdor. Maduran tús olivos en el tiempo en que vés á Minerva sonreir; abunda la dorada miel en el monte Himeto; la alegre abeja, siempre libre para errar por tús montañas, edifica aun allí su odorífera ciudadela. Apolo no ha cesado de dorar con sus rayos tús prolongados estíos; el mármol de Mendeli no ha

(1) El monte Pentelico, de donde se estrajo el mármol que sirvió para construir todos los edificios públicos de Atenas. Esta montaña se llama hoy Mendeli, y en ella se vé aun una caverna inmensa formada por la explotacion de la cantera.

(2) No hay en toda la Atica, si esceptuamos Atenas y Maraton, sitio más interesante que el cabo de las Columnas. Para el anticuario y el artista las diez y seis columnas que aun subsisten son una fuente inagotable de observaciones y de estudios: el filósofo saluda allí el supuesto teatro de algunas de las conferencias de Platon con sus discípulos, y el viajero se llena de admiracion á la vista del magnífico espectáculo que despliegan ante sus ojos las islas que coronan el mar Egeo.

perdido nada de su antigua blancura; las artes, la gloria, la libertad, pasan, pero la naturaleza es siempre bella.

LXXXVIII. Por cualquier sendero que dirijamos nuestros pasos, pisamos tierra sagrada: ninguna parte de tú suelo fué sacrificado á monumentos vulgares: recorremos un vasto teatro, fecundo en maravillas; todas las ficciones de la Musa parecen verdades hasta que nuestros ojos se cansan de admirar los lugares á los que nos trasportan tantísimas veces los sueños de nuestra juventud: las montañas y los llanos, las colinas y los valles, desprecian al dios destructor que ha demolido los templos. La mano del tiempo ha destrozado los adornos de Atenas, pero ha respetado los campos de Maraton.

LXXXIX. Nada ha cambiado en este llano, escepto el esclavo que trabaja la tierra: su terreno es siempre el mismo; el mismo todavía el sol que le ilumina; los mismos los límites que le cercan. Ha conservado toda su gloria, pero un extranjero es hoy el señor de ese campo de batalla, en el que los espantados persas doblaron su cabeza bajo el formidable hierro de los griegos. Caro dia de gloria el en que Maraton se convirtió en mágica palabra (1), tú presentas ante los ojos del que lo oye pronunciar, el campamento de los enemigos, los dos ejércitos frente á frente y las banderas victoriosas!

---

(1) *Siste, viator; heroem calcas.* Tal era el epitafio del famoso conde de Mercí. Podeis suponer, cuales debian ser, pues, nuestros sentimientos cuando pisamos la tumba de los doscientos griegos que murieron en Maraton, tumba que ha sido últimamente abierta por Fauvel. Nada se halló ó casi nada, de lo que se buscaba en ella, como vasos, medallas, etc. Ofreciéronme venderme el llano de Maraton por 1,600 piastras, ó sean próximamente 90 libras de Inglaterra. *Expende Annibalem: quot libras in duce summo invenies!* Y las cenizas de Milciades no valdrian desde luego mucho más! no hubieran valido menos vendiéndolas á peso.

XC. El meda que huye arrojando sus flechas y su doblado arco; el intrépido griego y su lanza victoriosa; las montañas, el llano, el Océano, la venganza y la muerte que combaten por los griegos, tal es el cuadro que ofrecia Maraton... ¿Que queda hoy de él? ¿Que trofeo nos señala esta sagrada llanura y nos recuerda las lágrimas del Asia y la libertad sonriendo á la Grecia?... Los restos de algunas urnas, una tumba violada y el polvo que levanta al trotar el corcel de un bárbaro.

XCI. Sin embargo, los restos de aquellos tiempos de esplendor atraerán siempre tristes, pero nunca cansados peregrinos. Por mucho tiempo todavía el viajero que conducirá el viento de la Jonia, saludará con santo dolor la tierra de los guerreros y de los poetas. Los anales de la Grecia y la inmortal lengua de la historia entretendrán por mucho tiempo con sus triunfos la juventud de todos los pueblos. Este será siempre el recuerdo que el anciano referirá con más orgullo á la vez que el ejemplo de la juventud. Los cantos de Minerva y de las Musas serán oidos por los sábios con respeto y causarán en los poetas una religiosa emocion.

XCII. Suspira el corazon por su pátria cuando tiernos lazos le esperan bajo el techo paternal; y vive feliz en el hogar doméstico. Vosotros, que os hallais desterrados, venid á visitar la Grecia y echar una mirada sobre esta tierra tan en armonía con vosotros mismos. La Grecia, que no fué hecha para inspirar ideas risueñas, debe tan solo agradar á aquel para el que la melancolía tiene sus encantos. Apenas echareis de menos vuestra tierra natal, cuando vayais á soñar no lejos de los lugares donde antes se elevaba el sagrado templo de Delfos ó contempleis los llanos que fueron testigos del combate entre griegos y persas.

XCIII. Venid á visitar esta sagrada tierra, cruzad

en paz sus mágicos desiertos, pero respetad esas ruinas; que no profanen vuestras manos una comarca ya escesivamente devastada! Estos altares no estaban destinados para tanto sacrilegio! Reverenciad lo que las naciones han reverenciado; y así pueda el nombre de nuestra pátria pasar á los siglos futuros con toda su gloria! Ojalá podais vosotros ver de nuevo el país que fué la cuna de vuestros primeros años y hallar en él todas las delicias del amor y de la vida!

XCIV. Para tí, que quizá desde largo tiempo vienes entreteniendo tús ócios con versos sin gloria, tús acentos se perderán muy pronto entre la multitud de trovadores, cuya voz se eleva sobre la tuya. Cédeles un laurel que el tiempo debe marchitar. No puede disputarle aquel que desdeña la crítica amarga y los elogios de la amistad, despues que la muerte ha helado todos los corazones, cuyos votos le hubieran lisonjeado. No se busca ya agradar, cuando se ha perdido todo lo que se podia amar.

XCV. ¡Y tú tambien has dejado de existir! tú, que fuiste tan amada y tan amable; tú, cuya dulce simpatía de la juventud y del amor me hacia tan querida! tú, que hicistes por mí lo que nadie osó hacer despues y que te obstinaste en no abandonarme aunque yo fuese indigno de tí! Que horrible es mi suerte! Tú dejaste de vivir, tú no vives para acogerme á la vuelta de mis lejanas correrías; ya no me queda más que el disgusto de una felicidad para siempre perdida. Ah! por qué la he gustado nunca ó por qué no subsiste para el porvenir! ¿Por qué es menester que vuelva yo á estos lugares, cuando nuevos dolores me obligan todavía á separarme de ellos?

XCVI. ¡Oh tú, tierna amiga, siempre amable y siempre amada! el dolor que no piensa sino en sí medita el pasado y se une á los pensamientos que nos parecen tanto más dulces cuanto más distantes están de nosotros.

¡Muerte cruel! tú me has arrebatado todo cuanto podias arrebatarme: una madre, un amigo, y por fin aquella que un sentimiento más dulce que la amistad unia á mi destino! ¿A que mortal fueron nunca, tús dardos más funestos? Cada dia nuevos pesares han empozoñado poco á poco para mí todos los manantiales de la dicha.

XCVII. ¿Iré yo acaso á lanzarme de nuevo entre la multitud, buscando todo lo que desdeña un tranquilo corazon? ¿Iré yo á sentarme en los banquetes de la orgía, en los que una risa tan estrepitosa como engañadora desfigura las hundidas mejillas de los convidados, sin que trás de ella quede en el alma más que un profundo abatimiento? En vano la espresion de una forzada alegría simula placer ó oculta el despecho; la sonrisa no hace más que preparar el surco de una lágrima, ó levanta el marchito lábio con un mal disimulado desden.

XCVIII. ¿Cual es la más terrible de las desgracias que afligen la vejez? ¿que es lo que imprime las más profundas arrugas en la contristada frente? No es el ver borrado del libro de la vida todo cuanto amó? no es el verse solo en la tierra..... como yo lo estoy ya? Doblo humildemente la rodilla delante del Dios, cuyo brazo ha descargado sobre mí, destrozando todos los lazos de mí corazon y destruyendo todas mís esperanzas. Pasad rápidamente, dias inútiles; no teneis ya más inquietudes que traerme, pues que el tiempo ha privado á mí alma de todo lo que la encantaba y derramado sobre mis jóvenes años todos los disgustos de la vejez.

FIN DEL CANTO SEGUNDO.

APÉNDICE.

La Albania comprende una parte de la Macedonia, la Iliria, la Caonia y el Epiro ; Iskander es el nombre turco de Alejandro, y yo aludo al célebre Scanderberg en la estrofa 38 (1). No sé si tuve razon haciendo á Scanderberg compatriota de Alejandro,

(1) Scanderberg (Jorge Castriot), héroe albanés, nacido á principios del siglo décimo quinto. Era hijo de Juan Castriot, príncipe de Albania, tributario de Amurat II. Convertido á la religion musulmana, recibió de éste el título de *sandjak* y el mando de 5000 hombres, para combatir contra el déspota de Servia, desplegando en numerosos combates tal valor que mereció le dieran por ello el nombre de Iskander (Alejandro), bajo el cual es más conocido que bajo el suyo propio. Resuelto á recobrar el trono de Albania, abandonó á los turcos en la batalla de Morava (1443) apoderándose por sorpresa de Croia, capital de sus antiguos estados hereditarios, desde cuyo momento se declaró francamente católico. Se hizo proclamar jefe por los señores albaneses y epirotas, y combatió contra los turcos, á los que venció siempre hasta conseguir en 1461 una paz honrosa. En 1463, despues de haber ido á combatir victoriosamente en Sicilia contra Juan de Anjou, lo que le valió ser nombrado duque de San Pietro, por Fernando I, rey de Aragon y de Sicilia, por instigacion del papa Pio II, comenzó solo la anunciada cruzada contra los turcos, consiguiendo, como siempre, nuevas y brillantes victorias. Este héroe murió de la fiebre, en 1467, en Lisa, entre los venecianos, con los cuales iba á formar una liga contra la Puerta. Los albaneses le cantan aun en sus cantos nacionales. Su historia ha sido escrita por Barlesio, uno de sus contemporáneos, y en nuestros dias por C. Paganel.

(*N. del T.*)

que habia nacido en Pella, Macedonia; pero he seguido á Libbon, que dió el mismo título á Pirro, al hablar de sus hazañas.

Libbon, dice, refiriéndose á la Albania: «Este país, que se puede distinguir desde las costas de Italia, es menos conocido que el interior de América.» Algunas circunstancias que carecen de la bastante importancia para hablar de ellas aquí, nos han conducido á M. Hobhouse y á mí, á estas comarcas, antes de haber visitado ninguna otra parte del imperio otomano: el mayor Leake, que era entonces representante inglés en Janina, nos aseguró que á escepcion de él ningun inglés habia pasado de la capital ni penetrado en el interior de la Albania. En esta época (Octubre de 1809), Alí-Pachá se hallaba en guerra con Ibrahim-Pachá y sitiaba á Berat, ciudad fortificada, dentro de la que habia debido encerrarse su enemigo. Al llegar á Janina, fuimos invitados á ir á Tépalani, punto donde naciera el Pachá: allí era donde tenia su serrallo favorito. Esta ciudad distaba solo una jornada de Berat, y el visir habia establecido allí su cuartel general.

Despues de haber permanecido algun tiempo en la capital, aceptamos la invitacion; pero si bien nosotros habiamos adoptado todas las precauciones y fuimos acompañados por uno de los secretarios del visir, la lluvia fué causa de que empleáramos nueve dias en hacer un viaje que no duró más que cuatro á nuestro regreso.

Pasamos por Argirocastro y Libocabo, ciudades que nos parecieron tan importantes como Janina. No hay pluma ni pincel capaz de dar una idea de la belleza y encantos de los alrededores de Zitza y Delvinachi, pueblo situado en la frontera de Epiro y de la Albania, propiamente dicha.

No quiero detenerme mucho con la Albania y sus habitantes; mí compañero de viaje llenará este cometido mejor que yo, en una obra que será publicada antes que la mia (1); sin embargo, no puedo prescindir de hacer algunas observaciones que considero necesarias para la inteligencia del texto.

Los Arnautas ó Albaneses me sorprendieron por su semejanza con los *highlanders* de Escocia; sus vestidos, su figura y su manera de vivir, son los mismos; las montañas de la Albania pareciéronme las de la Caledonia, con un clima mucho más dulce. El *khilt*, ó enaguas, aunque blanco, de los Arnautas, sus delgadas formas, su actividad, su dialecto, cuyo sonido es celta, sus costumbres marciales, todo me recordaba el reino de *Morven*. Ninguna nacion es á la vez tan odiada y temida de sus vecinos: los griegos la miran como media cristiana y los turcos como musulmana: de hecho estas dos religiones se hallan allí confundidas, pero muchos albaneses no tienen en realidad ninguna; todos se dedican al pillaje y ván siempre armados. Los arnautas que llevan encarnados chales al rededor de su cabeza, los montenegrinos, los chimariotas y los gedgas son renombrados por su perfidia. Los demás albaneses difieren en costumbres y mucho en su cáracter: segun propia esperiencia, puedo hablar de ellos con elogio. Llevé dos conmigo, uno infiel ó cristiano y otro musulman, que me acompañaron á Constantinopla y demás puntos de Turquía que he recorrido. Difícil es encontrar hombres más fieles en el peligro y más infatigables en su servicio. El musulman se llamaba Dervich Tahiri y el otro Basili: este éra un hombre de media edad, pero Tahiri tenia poco más ó menos la mia. Basili habia sido nombrado espresamente por Alí-Pachá para acompañarnos, y Dervich era uno de los cincuenta que nos habian escoltado cuando atravesamos los bosques de la Acarnania

(1)   Viaje de Hobhouse.

para ir á las riberas del Aquelóo, y de allí á Messalunghi, en Etolia: allí le tomé á mi servicio, sin que nunca tuviera ocasion de arrepentirme de ello.

En 1810, despues que mi amigo M. Hobhouse partió para Inglaterra, fuí acometido de una fiebre muy fuerte en la Morea; y mis dos albaneses me salvaron la vida, alejando á mi médico, con la amenaza de matarle sino me devolvia la salud en un tiempo determinado. Atribuí mi curacion á esta consoladora seguridad de las represalias y á la obstinada negativa á tomar los remedios del doctor Bomanelli. El único sirviente inglés que yo me habia reservado permanecia en Atenas: mi intérprete estaba tan enfermo como yo, y mis dos buenos arnautas me cuidaron con un esmero que honraria á hombres más civilizados.

Los dos tuvieron un gran número de aventuras, porque el musulman Dervich, siendo de buena figura, estaba siempre en guerra con los maridos de Atenas, hasta el punto de que cuatro turcos principales vinieron á verme al convento para darme las gracias porque habia sacado una mujer del baño; esta mujer le pertenecia legalmente, en verdad, por haberla comprado; pero esta accion era contraria á las costumbres del país.

Basili era tambien bastante galante entre las mujeres de su religion; tenia una gran veneracion por la iglesia, pero al mismo tiempo un soberano desprecio por los eclesiásticos: en algunas ocasiones les abofeteaba de una manera, por cierto, bien poco heterodoxa. No obstante, no pasaba nunca sin persignarse por delante de una iglesia; y recuerdo todavía el peligro que corrió en Constantinopla al entrar en Santa Sofía, que antes habia sido un templo consagrado á su culto. Cuando se le reprendia por su conducta, su eterna respuesta era: «Nuestra iglesia es sagrada, pero nuestros curas son unos ladrones:» y comenzaba de nuevo á hacer la señal de la cruz y á abofetear á los *papas* (1), que se negaban á ayudarle cuando les pedia ayuda de la que en todo tiempo se tiene necesidad, donde existe algun sacerdote de alguna influencia cerca del Cogia-Bachí de su aldea. Cierto es que no se podria hallar una raza más abyecta que la de las últimas órdenes de la clerecía griega.

Cuando hice los preparativos de mi partida, llamé á mis dos albaneses para pagarles sus salarios. Basili tomó su dinero con una marcada demostracion de disgusto y se retiró muy pronto, llevándose su saco de piastras. Dervich no parecia; no se le hallaba en ninguna parte, entrando por fin en el momento en que el señor Logotheti, padre del ex-cónsul inglés en Atenas, y algunos otros griegos conocidos mios habian venido á visitarme. Dervich toma el dinero; pero de repente lo arroja por el suelo y chocando sus manos una contra otra y lleván-dolas en seguida á su frente se sale del aposento derramando un mar de lágrimas. Desde este momento hasta aquel en que me embarqué, continuó lamentándose, y á pesar de nuestros esfuerzos para consolarle, no cesaba de esclamar: Me abandona. El señor Logothetí, que hasta entonces confesó no haber llorado el guardian del convento, todos mis criados, las personas que habian venido á verme, todo el mundo lloraba. Creo que la gruesa y loca cocinera de Sterne habia abandonado tambien sus cacerolas para simpatizar con el sentimiento sincero é inesperado de este bárbaro.

Cuando recordaba que poco tiempo antes de dejar á Inglaterra, un noble personaje, con quien estaba muy unido, me hizo decir para escusar el despedirse de mí, que tenia que acompañar una parienta á casa de su modista, me sentí tan sorprendido como hu-

_____

(1) Sacerdotes griegos.

millado por la comparacion del presente con el pasado.

Que Dervich me dejase con algun disgusto, debia esperarlo de él; cuando el señor y criado han subido juntos las montañas de una docena de provincias, natural es que no se separen sin dolor; no obstante, la sensibilidad que Dervich manifestó entonces formaba un notable contraste con su natural ferocidad, y cambió algun tanto la mala opinion que tenia del corazon humano. Creo que esta fidelidad, casi feudal, es bastante comun entre los albaneses. Un dia, recorriendo el monte Parnaso, el criado inglés que tenia á mi servicio, habiéndose disputado con Dervich, por consecuencia de algunos objetos del bagaje, le empujó ligeramente, y Dervich creyó que habia querido herirle. Nada dijo, pero se sentó y apoyó su cabeza entre sus manos. Previendo las consecuencias de este accidente, probamos hacerle entender que no se habia querido inferirle una ofensa. «He sido ladron, nos respondió; fuí soldado: jamás el capitan me ha castigado. Vos sois mi señor, he comido vuestro pan; pero juro por el mismo (era su juramento habitual) que sino hubiese sido asi, hubiera muerto á puñaladas á ese perro y retirádome despues á las montañas.» Todo quedó concluido. Sin embargo, nunca perdonó completamente al que le habia insultado sin querer.

Dervich sobresalia en la danza de su país, que dicen ser una reminiscencia de la antigua danza pírrica. Sea lo que fuere, esta danza es viril y exige gran agilidad. Difiere completamente de la estúpida danza griega de nuestros dias y de su grosera ronda.

Los albaneses (me refiero á los montañeses y no á los que cultivan la tierra en las provincias) tienen en general muy buena figura. Hemos hallado entre Delvinachi y Libocabo, las mujeres más bellas que jamás he visto, por su talle y figura. Estaban ocupadas en reparar un camino que habia sido destrozado por las aguas torrenciales. El paso de los albaneses es bastante teatral, proviniendo esto sin duda de su capa que llevan atada á uno de sus hombros. Su larga cabellera recuerda á los espartanos y no se puede tener una idea del valor que despliegan en las guerras de partido. Aunque los gedgas provean de caballería á las tropas albanesas, no he visto nunca un arnauta que montase bien á caballo. Los dos que llevaba conmigo preferian las sillas inglesas, aunque nunca habian podido acostumbrarse á ellas; pero á pié es imposible cansarlos nunca.

Para dar una muestra del dialecto albanés ó arnauta de la lengua iliria, voy á traducir aquí dos coros muy populares, que danzando se cantan indistintamente por hombres y mujeres. Las primeras palabras son un refran sin ninguna significacion, como se encuentran en muchas de nuestras canciones europeas.

1.

Ba, bo, bo, b, bo, bo
Naciarura, popuso

1.

Ea, ea, yo vengo, yo vengo,
guarda silencio.

2.

Naciarura na civin
Ha pu derini ti hin
Ti vin ti mar servetini.

2.

Yo vengo, yo me apresuro;
ábreme la puerta,
para que pueda entrar.

3.

Ha pe uderi escrotini.

3.

Entreabre la puerta,
para que pueda tomar mi turbante.

4.

Caliriote me surme

4.

Caliriota (1) de ojos negros,

(1) Los albaneses y sobre todo las albanesas, son comunmente llamadas Caliriotas, sin que jamás haya podido saber el por qué.

Ea ha pe pse dua tive.

ábreme la puerta,
para que pueda entrar.

5.

Bo, bo, bo, bo, bo,
Gi egem spirta esim iro.

Ea, ea, ea, eres tú á la que oigo,
¡alma mia!

6.

Caliriote vu le funde
Ede ve tunde tunde.

Una jóven arnauta, ricamente vestida,
marcha con gracia y nobleza.

7.

Caliriote me surme
Ti mi pute poi mi le.

Caliriota, niña de ojos negros,
dame un beso.

8.

Se ti puta citi mora.
Si mi ri ni veti udo gia.

¿Que ganarás con que te abraze?
mi alma está consumida por
un fuego secreto.

9.

Va le ni il che cadale.
Celo more, more celo.

Danza con ligereza y con gracia;
así, más graciosamente aun.

10.

Plu hari ti tirete.
Pleuhuron cia pra seti.

No levantes tanto polvo,
que manchará tú bordado calzado.

Esta última frase desconcertaria á un comentador. En Albania los hombres llevan borceguíes muy ricos, pero las mujeres (y es sin duda á una mujer á quien se dirige la cancion) no llevan bajo sus amarillos zapatos ó chinelas, más que una pierna desnuda, cuya forma y blancura son generalmente muy notables. Las albanesas son mucho más lindas que las griegas, y sus costumbres son tambien mucho más pintorescas; conservan aquellas asimismo por largo tiempo su belleza, por estar con frecuencia en medio del aire. Bueno es que haga observar que el arnauta no es una lengua escrita, por lo que las palabras de las dos canciones que doy aquí al lector están escritas como las pronuncian: han sido recogidas por un griego de Atenas que habla y comprende perfectamente el dialecto arnauta.

1.

Ndi sefda linde ulavossa
Vettimi upri vi lofsa.

1.

Herido estoy por tú amor,
¡ay de mí! y solo amo para
consumirme.

2.

Ah vaisisso mi privi lofse
Si mi rini mi la rosse.

2.

Ah! niña, tú amor me abrasa:
tú has herido mi corazon.

3.

Uti tasa roba stua
Siti eve tulati dua,

3.

Te he dicho que yo no pedia ninguna
dote, que solo pido tús ojos y tús
miradas.

4.

Roba stinoris sidua
Qu mi sini vitti dua.

4.

No tengo necesidad de las malditas
arras,
solo á tí te necesito.

5.

Qurmini dua civileni
Roba ti siarmi tildi eni.

5.

Déjame poseer tús encantos,
y que las llamas devoren tú dote.

6.

Utara pisa vaisisso me simi
rin ti hapti
Eti mi bire á piste si gui
dendroi tiltati.

6.

¡Oh niña! te amé con toda mi alma,
y tú me has abandonado como un
árbol seco.

7.

Udi vura udorini udiri cicova
cilti mora,
Udorini talti hollna u ede
caimoni mora.

7.

¿Que he ganado poniendo mi mano
sobre tú seno? He retirado mi mano
pero ella está aun ardiendo.

Creo que las dos últimas estancias que son de un metro distinto, deben pertenecer á otra balada: el pensamiento de las últimas líneas es parecido al que espresó Sócrates cuando habiendo apoyado su brazo sobre Clitobulo ó Cleobulo, el filósofo se quejó durante algunos dias·de un punzante dolor que tenia junto al hombro. Desde aquel momento tomó la resolucion de enseñar á sus discípulos sin tocarlos.

ENSAYOS,

Antes de hablar de una ciudad de la que todos los escritores, háyanla ó no visitado, han creido necesario decir alguna cosa, debo suplicar á miss Owenson (1) si es que se dispone á darnos aun la historia de alguna heroina griega, que le busque para marido un personaje algo más elevado que un Disdar-Aga (que entre paréntesis no es un Aga). Este Disdar es el más impolítico de todos los bajos empleados y el mayor protector de la rapiña (despues de lord Elgin, sin embargo) que Atenas haya visto nunca dentro de sus muros: ocupa el Acropolis y recibe un salario anual de 150 piastras (8 libras esterlinas), con las cuales debe pagar su guarnicion, que es el cuerpo más indisciplinado del más indisciplinado de los imperios. Digo esto por el interés que

(1) Que fué despues lady Morgan. (A. P.)

me inspira la Ida de Atenas, y porque pude ser causa
un dia de que su marido recibiese una paliza: Disdar
es un marido turbulento que se permite apalear á su
esposa, por cuyo motivo aconsejo á miss Owenson
que solicite para su heroina una separacion corpo-
ral. Ahora abandono á Ida para ocuparme de la ciudad en que vió la luz.

Dejando á un lado la mágia de los nombres y todas las asociaciones de ideas, que seria inútil ó pe-
dantesco recordar aquí, la situacion de Atenas bastaria para convertirla en el lugar favorito de todos
los hombres amantes del arte y la naturaleza. El
clima, á lo menos así me lo ha parecido, es una
perpétua primavera; durante ocho meses no he
dejado de salir ni un dia á caballo: no llueve allí
más que muy raramente; la nieve no se vé jamás en
sus llanos y un dia nublado es una agradable maravilla.

Ni en España, ni en Portugal, ni esceptuando la
Jonia y la Ática, en todos los demás países del Levante que he recorrido, he encontrado nunca un clima que fuese más sensiblemente hermoso que el
nuestro. El de Constantinopla, en donde he pasado
los meses de Mayo, Junio y parte del de Julio (1810),
dá tambien motivo para maldecirlo y sufrir el *spleen*
cinco veces por semana.

El aire de la Morea es pesado y malsano; pero no
bien se ha atravesado el istmo, en direccion á Megara, cuando de improviso cambia el clima.

Añadiré que la descripcion que hizo Hesioda del
invierno de la Beocia es todavía rigurosamente
exacta.

En Livadia encontramos un *esprit fort* en la persona de un obispo griego, el más majadero de todos
los libre-pensadores. Este digno hipócrita se mofa-
ba de la religion con sin igual audacia, aunque se
recataba mucho de hacerlo delante de su rebaño.

Hablaba de la misa como de una verdadera *coglione-ria:* por solo esto, era imposible formar, mejor idea de él. Sin embargo, para un Beocio, era él muy jovial, á pesar de sus patochadas... Á escepcion de Tebas, las ruinas de Queronea, la llanura de Platea, Orchomena, Livadia y la gruta de Trofónio, este fenómeno fué la única cosa notable que vimos antes de pasar el monte Citeron.

La fuente de Dircé mueve un molino. Yo la llamo Dircé: mi compañero aseguróme que estaba bien, pues resuelto á tomar á la vez un baño é inspiraciones clásicas, entró en sus aguas. Por lo demás, pueden los eruditos contradecir nuestro aserto si juzgan que la cosa vale la pena. En Castri, bebimos agua de cinco ó seis arroyos, muchos de los cuales no eran muy cristalinos, ántes de poder decidir cual era la verdadera Castalia. El que creimos reconocer por este célebre manantial, la tiene de un sabor detestable, sin duda á causa de las nieves que se derriten; nuestra esperiencia, no obstante, nos libró de la calentura épica, lo contrario de lo que sucedió al pobre doctor Chandler.

Desde el fuerte de Filé, del cual quedan todavia muchas ruinas, vénse á un mismo tiempo la llanura de Atenas, el monte Pentélico, el Himeto, el Acópolis y el mar Egeo: esta vista paréceme aun superior á la de Cintra ó de Constantinopla; ni aun puede comparársele la que se goza cuando situados en la parte de la Troada, tenemos ante nosotros el monte Ida, el Helesponto y en último término el monte Atos. Sin embargo, abarca esta una estension mucho más considerable.

Habíaseme hablado con frecuencia de la belleza de la Arcadia y, no obstante, á escepcion de una vista tomada desde el monasterio de Megaspelion, que es menos elevado que Zitza, y de la que se descubre bajando las montañas, en el camino de Tripolitza

Argos, nada recomendable ofrece la Arcadia si no
es su nombre.

Sternitur, et dulces moriens reminiscitur Argos.

VIRGILIO.

Virgilio no podia poner este verso si no en boca de
un argivo. Lo digo respetuosamente, Argos no merece en modo alguno el epíteto que se le ha dado;
y si el Polinices de Stacia *(in mediis audit duo litto-
ra campis)* pudiese oir ahora el rumor de las dos
playas, al atravesar el istmo de Corinto, necesario
fuera confesar que hay orejas mejores que las de todos los que actualmente hacen este viaje.

Dice un célebre geógrafo que Atenas es todavía la
ciudad más culta de la Grecia. Podrá esto ser verdad,
por lo que respecta á la Grecia, pero no tocante á todas
las ciudades ocupadas por los griegos, pues aun estos miran generalmente á Janina, capital del Epiro,
como á superior por la riqueza, el lujo refinado, el
saber y el dialecto de sus habitantes. Los atenienses se distinguen por su astucia; las clases infe-
riores de la sociedad, están perfectamente caracte-
rizadas por este proverbio que los asemeja á los
judíos de Salamina y á los turcos del Negroponto.

Todos los extranjeros que se han establecido en
Atenas, ya sean alemanes, ya italianos, ya ra-
gusanos, etc., opinan lo mismo por lo que toca
al carácter de los griegos, si bien sobre todos los
demás puntos sostienen frecuentemente entre sí
acaloradas cuestiones.

M. Fauvel, cónsul francés, que ha vivido por
espacio de treinta años en Grecia y principalmente en Atenas, y á cuyo talento y cortesanía no podrán ménos que rendir público homenaje, cuantos le conozcan, ha dicho delante de mí que los
griegos no merecian ser emancipados. Para decir

esto se funda en su corrupcion nacional é individual; pero M. Fauvel olvida que esta corrupcion se debe precisamente á causas que no podrán destruirse si no echando mano de la medida que reprueba.

M. Roques, respetable comerciante francés que ha permanecido largo tiempo en Atenas, me decia con la más graciosa gravedad: «¿Veis á estos griegos? son la misma canalla de los tiempos de Temístocles!» Alarmante observacion para los *laudator temporis acti!* Los antiguos bendijeron á Temístocles; los modernos engañan á M. Roques: siempre se ha tratado así á los grandes hombres.

En una palabra, todos los franceses que se han establecido en el país y muchos de los ingleses, alemanes, daneses, etc., que lo visitan, siguen poco á poco esta desfavorable opinion, con el mismo fundamento con que un turco, que hubiera venido á Inglaterra, condenaria en masa á toda la nacion, solo porque su lacayo le hubiese chasqueado, ó hecho pagar más la lavandera.

Seria, á la verdad, muy difícil el no inmutarse, cuando los dos más grandes demagogos de nuestros tiempos, Fauvel y Lusieri, que se reparten entre sí el poder de Pericles y la popularidad de Cleon, y martirizan al pobre vaivode con sus eternas disputas, se aunan para condenar, como un pueblo, *nulla virtute redemptum,* á los griegos en general y en particular á los atenienses.

Por mi parte, no me atrevo á aventurar mi humilde opinion, pues no ignoro que, sin contar las obras periódicas, hay en prensa cinco viajes, á lo menos, de una grandísima estension y de un aspecto el más amenazador, escritos por hombres de juicio y de honradez. Sin embargo, y séame permitido decirlo sin ofender á nadie, ¿cómo puede positivamente afirmarse, cual lo han hecho muchos hasta ahora, que nunca serán mejores los griegos, porque al presente son malos?

Eton y Sonnini, han tergiversado nuestra opinion con sus proyectos y sus panegíricos; De Pauw y Thornton han exagerado, por otra parte, la corrupcion de los griegos.

Jamás los griegos serán independientes; no volverán ya á ser soberanos cual lo fueron en otro tiempo; y Dios nos libre de que nunca más lo vuelvan á ser. No obstante, ¿no podrán estar sometidos sin ser esclavos? Nuestras colonias no son independientes, y sin embargo, son libres é industriosas: otórguense las mismas ventajas á la Grecia.

Entre tanto, semejantes á los católicos de Irlanda, á los judíos de todo el mundo y á los todos pueblos heterodoxos y perseguidos, padecen los griegos todos los sufrimientos físicos y morales que afligir pueden á la humanidad. Su existencia es un combate eterno contra la verdad; son viciosos hasta en su propia defensa. Están tan poco acostumbrados á la dulzura que siempre suponen engaño en los que con ellos la usan; como un perro que, acostumbrado al palo, muerde la mano que le acaricia. Son ingratos y su ingratitud es irritante! esta es la voz general. Pero, pregunto yo en nombre de Nemesis: ¿A quien han de estar ellos reconocidos? ¿A quien ha sido jamás deudor un griego de una buena accion? ¿Será necesario tal vez que estén reconocidos á los turcos, que les cargan de cadenas, ó á los franceses, que no cumplen sus promesas y les estravían con sus falsos consejos? ¿Quereis que den gracias al artista que destroza las ruinas de sus monumentos, al anticuario que se las lleva, al viajero que las hace derribar por medio de su genízaro, y al escritor que les insulta en su periódico? Estas son las obligaciones todas de los griegos para con los estranjeros.

Atenas, en el convento Franciscano.
23 *Enero de* 1811.

Entre los restos de la barbarie de los primeros siglos, encuéntranse las huellas de una esclavitud que existe todavía en diferentes países, cuyos pueblos, si bien distintos en religion y en costumbres, se coaligan casi todos en la opresion que ejercen.

Al fin, los Ingleses se han compadecido de sus negros, y es de esperar que con un gobierno ménos santurron, emanciparán tambien á sus hermanos católicos; pero los griegos no pueden recobrar su libertad si no por la intervencion de alguna potencia estranjera, pues los turcos parecen tan dispuestos á dársela como los demás pueblos en general piensan en la redencion de los israelitas.

Conocemos de sobra los griegos antiguos: la juventud europea consagra al estudio de sus escritos y de su historia, un tiempo que podria emplear con más utilidad en conocer perfectamente los escritores é historiadores de su propio país. En cuanto á los griegos modernos, tal vez les descuidamos algo más de lo que se merecen: todos nosotros pasamos nuestra juventud y hasta muchas veces la edad madura, estudiando la lengua y los discursos de los demagogos atenienses á favor de la libertad; y entre tanto los descendientes, verdaderos ó supuestos, de aquellos altivos republicanos se hallan entregados á la tiranía de sus dueños, cuando bastaría el menor esfuerzo para romper las cadenas de que están cargados.

Ridículo fuera el creer, como no lo creen tampoco los mismos griegos, en la posibilidad de volver á su antiguo esplendor, pues seria necesario que todos los demás pueblos de la tierra fuesen otra vez bárbaros, despues de haber devuelto á la Grecia la

soberanía del mundo. Sin embargo, paréceme que
la apatía de los Francos es el único obstáculo que
pueda oponerse á que se transforme la Grecia en
un estado dependiente y útil á su protector, ó más
bien, en una nacion libre con garantías convenien-
tes. Con todo, no hablo sin temor de equivocarme,
pues hombres muy capaces para poder juzgar esta
cuestion están persuadidos de que es impractica-
ble lo que yo propongo.

Los griegos nunca han perdido la esperanza de
ser independientes, aunque actualmente estén sus
opiniones un poco más divididas sobre esta empresa de sus libertadores probables: cuentan con los
rusos, por causa dé la identidad de religion; pero
esta potencia les ha engañado y abandonado dos
veces: todos los griegos recuerdan todavía la terrible leccion que recibieron despues de la desercion
de los moscovitas en la Morea. No aman á los
franceses; sin embargo, la emancipacion de la Grecia continental, seguirá sin duda á la conquista del
resto de Europa. Los. isleños vuelven sus ojos á los
ingleses, porque la Inglaterra acaba de tomar posesion de toda la república jónica, exceptuando Corfú. En una palabra, cualquiera que se presente al
frente de un ejército, será siempre bien recibido
por los griegos; y cuando llegue el dia de la venganza, recomiéndense los otomanos á la misericordia del cielo; para nada pueden contar con la de los
Giaures. Pero en lugar de pensar en lo que en otro
tiempo fueron, ó de calcular, en su consecuencia, lo
que pueden aun ser, ocupémonos de lo que son
actualmente.

Confieso que me es imposible el conciliar opiniones contrarias; algunos, y sobre todo los comerciantes, hacen á los Griegos gravísimas acusaciones; la
mayor parte de los viajeros escriben redondeados
períodos en honor suyo y dan á luz curiosas ob-

servaciones, fuudadas en su pasada gloria, que no pueden tener sobre su estado presente otra influencia que la que tendria la existencia de los Incas sobre el porvenir del Perú.

Un escritor muy ingenioso llama á los griegos los aliados naturales de los ingleses; otro asegura que no son aptos para aliarse con nadie y que no descienden de los antiguos griegos; y un tercero, no ménos hábil que los dos primeros, hace levantar por los rusos un imperio griego y realiza sobre el papel todas las ilusiones de Catalina II.

¿Que importa, para la cuestion de su orígen, que los mainotas sean ó no los descendientes directos de los laconios, ó que los atenienses de nuestros dias sean tan indígenas como las abejas del monte Himeto ó como las cigarras con las cuales se comparaban en otro tiempo?¿Cual es el inglés que se inquieta por si su sangre es danesa, sajona, normanda ó troyana? No hay sino un galo á quien pueda atormentar el deseo de descender de Caractaco (1).

A la verdad, no están los Griegos bastante enriquecidos con bienes de este mundó, para que puedan ser objeto de envidia sus derechos á un antiguo orígen. Muy cruel es M. Thornton al quererles despojar de todo lo que el tiempo les ha dejado: su orígen es el bien que en más aprecio tienen, porque es el único que pueden decir les pertenece totalmente. Seria curioso publicar á un mismo tiempo y comparar las obras de M. Thornton y De Pauw, de Eton y Sonnini. Por un lado se encontra-

(1) Caractaco, rey de los siluras, del país de Gales (Gran-Bretaña), que resistió durante nueve años á los ejércitos romanos, siendo vencido y hecho prisionero en el año 51 por el propretor P. Ostorio, y conducido á Roma para adornar el triunfo del vencedor. Su noble altivez delante del emperador Claudio le salvó, consiguiendo volver á sus estados, que gobernó nuevamente.

(*N. del T.*)

rian paradojas y por otro preocupaciones. M. Thornton cree que ha adquirido derecho á la confianza pública por su estancia de catorce años en Pera. Tal vez le asistiria la razon si tuviera que hablarnos de los turcos; pero su permanencia en Pera le ha hecho conocer tanto el verdadero estado de la Grecia y de sus habitantes, como un número igual de años, pasados en Wapping, las montañas de Escocia.

Los griegos de Constantinopla habitan el barrio del Fanal; y si M. Thornton no ha recorrido el Cuerno Dorado con más frecuencia que sus cofrades los mercaderes, no tendré mucha confianza en las noticias que nos dá, pues he oido á uno de estos señores jactarse de sus pocas relaciones con la ciudad, y asegurarme con aire de triunfo que por su parte no habia estado en Constantinopla si no cuatro veces en el transcurso de otros tantos años.

En cuanto al viaje que ha hecho M. Thornton por el mar Negro, á bordo de las embarcaciones griegas, le han debido dar estas la misma idea que podria darle de *Johnny Grot's House* (1) una escursion á Berwick (2) en un *smack* escocés. ¿Como puede condenar en masa á una nacion de la cual apenas conoce algunos individuos? Es una circunstancia digna de notarse el que M. Thornton, que dá tan poco crédito á Puoqueville cuando habla de los turcos, cite siempre su autoridad á propósito de los griegos y le dé entonces el título de observador imparcial. Desgraciadamente Pouqueville merece tanto este título como tiene derecho á dárselo M. Thornton. Lo cierto es que estamos absolutamente faltos de documentos seguros sobre los griegos en general y principalmente sobre su literatura; y hasta es probable que nunca los adquiramos, á menos de

(1) Punto extremo de la Escocia.
(2) Ciudad fronteriza de la Escocia.

que lleguen á ser más íntimas nuestras relaciones, ó se asegure su independencia. Podemos fiarnos de las narraciones de los viajeros lo mismo que de las inventivas de los mercaderes. Sin embargo, es necesario que nos contentemos con beber en esas fuentes, hasta que podamos encontrar otras mejores.

A pesar de su insuficiencia, son preferibles estas vias de investigacion á las paradojas de aquellos hombres que, al igual que De Pauw, han leido solo superficialmente los libros antiguos y para nada conocen los modernos. Cuando este viajero nos dice, por ejemplo, que las correrías de New-Market han acabado con la raza de los caballos ingleses y que los espartanos eran cobardes en el campo de batalla, dá pruebas de que conoce tan poco á los espartanos como á los caballos ingleses. Sus observaciones filosóficas podrian designarse igualmente con el nombre de observaciones poéticas. No es fácil alcanzar el por qué un hombre, que condena algunas de las más célebres instituciones de los antiguos, ha de tratar con tanta indulgencia á los griegos modernos; felizmente, empero, lo absurdo de estas hipótesis sobre sus antepasados destruye todo lo que sobre los mismos ha dicho.

Nosotros creemos que, á despecho de las profecías de De Pauw y de las dudas de M. Thornton, no hay para qué desesperar de que recobre su libertad una nacion á la cual una servidumbre de más de tres siglos ha castigado de sobras los errores de su política y de su religion.

> Atenas, en el convento Franciscano.
> 17 *Marzo de* 1811.

Poco despues de haber dejado á Constantinopla para venir á esta ciudad, he recibido el número 31 de la Edinburgh-Review. A semejante distancia, es un

14

grande obsequio, del cual soy deudor á los cuidados del capitan de una fragata inglesa que acaba de cruzar por delante de Salamina. El artículo III de este número contiene el análisis de una traduccion francesa de Strabon, con añadidura de algunas notas sobre los griegos modernos y su literatura, y una breve noticia sobre Coray, uno de los autores de la version francesa. Voy á permitirme algunas observaciones sobre las tales notas, y si el lector quiere recordar el país en que se escriben, creo que me dispensará, por lo demás, el haberlas intercalado en una obra que tiene relacion con aquel.

Coray, el más célebre de todos los Griegos de nuestros dias, ó á lo menos considerado como tal entre los Francos, nació en Scio (la Edinburgh-Review le hace nacer en Smirna, aunque yo tengo mis razones para creer que se equivoca). Además de la traduccion de Beccaria y de otras obras, que la Revista menciona, ha publicado un diccionario romaico-francés, segun me han asegurado algunos viajeros daneses llegados de París. No obstante, el último diccionario griego-francés que hemos visto aquí es el de Gregorio Zolikoglou. Ultimamente ha tenido Coray una desagradable polémica (1) con M. Gail, el cual ha comentado y publicado, como á editor, algunas traducciones de los poetas clásicos griegos. El Instituto habia adjudicado á Coray el premio griego por su traduccion del tratado de Hipócrates

_____

(1) En el folleto que M. Gail ha publicado contra Coray amenaza echar por la ventana al atrevido helenista. Al leer esto un crítico francés esclama: «¡Oh Dios mio! ¡arrojar á un helenista por la ventana! ¡que sacrilegio!» Semejante procedimiento seria un poco cruel para los autores que se alojan en los tejados. Cito este pasaje tan solo para señalar la analogía de estilo que los contraversistas todos emplean en los países civilizados. Este hervor parisien no se permitiria en las Revistas de Lóndres y de Edimburgo.

peri-y-dáton, etc., con gran descontento de su competidor. Las obras literarias y el patriotismo de Coray merecen ciertamente muchos elogios; pero es necesario hacer partícipes de su gloria á los dos comerciantes de Liorna, los hermanos Zosimondo, quienes le enviaron á París y le han sostenido á sus costas con el fin de que se ocupase en aclarar los pasajes oscuros que ofrecian los Griegos antiguos y ayudase en sus trabajos á sus compatriotas los modernos.

Coray no goza en su país de una reputacion igual á la de algunos griegos que vivian dos siglos ha y particularmente á la de Dorotheus y Mitylene. Se aprecian en mucho los escritos helénicos de este autor, á quien llama Méletius:

Metà tòy Thoykndídin kaí Xenofonta aristos Ellínon.
(ECLES. HIST., tom. IV, p. 224.)

Panagiotes Kodrikas, que ha traducido al griego á Fontenelle; Kamarases, que ha vertido al francés la obra de Ocellus Lucanus sobre el universo; Christodoulus y sobre todo Psalida, con quien he hablado en Janina, gozan igualmente de una grande reputacion entre los literatos del país. El último ha publicado en romaico y en latin, una obra sobre la verdadera felicidad, dedicada á Catalina II. Pero Polyzois, de quien dicen los redactores de la Edinburgh-Review que es el único autor contemporáneo que se haya distinguido, como Coray en el conocimiento del griego, si acaso es Polyzois Lampanitziostes de Janina, el cual ha publicado muchas obras en romaico, no es ciertamente otra cosa que un vendedor ambulante de libros y no tiene de comun con su mercancía más que su nombre impreso en la primera página, para garantizar su propiedad. Por lo demás es un hombre que ningun conocimiento clásico tiene. Sin embargo, como el nombre de Polyzois es bastante general, puede ser muy bien que algun otro autor griego, que tambien lo lleve, sea el editor de las epístolas de Aristœnetus.

Es muy triste que el sistema continental haya cerrado toda comunicacion con las ciudades en donde imprimian los griegos sus libros, y particularmente con Venecia y Trieste. Las gramáticas que se conocen para los niños han subido mucho de precio, para que puedan comprarlas las familias poco acomodadas. Se deben contar entre los libros originales la geografía de Miletius, arzobispo de Atenas, y una infinidad de poesías y de obras teológicas. Tienen muchas y buenas gramáticas y excelentes diccionarios de dos, tres y cuatro lenguas. Su poesía es rimada. El trozo más original que últimamente he visto es una sátira en forma de diálogo entre tres viajeros, un ruso, un inglés y un francés, el vaivode de Valaquia (Blackbey, como ellos le llaman), un arzobispo, un comerciante y un Cogia-Bachi, ó Primado. El autor hace hablar sucesivamente á estos personajes y á todos achaca la servidumbre y la degeneracion de los griegos bajo el dominio de los turcos.

Sus cantos son graciosos y patéticos; pero su aire es poco agradable á los oidos francos. El mejor de todos es el famoso *A ite paîdes ton Ellinon* compuesto por el desgraciado Riga.

Entre más de sesenta autores, cuyo catálogo tengo á la vista, apenas si se encuentran quince que no hayan tratado esclusivamente sobre puntos teológicos.

Un griego de Atenas, llamado Marmarotouri, me ha pedido que tomara disposiciones para hacer imprimir en Lóndres una traduccion en romaico del viaje del jóven Anarcharsis de Barthelemy. Le es imposible el encontrar otro medio de publicarla, á ménos de que se decida á enviar, por el mar Negro y el Danubio, su manuscrito á Viena.

El crítico de la Edinburgh-Review habla de una escuela que se hallaba establecida en Hecatonesii y que ha sido suprimida por la Puerta, á instancias del embajador francés Sebastiani. Quiere hablar de Cidonia, ó Haïvali, en turco, ciudad situada en el continente y en la cual se encuentra este establecimiento que cuenta cien educandos y tres profesores.

Cierto que esta escuela habia sido molestada por los turcos bajo el ridículo pretesto de que los griegos construian una fortaleza en lugar de un colegio; pero merced á una solicitud y mediante el pago de algunas cantidades al divan, se obtuvo permiso para continuar la enseñanza. El principal profesor se llama Veniamin (Benjamin): se le considera como á un hombre de talento, pero tambien es tenido por *liberal* (freethinker); es natural de Lesbos y ha estudiado en Italia; enseña el griego, el latin y algunas lenguas francas: posee igualmente algunos conocimientos sobre ciencias.

Aunque no sea mi intento el comentar más extensamente el artículo de la Revista escocesa, no puedo dejar de señalar que los clamores del crítico sobre la decadencia de los griegos deben parecer originales, pues termina con estas palabras: «Este cambio ha de atribuirse á sus desgracias más bien que á una degeneracion física.» Quiero, justamente, creer que los griegos modernos no han degenerado físicamente y que cuando Constantinopla cambió de dueño habia en ella tantos hombres de seis y más piés, como hubiera podido haberlos en los tiempos de su prosperidad. Pero los historiadores antiguos y los publicistas modernos, nos enseñan tambien que es necesario algo más que las cualidades físicas, para conservar la independencia y el vigor de un pueblo. Los griegos nos suministran el triste ejemplo de la íntima relacion que existe entre la degradacion moral y la decadencia política.

El periodista habla de un plan llevado á término: «creemos nosotros» dice, por Potemkim para regularizar la lengua romaica; sin embargo, han sido inútiles todos los esfuerzos que se han hecho para encontrar indicios del mencionado plan. En San Petersburgo habia una academia griega, pero fué suprimida por Pablo, sin que la hubiese restablecido su sucesor.

Supongo que fué una distraccion del crítico el decir, hablando de Constantinopla, que esta ciudad fué conquistada por Soliman: si la Edinburgh-Review tiene una segunda edicion, puédese esperar que en ella se verá reemplazado aquel nombre por el de Mohamet II.

«Las damas de Constantinopla,» prosigue la Revista, «hablan una lengua que no hubiera sido impropia de los lábios de una ateniense.» Ignoro cual es la causa, pero siento mucho tener que decirlo: las damas en general, y en particular las atenienses, han cambiado mucho desde entonces. Se esmeran tanto ellas en escoger su dialecto y sus espresiones, como toda la estirpe ateniense justifica al presente el antiguo proverbio

O Athina prote jora
Tí gaidaroys yrereis tora.

En el tomo X de Gibbon, página 161, encuéntrase el siguiente pasaje: «El dialecto comun era grosero y bárbaro, aunque en las obras de iglesia y de palacio se pretendiera imitar la pureza de los modelos áticos.» A pesar de todo lo que pueda haberse dicho sobre esto, es muy difícil el creer que durante el reinado del último César hablasen las damas de

Constantinopla un dialecto más puro que aquel en el cual habia escrito tres siglos antes Ana Comnena; y por cierto que estas páginas reales no son consideradas como á modelos de elegancia, si bien la princesa *glottân eiken AKRIVOX Attiki xoisai.*

El griego más correcto es el que se habla en el barrio del Fanal y en Janina. En este último punto hay una escuela muy floreciente dirigida por Psalida.

Un discípulo de éste ha emprendido un viaje de observacion por Grecia; en los momentos en que escribo acaba de llegar á Tebas. Es un jóven de vastos conocimientos y de una educacion más esmerada que la de la mayor parte de las *fellow-commoners* de nuestros colegios (1). Noto esta circunstancia para probar que el espíritu de investigacion no está del todo estinguido entre los griegos.

Señala el crítico tambien á M. Wright, autor del bello poema *Horæ Ionicæ,* como capaz para dar detalles sobre el lenguaje y el carácter de estos hombres, romanos de nombre y griegos degenerados. Sin embargo, M. Wright, aunque es un buen poeta y un sábio, ha caido en un error al decir que el dialecto albanés del romaico es el que se aproxima más al helénico (griego antiguo). No puede negarse que los albaneses hablan un romaico tan corrompido como el escocés de Aberdeen ó el italiano de Nápoles. Janina, que es en donde se habla el griego más puro despues del Fanal, no está situada en la Albania, sino más bien en el Epiro, aunque sea ella la capital de los estados de Alí-Pachá; en la Albania propiamente dicha, desde Delinachi hasta Argiro-Castro y Tepalen (no he pasado más allá de esta ciudad), se habla un griego mucho más corrompido que el de

(1) Miembros privilegiados de las universidades, que tienen derecho á las rentas del colegio, etc.

Atenas. He tenido á mi servicio, por espacio de año y medio, á dos de estos originales montañeses, cuyo idioma materno es el ilirio y jamás les he oido, ni á ellos ni á sus compatriotas, á quienes no solamente he visto en sus viviendas, sí que tambien reunidos en número de veinte mil en el ejército de Alí-Pachá, jamás les he oido, repito, alabar la pureza de su lengua; al contrario, con frecuencia se les ridiculizaba su barbarismo provincial.

Tengo en mi poder cerca de veinticinco cartas, entre las cuales hay algunas del bey de Corinto, escritas por Notaras, el Cogia-Bachi, y otras por el dragoman del Caimacam de la Morea, quien actualmente la gobierna por ausencia de Veli-Baja. Se me asegura que estas cartas eran muestras escelentes de su estilo epistolar; tambien he recibido algunas particulares de Constantinopla, las cuales se hallan escritas en un estilo hiperbólico, si bien dentro el verdadero carácter antiguo.

Despues de algunas observaciones sobre el estado actual y pasado de la lengua, pretende el crítico establecer la estraña paradoja de que el conocimiento de su idioma ha debido perjudicar muchísimo á Coray para comprender el griego antiguo. Esta observacion ocupa un párrafo entero: luego recomienda terminantemente el estudio del romaico porque, dice él, esta lengua será un ausilio poderosísimo para el estranjero, viajero ó negociante y aun para el estudiante que quiera estudiar el griego antiguo. En una palabra, este estudio será muy provechoso á todo el mundo, esceptuando al que podrá familiarizarse del todo con su uso.

Si raciocináramos como el periodista, deberíamos concluir confesando que los estranjeros pueden aprender nuestra lengua antigua mucho mejor que nosotros mismos. Sin embargo, estoy seguro que un aleman que estudiara el inglés, aunque descendiente de raza sajona, encontraria grandes dificultades para esplicar el *sir Tristrem* ó algun otro de los manuscritos AUCHINLECH (1), con ó sin vocabulario y gramática. Parece casi evidente que no hay más que un hombre nacido en el país que pueda conocer, no diré del todo, sino medianamente todas nuestras lenguas que están en uso. Creemos en la buena fé del crítico, pero no creeremos en sus asertos más que en el del Lismahago de Smollet, quien asegura que el inglés más puro es el que se habla en Edimburgo. Coray ha podido muy bien equivocarse; pero, aunque así sea, la falta ha sido del hombre, no de la lengua materna, la cual dá ciertamente una grandísima facilidad para el conocimiento del griego antiguo. Pasa despues el periodista á hacer observaciones sobre los traductores de Strabon, y yo termino aquí las mias.

Sir W. Drummond, H. Hamilton, lord Aberdeen, el doctor Clarke, el capitan Leake, M. Gell, M. Walpole y otras muchas personas que están actualmente en Inglaterra poseen todos los materiales indispensables para proporcionar documentos verdaderos sobre este pueblo decaido. En cuanto á las observaciones que yo mismo he hecho, no las hubiera publicado si el artículo en cuestion y la circunstancia sobre todo de encontrarme en Grecia cuando lo leí, no me hubiesen llamado toda mi atencion sobre hechos que mi situacion me ponia en el caso de poder esclarecer: he intentado hacerlo; no sé si lo habré conseguido.

He procurado hacer caso omiso de todos los sentimientos personales que se despiertan siempre á pesar mio, en todo lo que tiene alguna relacion con la Edinburgh-Review : y no ha sido con el ánimo de conciliarme el favor de los redactores de este perió-

(1) Manuscritos escoceses.

dico, ni de hacer olvidar una sílaba de lo que últimamente he publicado (1), sino más bien porque conozco cuan inoportuno es el mezclar resentimientos
personales en una crítica como la que acabo de hacer, y más cuando se está á tanta distancia de tiempos y lugares.

NOTA ADICIONAL SOBRE LOS TURCOS.

Hánse exagerado mucho las dificultades que se
encuentran para recorrer la Turquía, ó á lo menos
son actualmente menores de lo que eran hace algunos años: á fuerza de ser visitados se ha obligado
á los musulmanes á usar una especie de sombría
cortesanía que sirve muy bien á los viajeros.

Es aventurarse el escribir estensamente sobre
la Turquía y sobre los turcos, pues podríase vivir
veinte años entre ellos sin aprender de su boca
particularidad alguna sobre las costumbres de su
país. Por lo que á mí toca no tengo de qué quejar-
me: he recibido obsequios, hospitalidad y, hasta me
atreveré casi á decir, pruebas de amistad por parte
de Alí-Pachá, de su hijo Veli, bajá de la Morea y de
muchos otros personajes de elevada alcurnia en las
provincias de la Turquía. Suleyman-Aga, actualmente gobernador de Tebas, quien entonces lo era
de Atenas, era un *buen compañero* y el más sociable
de todos los hombres que fuman y comen cruzando
las piernas sobre almohadones.

(1) La sátira de los poetas ingleses y de los críticos escoceses. (A. P.)

Durante el carnaval, los ingleses que se encontraban en Atenas improvisaron mascaradas: Suleyman
y su sucesor *recibieron á las máscaras* con tanto gusto como las viudas del *Grosvenor-Square*.

Un dia que vino á cenar al convento se le obligó
á que llevara consigo á su huésped y amigo, el cadí
de Tebas, de un modo completamente digno de una
sociedad cristiana, en tanto que el respetable vaivode se gozaba en la victoria que sobre él acababa
de obtener.

En todas las transacciones pecuniarias que he hecho con los musulmanes, siempre he encontrado en
ellos el honor y el mayor desinterés. Al tratar con
ellos de negocios, no hay que temer esas viles espe-
culaciones, conocidas con el nombre de intereses, de
cambio, de comision, etc., que están siempre á la órden del dia, cuando hemos de recurrir para billetes
de banco á los cónsules griegos y aun á las principales casas de Pera.

La costumbre de hacer regalos es general en el
Oriente; pero tambien es muy raro que en ello se
pierda, pues el turco que admite alguno se apresura
siempre á enviar otro objeto de un valor poco más
ó menos igual, como un caballo, un shawl, etc'.

En la capital y en la corte, los ciudadanos y los
cortesanos son de la misma escuela que los de los
países cristianos; sin embargo, no sabriamos ima-
ginarnos un carácter más honroso, más amigable y
más generoso que el de un agá ó el de un rico mu-
súlman de provincia (a moslem country gentle-
man): no quiero hablar de los agás que ejercen autoridad en las ciudades, sino de aquellos que, por
una especie de derecho feudal, poseen bienes de
más ó menos estension en la Grecia y en el Asia
Menor.

Las clases ínfimas de la sociedad tienen una
educacion superior á la del populacho de los países

que se creen más civilizados; es menos molestado un inglés entre ellos de lo que lo seria un turco que recorriese las calles de alguna de nuestras ciudades de provincia. Para viajar por Turquía, la mejor costumbre que puede adoptarse es vestir de uniforme.

Los pormenores de su religion y las distintas sectas del islamismo están exactísimamente descritos en la obra francesa de Ohsson. Tal vez Thornton ha descrito mejor sus costumbres. Con todos sus defectos, no son los otomanos un pueblo despreciable; á lo menos son iguales á los españoles y valen más que los portugueses (1). Si bien es difícil decir con justicia lo que son, no hallaremos obstáculo alguno en afirmar lo que no son: no son ni traidores, ni cobardes, ni queman á los herejes, ni son asesinos: jamás se ha acercado á su capital un enemigo. Los turcos son fieles á su sultan, hasta el instante en que se le ha declarado incapacitado para gobernar, se entregan en manos de su Dios, sin profundizar su religion Si mañana se les echase de Santa Sofía y los franceses ó los rusos ocupasen el trono del sultan, ¿quien sabe si ganaria con el cambio la Europa? La verdad es que la Inglaterra perderia mucho (2).

En cuanto á esa ignorancia de que se les acusa generalmente y algunas veces con justicia, no es

(1) Téngase en cuenta que, si bien poeta, es un inglés el que esto dice; y que los ingleses, siempre utilitarios, conviniéndoles la existencia del imperio turco, se han impuesto la improba tarea de demostrar á la incrédula Europa que Turquía no es un pueblo tan bárbaro como abyecto, antes bien á todos aventaja y supera en ilustracion y cultura, excepcion hecha de Inglaterra y Francia. Consignado esto, nos creemos dispensados de rectificar el *buen concepto* que merecemos los españoles á lord Byron.

(*N. del T.*)

(2) Esta confesion viene á comprobar cuanto dejamos expuesto en la nota anterior.

(*N. del T.*)

cierto que, esceptuando los ingleses y los franceses, ninguna otra nacion les aventaje en los conocimientos prácticos y comunes. ¿Será por las artes de primera necesidad? ¿por sus manufacturas? ¿Acaso un sable turco no es de un temple más fino que el de los que se construyen en Toledo? ¿Va un turco peor vestido, está peor alojado, se alimenta peor y es más ignorante que un español? La educacion de un Bajá ¿no aventaja á la de un grande de España? ¿Es ménos instruido un Effendi que un caballero de Santiago?

Recuerdo que Mahmout, nieto de Alí-Pachá, me preguntó si mi compañero ó yo éramos miembros de una de las dos cámaras del parlamento. Esta pregunta, en boca de un muchacho de diez años, supone á lo ménos que su educacion no estaba descuidada. Yo no sé si en Inglaterra un muchacho de la misma edad conoceria la diferencia que hay entre un divan y un colegio de dervises; pero á buen seguro que lo ignora un español. Rodeado esclusivamente de sus preceptores turcos, ¿como hubiera podido saber el pequeño Mahmout que existia un parlamento en Inglaterra, si hubiesen aquellos limitado al Koran todos los estudios de su discípulo?

En todas las mezquitas hay escuelas regularmente concurridas: los pobres reciben instruccion, sin que en ella haya peligro alguno para la iglesia turca. Creo que el plan de educacion no se ha impreso todavía (aunque en la nueva casa de enseñanza militar se encuentran libros impresos y prensas); é ignoro si el Mufti y los Mollas lo habrán aprobado, y si el Caïmacam y el Teftadar se alarmarán por temor de que se enseñe á los niños á rogar en adelante á Dios á su manera. Los griegos (especie de papistas irlandeses del Oriente) tienen igualmente un colegio en Maynoth, no en Haivali, en donde ejercen los otomanos sobre los heterodoxos el mismo género de vigilancia ó de proteccion que sobre los colegios católicos la legislacion inglesa. ¿Quien se atreverá á decir ahora que los turcos son unos ignorantes fanáticos, cuando demuestran la exacta proporcion de caridad cristiana que se tolera en el más próspero y más ortodoxo de los imperios posibles? Á pesar de esta tolerancia no permitirian de ningun modo que fueran partícipes los griegos de sus privilegios: que riñan entre sí, que paguen sus cuotas (haratchz) que sean apaleados en este mundo y se condenen en el otro... Despues de semejante ejemplo, ¿debemos nosotros emancipar á nuestros ilotas irlandeses? ¡Mahomet nos libre de ello! seriamos malos musulmanes y peores cristianos. Por el momento, hemos conciliado lo mejor que hay en ambas religiones: la fé jesuítica y algo que se parece mucho á la tolerancia de los turcos.

APÉNDICE.

Cuando un pueblo reducido á la esclavitud tiene que recurrir á las prensas estranjeras para imprimir hasta los libros de religion, no debe estrañarse que no tenga más que un cortísimo número de obras que traten de asuntos generales; hasta podemos asombrarnos de que posea una sola. El número total de griegos que se hallan dispersos por el imperio otomano y otros varios países no llega á tres millones, y sin embargo, imposible es encontrar una nacion que tenga, proporcionalmente al de individuos que la componen, un número de libros y de autores mayor que el que cuentan los griegos de nuestros tiempos. «Es verdad, dicen los generosos »defensores de la esclavitud, quienes, dando por »pretesto la ignorancia de los griegos, les impiden »remediarlo; es verdad, pero la mayor parte de es- »tos libros tratan sobre puntos de teologia y por con- »siguiente no sirven para nada.» ¡Hola! ¿y sobre que otras materias les es permitido escribir? Es bastante original el ver las leyendas griegas ridiculizadas por los francos en general y sobre todo por los ingleses, quienes tienen el derecho de insultar al gobierno de su propio país; y por los franceses, los cuales pueden injuriar á todos los gobiernos, ménos al suyo, y tratar sobre cualquier punto de filosofía, de religion, de ciéncia, de escepticismo ó de moral. Un griego no puede escribir sobre política ni sobre ciencias, por falta de instruccion; si duda, es escomunicado y condenado. Así se comprende que las dudas de la filosofía moderna no inficionen á sus compatriotas. Por lo que toca á la moral, estará siempre fuera de sus alcances, gracias á la tiranía turca. Si un griego se siente hoy llamado á escribir, ¿sobre que materia podrá hacerlo y demostrarnos su talento? Sobre la religion y la biografía sagrada. Es muy natural que los que tan pocos placeres pueden gozar en este mundo, piensen en los que tienen prometidos en el otro. Nadie debe asombrarse, pues, que entre cincuenta y cinco autores que tengo á la vista, cuya mayor parte vivian aun poco ha, se encuentren apenas quince que se hayan ocupado de otra cosa que de teología. Esta lista se puede ver en el capítulo vigésimo sexto del tomo cuarto de la Historia Eclesiástica de Milétius.

CANTO TERCERO.

A fin de que esta aplicacion os obligase á pᵉnsar en otra cosa, no hay verdaderamente otro medio que esto y el tiempo.

CARTA DEL REY DE PRUSIA Á D' ALEMBERT,
7 Setiembre 1776.

———

I.   ¿Se parece tú semblante al de tú madre, ¡oh mi bella niña! Ada (1), hija única de mí casa y de mí corazon? Cuando ví por última vez tús ojos azules, ellos ⸴sonreian, y nosotros nos separamos entonces, no como nos separamos ahora (2), y sí con una esperanza!...

Despiértome sobresaltado: las olas se levantan á mí alrededor; los vientos llenan el espacio con sus gemidos: parto, ¿á donde vamos? Lo ignoro; pero pasó ya aquel tiempo en que mis ojos podian afli-

(1)   Se lee en una carta de Byron, que hasta aquí ha permanecido inédita, fechada en Verona á 6 de Noviembre de 1816: «Sea dicho de paso, el nombre de Ada que hallé en nuestro árbol genealógico (reinado del rey Juan) es tambien el nombre de la hermana de Carlo Magno, como lo he leido recientemente en un libro que trata del gran rio, el Rin.»

(2)   Lord Byron abandonó á Inglaterra por segunda y última vez el 25 de Abril de 1816 acompañado de William Fletcher y de Robert Ruston, el *servidor* y el *paje* del Canto I, de su médico el doctor Polidori y de un criado suizo.

girse ó alegrarse en las riberas de Albion, que desaparecen en el lejano horizonte.

II.   Una vez más sobre los mares! sí, una vez más! saltan las olas debajo de mí como un corcel que conoce á su ginete. Salud á sus mugidos! ojalá ellas me conduzcan con toda su celeridad..... no importa á donde. Aunque el mástil del buque próximo á romperse temblase como una caña, aun cuando las destrozadas velas volasen en girones por los aires, no por ello dejaria yo de seguir mi ruta; que soy como una yerba marina arrancada de la roca y lanzada sobre la espuma del Océano para navegar á merced de las corrientes del abismo y del soplo de la tempestad.

III.   En la primavera de mí vida emprendí el cantar la peregrinacion de un desterrado voluntario que huia de su propio corazon: continúo una historia que solo quedó bosquejada; la llevo conmigo como el impetuoso viento lleva una nube; en este ensayo de mi musa vuelvo á hallar las huellas de mis antiguos pensamientos y el agotado manantial de mis lágrimas, que á su paso solo han dejado un árido desierto. Los penosos senderos de la vida ya no son para mí sino estéril arena en donde no crece ninguna flor.

IV.   Despues de una juventud agitada por las pasiones, el placer y el dolor, quizá mi lira no esté ya de acuerdo con mí corazon; quizá intente en vano cantar como otras veces. Pero por triste que sea mí asunto yo me identificaré con el mismo, por más que me arranque al penoso sueño de un disgusto ó de una alegría egoista, por más que me rodee de un círculo de olvido; y bendeciré los versos que acaso solo para mí tengan encanto.

V.   Aquel que ha vivido mucho por sus acciones y no por sus años, iniciado en todos los misterios de la vida, sin hallar nada que le admire; insensible en adelante á los crueles dardos con que el amor, el ódio, la ambicion ó la gloria desgarran en secreto el corazon de los mortales, aquel podrá decir por que el pensamiento busca un refugio en las solitarias grutas, que están para él pobladas de imágenes aéreas y de aquellas formas que el tiempo conserva siempre las mismas en la encantada mansion del alma.

VI. Para crear, y para vivir creando una más grande intensidad de vida, es por lo que nosotros damos una forma á nuestras visiones, gozando así de una existencia que inventamos cual lo pruebo yo en este momento. ¿Qué soy? Nada; pero no te sucede eso á tí, alma de mí pensamiento; contigo cruzo la tierra: invisible, pero pudiendo contemplarlo todo, asociándome á tú espíritu, participando de tú orígen espiritual, y volviendo á hallar por tí una nueva facultad de sentir cuando toda mí sensibilidad parecia agotada.

VII. Pero debo pensar con ménos desórden: he pensado demasiado tiempo y entregádome á ideas excesivamente sombrías, hasta el punto que mí ardiente y agotado cerebro llegó á parecer un torbellino de llamas y de extravagantes caprichos: no habiendo en mí juventud aprendido á moderar las expansiones de mí corazon, las fuentes de mí vida han sido emponzoñadas. Hoy es demasiado tarde. He cambiado mucho; pero me queda aun bastante fuerza para soportar lo que el tiempo no puede destruir y para alimentarme con amargos frutos sin acusar al destino.

VIII. Basta ya con lo dicho,—hoy que todo pertenece al pasado y que el sello del silencio se ha impreso sobre estas vanas imágenes.

Harold, largo tiempo ausente, reaparece al fin; ¡Harold, cuyo corazon desgarrado por incurables aunque no mortales heridas, quisiera ya no sentir!

ero el tiem po que todo lo modifica habia alterado su alma y sus facciones á la vez que su edad. El tiempo roba su fuego al alma y su vigor á los miembros; la encantada copa de la vida no fulgura sino sobre sus bordes.

IX. Harold habia apurado con demasiada avidez la suya y hallado en su fondo una solera de agenjo; habia ido á llenarla de nuevo á una más pura fuente y bajo un clima sagrado, pero se engañó creyendo que ella seria inagotable en adelante : una cadena invisible sujetaba sus miembros con pesados y dolorosos anillos. Consumido por su impresion dolorosa, sentia aumentar sus sufrimientos á cada paso que daba y en cualquiera lugar donde quisiese huir.

X. Armado con su indiferencia, habia creido poder presentarse de nuevo con seguridad entre los hombres : si el placer no podia ya hallar acceso en su invulnerable alma, no tenia tampoco que temer los agudos dardos de algun nuevo pesar. Solitario é ignorado entre la multitud, quiso buscar en ella asuntos de meditacion semejantes á las maravillas que Dios y la naturaleza le habian ofrecido en apartadas regiones.

XI. Pero, ¿quien puede ver la entreabierta rosa sin desear cogerla? ¿Quien puede admirar la dulzura y los colores de las mejillas de la belleza sin probar que el corazon no envejece nunca por completo? ¿Quien puede contemplar el astro que la gloria hace brillar debajo de los precipicios de la ambicion sin abalanzarse para salvarlos? Lanzado una vez más en el torbellino, era Harold arrastrado por la aturdida multitud, haciendo la guerra al tiempo, si bien con un más noble objeto que en la primavera de su vida.

XII. Más pronto reconoció que nadie era ménos á propósito que él para vivir en sociedad ó entre los hombres, con los cuales tenia poco de comun; su alma nunca supo subordinar sus pensamientos á los de los otros; su alma no habia podido ser dominada más que por sí misma; y rebelde á toda inspiracion estraña, altivo en su desesperacion, prohibíale el orgullo ceder á los que eran objeto de su desprecio. Harold se sentia capaz de vivir solo, consigo mismo, y lejos de los hombres.

XIII. Hallaba sus amigos entre las más altas montañas, así como su morada sobre las olas del Océano. Se sentia llamado por sus inquietos deseos á los climas donde los cielos forman una bóveda azul y donde reina un sol radiante. Los desiertos, los bosques, las cavernas, las olas espumosas, eran su sociedad predilecta; estos objetos le hablaban un lenguaje para él más inteligible que los libros de su tierra natal, muchas veces olvidados por el gran libro de la naturaleza y por el cuadro de los cielos reflejados sobre un límpido lago.

XIV. Como los caldeos, contemplaba los astros y poblaba esos celestes mundos de criaturas tan brillantes como sus propios resplandores; entonces la tierra, los pequeños intereses de la tierra, y las debilidades humanas, no existian ya para él. ¡Dichoso si hubiera podido sostener siempre este atrevido vuelo de sus pensamientos! pero el barro de que fué formado el hombre ha oscurecido su destello inmortal, enviándole los resplandores hácia los cuales se abalanza como para romper el lazo que le retiene lejos de ese cielo á donde somos llamados con amor.

XV. Viviendo entre los hombres, Harold inquieto y fatigado, sombrío y molesto á los demás con su tédio, languidecia como el halcon que habitando poco antes el aire libre de los cielos ha visto caer sus alas bajo las tigeras. Despues en un repentino transporte, se sublevaba contra la prision que retenia su alma indignada; parecido al pájaro cautivo, que con su pecho y con su pico se revuelve contra los hierros de su jaula hasta que la sangre viene á manchar sus desgarradas plumas.

XVI. Harold el desterrado, va á errar nuevamente léjos de su pátria, ménos sombrío en sus penas, aunque siempre sin esperanza. En su desesperacion la idea de que todo acabaria para él más allá de la tumba, le habia hecho sonreir. Por estraño que parezca este sentimiento, inspirábale una especie de alegría que él no pensaba en rechazar: así se vé á los desdichados náufragos sobre los restos de su bajel, próximo á ser devorado por las olas, buscar en la embriaguez ánimo para arrostrar alegremente la muerte.

XVII. ¡Detente! es el polvo de un imperio el que huellas con tús piés! Aquí están sepultados las ruinas de un terremoto! ¿Embellece este lugar alguna estátua colosal, alguna columna, trofeo de la victoria?... ¡Ninguna!... Pero la verdad desnuda es más elocuente todavía! Y esta tierra continúa siendo lo que era!... Ved como la lluvia de sangre de la guerra ha hecho fructificar sus mieses! Oh, diosa de la victoria, tú que distribuyes las coronas, ¿es este todo el fruto que ha recogido el mundo de esta última y terrible batalla?

XVIII. Harold está en el centro de esta llanura cubierta de huesos, la tumba de la Francia, el terrible Waterlóo! Le basta una hora á la fortuna para destruir los dones que ha prodigado! La gloria, tan inconstante como ella, pasa pronto del uno al otro campo! Aquí es donde el águila (1) tomó su último

(1) En el primer borrador de esta estrofa, compuesta al igual que la precedente, despues de visitar el campo de batalla de Waterlóo, se leia:—Aquí el águila altiva tomó su último vuelo y destrozó la fatal llanura con su ensangrentado pico.—Leyendo estos versos M. Reinagle dibujó un águila encadenada escarbando la tierra con sus garras. Habiende esta circunstancia llegado á oidos de Byron, escribió éste á un amigo de Bruselas:

vuelo y cayó sobre sus enemigos; pero la flecha de las naciones derriba repentinamente al ave orgullosa que arrastra trás si algunos rotos anillos de la cadena del mundo: la ambicion desesperada siente escapar de sus manos el cetro de los pueblos.

XIX.   ¡Justas represalias! La Francia muerde su freno y llena de espuma sus hierros... ¿Pero es más libre la tierra? ¿las naciones combatieron para vencer á *un solo hombre?* ¿no se han coaligado más que para enseñar á los reyes hasta donde alcanza su poder? ¡Y qué! ¿la esclavitud será nuevamente el ídolo de barro de los siglos de luz? ¿Iremos á prestar homenaje á los lobos despues de haber derribado al leon? ¿Iremos á doblar humildemente la rodilla delante de los tronos y á pagarles el tributo de una servil admiracion? No; esperad todavía antes de prodigar alabanzas!

XX.   Si los reyes son indignos de serlo, cesemos de celebrar la caida de un déspota! es en vano que ardientes lágrimas hayan surcado las mejillas de nuestras esposas y de nuestras madres; es en vano que la Europa haya gemido sobre sus mieses holladas por la planta de un tirano; es en vano que despues de haber sufrido años de muerte, de destruccion, de cadenas y de terror, millones de hombres se hayan despertado en un generoso transporte: la gloria no puede ser cara á los pueblos libertados, sino cuando el mirto corona la espada que Harmodio dirigió contra el pecho del opresor de Atenas (1).

«Reinagle es mejor poeta y mejor ornitólogo que yo; las águilas y las aves de presa atacan con sus garras y no con su pico. He modificado, pues, así mi verso:

Y desgarró la llanura con sus ensangrentadas garras.

El verso es mejor, sin hablar de la exactitud poética.»

(1)   Puede verse el famoso himno sobre Harmodio y Aristogiton (*a*).

(*a*)   Harmodio y Aristogiton proyectaron librar á Atenas de la tiranía de Hipias y de Hiparca. Harmodio fué muerto despues de atravesar con

XXI. Oíase el rumor de una fiesta nocturna: la capital de los belgas habia reunido su nobleza y sus bellas en salones resplandecientes de luz. Los corazones de la belleza y los de los valientes palpitaban por la felicidad; y cuando la música dejaba oir sus voluptuosos acordes, los ojos, por el amor animados, cambiaban tiernas miradas, la alegría resplandecía en todos los rostros, como cuando suena la campana de una boda. ¡Pero silencio! un siniestro estruendo resonó de repente cual si doblaran por unos funerales (1).

XXII. «¿No habeis oido nada?» No, esto es el soplar del viento ó el rodar de un carro sobre el empedrado de la ciudad; continuemos la danza, no se interrumpa la alegría, olvidemos el sueño. La juventud y el placer se unen y las horas corren precipitadamente..... ¡Pero silencio!..... este sordo y lejano rumor se deja sentir todavía, como si las nubes repitieran el eco... Se vá acercando á estos lugares y el estruendo es más distinto y más terrible: ¡á las armas! ¡á las armas! es la voz tonante del bronce de las batallas.

XXIII. El desdichado príncipe de Brunswick estaba sentado junto á una ventana de este vasto palacio; el primero, entre los de la fiesta, adivinó el terrible estruendo con el presentimiento de la muerte: «Es la batalla que se empeña,» exclamó: sonrió, pero su corazon no le engañaba: recordó

su espada el corazon de Hiparca. Aristogiton fué encarcelado y sujetado al tormento para que revelara el nombre de sus cómplices, siendo por él designados como tales todos los amigos del tirano, que fueron desde luego condenados á muerte. Interrogado por Hipias para que manifestase si quedaban otros, respondió: «Ya solo quedas tú, que merezca la muerte.» Fué conducido al suplicio. Despues de la expulsion de Hipias una estátua y fiestas públicas consagraron la memoria de los ciudadanos Harmodio y Aristogiton.

(N. del T.)

(1) En la noche que precedió á la batalla, se dió un baile en Bruselas.

perfectamente el golpe mortal que tendió á su padre sobre una tumba ensangrentada (1), y que reclamaba una venganza que solo la sangre podia satisfacer. Lánzase, vuela á los combates y cae en las primeras filas.

XXIV. Se vá y se viene tumultuosamente; todos los ojos vierten lágrimas; la tímida belleza está sobrecogida de espanto, una palidez mortal ha reemplazado á los vivos colores que poco antes coloreaban sus mejillas mientras que el amor le prodigaba dulces elogios. Entre ahogados suspiros se repite un corto y doloroso adios: ¡ay! acaso es el último!..... ¿Quien puede decir á los amantes si nunca más volverán á verse, cuando una aurora tan funesta sucede á una noche tan deliciosa?

XXV. Los guerreros se apresuran á montar á caballo, los escuadrones se reunen y vuelan al campo de batalla con impetuoso ardor. Los carros de artillería ruedan con estrépito; el cañon no cesa de oirse á lo léjos, y en la ciudad el tambor de alarma despierta á los soldados antes que el lucero del alba haya brillado. En tanto los ciudadanos se reunen; consternados, y cubiertos sus lábios por la palidez, dícense á media voz: «¡Es el enemigo; ya se acerca!»

XXVI. La llamada de los Camerons resonó en los aires; es el canto de guerra de Lochiel que oyeron muchas veces las colinas de Albyn (2), y muchas veces tambien sus enemigos los sajones (3). ¡Cuan agudo y salvaje es entre las tinieblas el sonido de esta zampoña! pero á la manera que el soplo anima la gaita, esta música despertó en las montañas una audacia belicosa, recordándoles la gloriosa

(1) El padre del duque de Brunswick, muerto en Quatre-Bras, fué herido mortalmente en Jena.
(2) Escocia.
(3) Los ingleses.

memoria del pasado y las hazañas de los Evan y los Donald (1).

XXVII. El bosque de los Ardenas (2) agita sobre sus cabezas sus verdes ramas; los robles humedecidos por el rocío de la mañana, parecen llorar sobre los valientes que márchan al combate. ¡Ay! antes que el astro del dia haya recorrido su curso, serán pisoteados como el césped que desaparece en este momento bajo sus piés. ¡Ay! él á su vez les cubrirá con su verdura, cuando esos batallones ardiendo de coraje y de esperanza, serán derribados sobre la tierra y helados por el frio de la muerte.

XXVIII. Aun la víspera, brillantes de juventud, pensaban solo en gozar de la fiesta y en cautivar los corazones de la belleza. El eco de la noche repite súbitamente la señal de la batalla; la mañana les vé revestirse con sus armas, el dia ilumina sus escuadrones, presentando un formidable frente al enemigo. Pero la tempestad estalla por fin y la tierra queda cubierta de amontonados cadáveres: el caballero y su fiel corcel, el amigo y el enemigo se han juntado en sangrientos funerales.

XXIX. Su gloria ha sido celebrada por bardos más inspirados que yo: sin embargo, es á uno de esos héroes á quien quisiera rendir el homenaje de mis versos, para expiar las ofensas de que me hice culpable para con su padre; se lo debo á los lazos

(1) Sir Evan Cameron y su descendiente Donald, el bravo Lochiel de 1745 (a).

(2) Se supone que el bosque de Soignies es un resto del de las Ardenas.

(a) Cameron, ardiente presbiteriano escocés, que se negó á reconocer la supremacia del rey en materias religiosas y sublevó á sus compatriotas contra Cárlos II en 1663. Sus partidarios, llamados cameronianos, proclamaron la república, asesinaron el arzobispo de Saint-Andrews y batieron á las tropas reales. Poco despues fueron á su vez batidos por el duque de Monmouth, que cometió contra ellos las mayores crueldades. Cameron murió en la batalla.

(N. del T.)

de sangre que á él me unian: los nombres ilustres consagran los cantos, y el suyo brilla entre los de los más valientes guerreros. Cuando los rayos de la muerte aclararon las filas de nuestros bravos, en el punto en que la carnicería era más terrible, no pudieron herir ningun corazon más noble que el tuyo, jóven y valeroso Howard!

XXX. Hoy que tú pérdida ha destrozado tantos corazones y ha hecho correr tantas lágrimas, ¿que serian las mias si yo pudiese derramarlas?... Pero cuando me hallé bajo el árbol de verdes ramas, cerca del cual tú cesaste de vivir, cuando yo ví á mí alrededor vastas campiñas, ricas con las promesas de la primavera, que venia con su cortejo de armoniosas aves, cerré los ojos y volví á ver á los bravos que ya no resucitarán (1).

XXXI. Evoqué tú sombra y la de esos millares de héroes de los que cada uno ha dejado un vacío doloroso en el corazon de sus deudos. ¡Felices los que les lloran, si pudieran olvidarles! Solo la trompeta del arcángel despertará á los objetos de

(1) El guia que yo habia tomado en Monte San Juan, con el que recorrí el campo de batalla, parecia inteligente y verídico. El mayor Howard fué muerto en las inmediaciones de dos grandes árboles aislados (habia allí tres, pero uno de ellos habia sido cortado ó destrozado durante la batalla), que están algunas toesas distantes uno de otro, junto á un sendero.

He recorrido dos veces á caballo el llano de Waterlóo para compararlo con los que han sido tambien teatro de batallas en la historia antigua. Acaso es un efecto de la imaginacion, pero este llano parece indicado para alguna grande accion. He visitado muy atentamente los llanos de Platea, Troya, Mantinea, Leuctres, Queronea y Maraton. Si los guerreros de Waterlóo hubieran defendido una mejor causa, solo faltaria á la llanura que rodea á Monte San Juan y Hougumont aquella aureola indefinible que el tiempo difunde alrededor de los lugares que han adquirido celebridad, para disputársela á todos los llanos que acabo de citar, excepcion hecha acaso del último.

sus afecciones. La voz de la fama puede endulzar por un momento el duelo del amigo que llama en vano al amigo que no existe; pero su nombre, por la gloria proclamado, nos hace más caro y más amargo su recuerdo.

XXXII. Ellos vierten lágrimas, y cuando la sonrisa acaba por iluminar sus frentes, lloran tambien sonriendo. El árbol se seca mucho tiempo antes de caer; el buque navega todavía, aun privado de sus mástiles y velas; el techo de un palacio se hunde, pero sus ruinas embarazan por largo tiempo las solitarias habitaciones; una muralla permanece todavía en pié, cuando los huracanes han derribado sus almenas; las cadenas sobreviven al cautivo que aprisionaron, el dia continúa deslizándose á pesar de las nubes que ocultan el sol: así es como el corazon está quebrantado por el dolor, sin que se agoten las fuentes de la vida.

XXXIII. Parecido á un espejo roto que repite en todos los fragmentos de su luna y reproduce mil y mil veces la misma imágen, el corazon desgarrado por los golpes del destino conserva y reproduce mucho tiempo tambien todos sus dolores; tranquilo, frio, atormentado por los insomnios, se marchita insensiblemente sin exhalar una queja, porque no hay palabras para expresar estas cosas.

XXXIV. Nuestra desesperacion lleva consigo un principio de vida, la vitalidad del veneno; es una raíz de mucha vida que sostiene sus marchitas ramas. Porque el dolor seria bien poca cosa si ocasionara la muerte; pero la vida fecundiza los odiosos frutos del pesar, parecidos á esas manzanas de orillas del mar Muerto, que solo ofrecen ceniza al sediento viajero (1). Si el hombre contaba sus dias por

(1) A orillas del lago Asfalto crecian árboles, cuyos frutos eran, segun dicen, muy hermosos exteriormente y que solo contenian cenizas en su interior. Tácito, Historia, I. V-VII.

sus placeres, ¿algunas horas esparcidas entre años enteros le permitirian fijar en doce lustros la duracion de su existencia?

XXXV. El rey profeta contó los años del hombre; el número es muy suficiente y aun sobrado considerable si nosotros debemos dar fé á tú historia, ¡oh fatal Waterlóo! tú que todavía abreviaste esta tan corta vida! Millones de hombres pronuncian tú nombre, que la fama pregona, y su posteridad lo repetirá asimismo exclamando: «En Waterlóo fué donde las nacionescoaligadas tiraron de la espada: nuestros antepasados figuraron en sus filas.» Hé ahí todo lo que la gloria de este dia podrá arrancar al olvido.

XXXVI. ¡Waterlóo! tú has sido testigo de la caida del que fué el más extraordinario, pero no el más malvado de los hombres: conjunto inexplicable de principios contrarios, fijábase su espíritu un momento sobre las más grandes empresas y con igual atencion atendia á los más ligeros detalles! Tú que fuiste extremado en todo, si hubieses sabido guardar un justo medio ocuparias aun el trono... ó no te hubieras elevado al mismo. A tú audacia es á lo que debes tú elevacion y tú caida!... Pero tú no has renunciado á revestir la púrpura imperial, á conmover nuevamente el mundo y á ser una tercera vez el Júpiter tonante.

XXXVII. ¡Tú eres el conquistador y el cautivo de la tierra! hácesla temblar aun, y jamás tu formidable nombre impresionó tan vivamte las almas de los hombres, como hoy que ya no eres nada, sino es el vil juguete de la fama (1). Ella te festejaba en otros

_____

(1) «El leviton gris y el sombrero de Napoleon, puestos al extremo de un baston en la costa de Brest, harian correr á Europa á las armas.» Napoleon repetia con placer esta frase pronunciada por M. de Chateaubriand en la Cámara de los pares, que tan bien pinta el terror que aun en Santa Elena inspiraba el cautivo de la Europa. (A. P.)

tiempos, te obedecia servilmente y adulaba tú ambicion hasta llegar á persuadirte que eras una divinidad: tal parecias tú, en efecto, á las atónitas naciones, que en su estupor te creyeron durante largo tiempo todo cuanto quisiste ser á sus ojos.

XXXVIII. Siempre más elevado ó más rebajado que el hombre, así en tú grandeza como en tú desgracia; haciendo la guerra á todas las naciones y huyendo del campo de batalla ; sirviéndote de la cabeza de los reyes como de escabel, y obligado á ceder como el último de tús soldados, tú supiste regir un imperio, derribarlo y levantarlo todavía de nuevo... ¡y no supiste gobernar la menor de tús pasiones! Hábil en el arte de conocer los hombres, no supiste ni estudiar tú alma, ni moderar tú sed de combates; ignoraste que cuando se abusa con demasiada frecuencia de la Fortuna, esta abandona al astro más elevado.

XXXIX. Sin embargo, tú alma ha sobrellevado los contratiempos con esa filosofía que, dígase sabiduría, indiferencia ú orgullo, ha sido siempre amarga hiel para un enemigo. Cuando todo el ejército del ódio te observaba para mofarse de tús terrores, sonreiste con tranquila y resignada frente. Cuando la fortuna hizo traicion á su favorito, á su niño mimado, éste se mantuvo impasible bajo el peso de los males sobre él amontonados.

XL.   ¡Más prudente que en tús dias de gloria! porque entonces la ambicion te inspiraba un mal encubiérto desden para con los hombres y sus pensamientos. Este desden era justo, ¿pero debian reflejarlo tús lábios y tú frente? ¿debias tú arrojar con desprecio los instrumentos de tú grandeza, que por fin, se han vuelto contra tí mismo para derribarte? ¡Ah! este mundo es bien poca cosa para ser ganada ó perdida, y tú lo has probado, como todos los que han escogido este destino.

XLI. Sí, parecido á una solitaria torre construida sobre la pendiente de una roca, si te hubieras sostenido solo, ó si solo hubieras sucumbido, tú desprecio por la raza humana, hubiérate ayudado á desafiar el choque de las tempestades; pero tú trono estaba fundado sobre los pensamientos de los mortales; su admiracion era la más segura de tús armas. ¡Tú fuiste otro Alejandro! y antes de mofarte de los hombres, como Diógenes, menester hubiese sido que te despojases de la púrpura: la tierra seria un antro demasiado vasto para cínicos coronados (1).

XLII.   Mas, para las almas activas, el reposo es un infierno, y, ¡hé ahí lo que fué tú perdicion! El es un fuego y una agitacion secreta para las almas que no pueden estar contenidas dentro estrecho círculo y que ván siempre más allá de los límites de un deseo moderado. Rodeadas de ese fuego, cada dia más difícil de apagar, hállanse atormentadas por la sed de los peligros, y no les fatiga sino el reposo: fiebre del corazon fatal á cuantos ella devora, á cuantos por ella fueron heridos.

XLIII.   Ella produce estos insensatos que, por contagio, convierten á los hombres en insensatos tambien: conquistadores y monarcas, fundadores de sectas y de sistemas, sofistas, poetas, soñadores políticos, todos estos séres, agitados por la inquietud que conmueve muy fuertemente los secretos resortes del alma, son á su vez víctimas de los por ellos

---

(1)   La mayor de las faltas de Bonaparte ha sido la de haber despreciado siempre los hombres, pues no tenia con ellos, ni por ellos, ninguna comunidad de sentimiento; semejante conducta es quizá más ofensiva para la vanidad humana, que la activa crueldad de la más sospechosa de las tiranías.

Estos sentimientos se encuentran en los discursos por él dirigidos á las asambleas públicas lo mismo que á los individuos. De regreso en París, despues de la destruccion de su ejército en Rusia, decia frotándose las manos ante la chimenea: «Se está mejor aquí que en Moscou.» Esta frase le enagenó sin duda más corazones que los reveses á que aludia.

seducidos; su suerte es envidiada, aunque tenga pocos motivos para serlo: ¡cuán amargos dolores constituyen su herencia! Uno de estos corazones puesto en descubierto, daria á los hombres la útil leccion de desdeñar la ambicion de brillar ó de reinar.

XLIV. Solo respiran agitacion, y su vida es una tempestad que les sostiene en los aires, para dejarlos, por fin, caer nuevamente sobre la tierra; pero están de tal manera acostumbrados á esta vida tempestuosa que si, sobreviviendo á los peligros que han afrontado, vén suceder la calma del crepúsculo a sus brillantes dias de peligros, se sienten postrados por el disgusto y mueren de languidez, como un fuego al que descuidan de alimentar y que no despide más que algunas vacilantes llamas, ó como una espada que se enmohece en la ociosidad y se consume ella misma sin gloria.

XLV. El que trepe á la cumbre de las montañas verá que la nieve y las nubes cubren generalmente las más elevadas. El mortal que sujeta á los hombres bajo su imperio ó á todos les aventaja por su génio, debe contar con el ódio de los que deja tras él. Aunque el sol de la gloria brille sobre su cabeza y vea bajo sus piés la tierra y el Océano, está rodeado de rocas cubiertas de hielos; braman las tempestades y le amenazan: tal es el galardon de los trabajos que conducen á estas alturas.

XLVI. Sepámosles huir para siempre. El mundo de la verdadera sabiduría se halla en sus creaciones ó en las tuyas, ¡benéfica naturaleza! ¿Quien puede disputártelo en atractivos? ¡Cuan admirable eres á orillas del majestuoso Rhin! Allí es donde contempla Harold un cuadro divino, un conjunto de todas las bellezas de la naturaleza: el agua que serpentea, los risueños valles, el verde follaje de los árboles y el tesoro de sus frutos, los peñascos y los bosques, las ricas mieses, las laderas, los viñedos, y estos solitarios castillos que parecen dar un triste adios, desde lo alto de sus almenas cuyas ruinas se cubren de verdor.

XLVII. Parecidos á un espíritu altanero que, aun en sus desgracias, desdeña humillar su altivez ante el vulgo, resisten estos castillos los destructores golpes del tiempo. Solitarios y desiertos, solo están habitados por los vientos, los cuales se introducen á través de sus grietas, y no están en comunicacion sino con las sombrías nubes. Tuvieron en otro tiempo la fuerza y la altivez de la juventud; flotaron las banderas en sus almenas, y más de un combate se libró al pié de sus murallas. Pero los guerreros todos que las defendieron duermen dentro su ensangrentado féretro, y como ellos sus destrozados estandartes ya no son más que polvo. Estas viejas torres no sostendrán más asaltos.

XLVIII. Estas fortalezas pertenecian antes á señores, cuyos vasallos estaban continuamente armados para obedecer á sus pasiones. Todos estos príncipes, que vivian del robo, llevaban á cabo impunemente sus rapiñas: tan arrogantes como otros héroes más poderosos y más ilustres, ¿que les ha faltado á esos hombres, fuera de la ley, para igualar en fama á los conquistadores?... ¿Los tesoros por los cuales consagrase la historia mercenaria una de sus páginas á la celebracion de sus altos hechos; dominios más estensos y un trofeo sobre su tumba? No les faltó ni un gran valor ni una ardiente ambicion (1).

XLIX. En las guerras feudales de estos barones

(1)   «What wants that Knave,
        Thata king should have?»
    «Qué es lo que le falta á ese bribon de cuanto se exige á un rey.»
Estas fueron las palabras que pronunció el rey Jaime, al encontrar á Johnny Armstrong y sus compañeros. Puede verse la balada que lleva este título en el *Border-Minstrelsy*.

ávidos de combates ¡cuantas hazañas, cuantas proezas, de las cuales ni recuerdo queda! También el amor,
que prestó blasones para sus escudos y que les inspiraba emblemas de ternura, supo penetrar en su
seno, á pesar del hierro de su armadura; pero no
enardecia en sus feroces corazones sino una pasion
salvaje, orígen de las discordias y de las guerras
consiguientes. ¡Cuantas veces estas torres, tomadas
por asalto por el amor de alguna hermosa, han visto
correr las ensangrentadas olas del Rhin por debajo
de sus derruidas murallas!

L. Salve, rio imponente, á cuyas aguas tanto deben tús vegas. Sus atractivos serian eternos si
pudiese respetar el hombre tús brillantes creaciones
y no destruir sus bellas promesas, con la cortante
guadaña de los combates. ¡Oh! entonces el aspecto
de las llanuras por tús aguas regadas seria tan encantador como el del Eliseo... ¡Ay! ¡que les falta á
tús olas para que mi ilusion sea completa? ¡La virtud del Leteo!

LI. Mil batallas han asolado tús riberas; en ellas,
ha amontonado la matanza sus cadáveres. ¿En donde están hoy esos famosos guerreros? Han sido olvidados, pasó su gloria y han desaparecido hasta sus
mismas tumbas; fueron tús aguas teñidas un instante con su sangre; pero al momento volvieron á
presentarse límpidas y de nuevo reflejaron en su
móvil cristal los dorados rayos del sol; sin embargo, por rápidas que ellas corran, en vano se desliza-
rán por sobre los dolorosos sueños de mí memoria.

LII. Estos eran los secretos pensamientos de Harold en tanto que seguia la corriente del rio, si bien
no se mostraba insensible á los encantos de la comarca que recorria y al canto matutino de los pájaros, que saludaban valles que podrian hacer amable el
destierro: presentaba su frente las sombrías arrugas
de la inquietud y una fria severidad que habia su-

cedido en él á más violentas pasiones; no |obstante, no habia desaparecido para siempre de sus lábios la sonrisa del placer y acababa muchas veces por desarrugar sus facciones al aspecto de las bellezas de la naturaleza.

LIII. Sus ardientes pasiones habíanse extinguido dentro de su corazon; sin embargo, en él no habia perdido todos sus derechos el amor: inútil es que queramos contestar con una glacial mirada á los que nos dirigen una sonrisa; á pesar nuestro vuelve el corazon á las dulces emociones, aunque los sinsabores le hayan apartado de todas sus terrenales inclinaciones. Y esto es lo que experimentó Childe-Harold: alimentaba un cariñoso recuerdo, existia un corazon que todavía le interesaba y, en sus horas de ternura, le placia soñar en la felicidad de unirse á él.

LIV. Por estraño que este sentimiento parezca en un carácter como el suyo, gustaba Childe-Harold de contemplar las inocentes miradas de la niñez. ¡Que importa el conocer lo que habia producido este cambio en un alma llena de desprecio por la especie humana! Las pasiones estinguidas difícilmente pueden reanimarse en la soledad; despertó no obstante, esta en Childe-Harold, cuando todas las demás estaban amortiguadas.

LV. Era tambien un tierno corazon el que estaba unido al suyo con lazos mucho más fuertes que los que se forman al pié de los altares: no habia el himeneo consagrado este amor; pero era puro, sin mancha, y habia resistido á todas las enemistades humanas; los seductores ojos de mil bellezas no habian hecho en él mella alguna. Harold sintió en estranjera ribera los dolores de la ausencia y expresó así sus amorosos pesares.

1.—«La almenada roca de Drachenfels (1) domina

(1) El castillo de Drachenfels domina el pico más alto de

majestuosamente los anchos recodos del Rhin, cuyas olas se deslizan entre sus orillas cubiertas de pámpanos; los árboles en flor, las ricas campiñas que prometen abundantes mieses y vendimias; las ciudades esparcidas aquí y allá, cuyos blancos muros brillan á lo largo del rio... Todo se reune para formar un cuadro que yo contemplaria con un doble arrobamiento si estuvieras tú conmigo.

2.—»Jóvenes lugareñas de ojos azules, cuyas manos nos ofrecen frescas flores, embellecen todavía con su sonrisa este Eden. En las montañas, numerosas torres elevan sus muros feudales por entre la verde yedra; peñascos de rápida pendiente y las ruinas de una antigua arcada aparecen por entre lechos de pámpano, que embellecen los valles: solo falta para mi felicidad á orillas del Rhin, el poder estrechar tu mano entre las mias.

3.—»Te envío los lirios que me han dado: bien sé que se habrán ya marchitado mucho antes que tú los puedas tocar; no los desprecies, sin embargo, pues les he mirado con placer, pensando que tús ojos pueden verlos tambien; quizás ellos conduzcan asimismo tú alma junto á la mia, cuando sepas que estas ajadas flores fueron cogidas á orillas del Rhin y ofrecidas por mí corazon á tú corazon.

4.—»El rio, cubierto de espuma, se aleja con majestad; á cada recodo sus olas inmensas descubren nuevos lugares á cual más risueños. ¿Cual es el mortal que no limitaria sus deseos en ver delizarse

las siete montañas, á orillas del Rhin. Va arruinándose y está unido á singulares tradiciones. Es lo primero que se descubre desde el camino viniendo de Bonn; sin embargo, se encuentra á la otra parte del rio. Delante se ven las ruinas de otro castillo llamado del Judío, y una cruz colosal que allí se fijó con motivo de la muerte de un noble asesinado por su hermano. El número de los castillos que se ven á ambas orillas del Rhin es muy considerable y su situacion en estremo pintoresca.

aquí todos sus dias? ¿En donde encontraria yo sobre la tierra un sitio tan caro á la naturaleza y á mi corazon..... si estuvieras tú á mi lado en tanto que mis ojos siguiesen la corriente del Rhin?»

LVI.   No léjos de Coblentza una sencilla pirámide corona un cerro de césped; bajo su base descansan las cenizas ¡de un héroe. Fué uno de nuestros enemigos, pero no por esto dejaremos de rendir homenaje á la memoria de Marceau. Sobre la tumba de este jóven guerrero, derramaron lágrimas los feroces soldados, lamentando y envidiando el destino del que vivió para la Francia y combatió para defender sus derechos.

LVII.   ¡Ay! ¡su vida fué tan corta como gloriosa! ¡Viéronse dos ejércitos concurrir á sus exequias y en ellas vióse llorar á sus amigos y á sus enemigos! Deténgase el estranjero ante su sepulcro y ruegue por el descanso de esta alma valerosa: Marceau fué el campeon de la libertad, y del corto número de los que no abusan del poder terrible que ella dá á los hombres que empuñan las armas en su nombre. Marceau habia conservado la pureza de su alma, y fué llorado (1).

(1)   El panteon del jóven géneral Marceau (muerto en Altenkirchen el dia último del año IV de la república francesa) existe todavía tal como lo he descrito.

Las inscripciones que en él se hallan grabadas son escesivamente largas: bastaba con su nombre. Los franceses le adoraban, sus enemigos le admiraban: unos y otros lloraron su muerte. Asistieron á sus funerales jefes y destacamentos de ámbos ejércitos. El general Hoche está enterrado en el mismo sepulcro. Hoche era tambien un valiente, en toda la estension de la palabra; pero aunque se habian distinguido en los combates no alcanzó la felicidád de morir en uno de ellos. Se supuso que murió envenenado.

Levantóse á Hoche un panteon separado (que no contiene su cuerpo, pues fué sepultado con el de Marceau) cerca de Andernach. Este lugar fué el teatro de uno de sus más memorables hazañas, cuando echó un puente sobre el Rhin. El pan-

LVIII. Pero descubrí á Ehrenbreitstein (1) cuyas murallas, medio arruinadas y ennegrecidas por la explosion de la mina, atestiguan lo que era esta formidable ciudadela cuando, resistiendo todos los asaltos, aguantaba sin comoverse el fuego de la artillería que derribaba sus murallas. ¡Torre cara á la victoria! desde lo alto de este peñasco viéronse huir los enemigos rechazados en la llanura. Sin embargo, lo que no logró destruir la guerra, la paz lo ha destruido; ella ha entregado á las lluvias del estío estas orgullosas bóvedas que habian desafiado durante muchos siglos las granizadas de balas.

LIX. ¡Adios, hermoso rio Rhin, el estranjero se aleja con sentimiento de tús riberas! ¡Cuan dulce ha de ser para dos almas unidas, ó para la contemplacion solitaria, el estraviarse en tan encantadores lugares!

teon no tiene ni el estilo ni la forma del de Marceau; la inscripcion es muy sencilla y me gusta más.

EL EJÉRCITO DE SAMBRA Y MOSA

A SU GENERAL EN JEFE

HOCHE.

Hélo aquí todo, y basta.

Hoche ocupaba el primer rango entre los generales franceses, de los primeros tiempos de la república, antes de que Bonaparte, hubiera monopolizado sus triunfos. Se le habia destinado al mando del ejército que debia invadir la Irlanda.

(1) Ehrenbreitstein, esto es, la gran piedra del honor, era la ciudadela más fuerte que hubo en Europa: los franceses la desmantelaron y la hicieron volar en la tregua de Léoben. No podia ser tomada sino por hambre ó por traicion. Rindióse al hambre, secundada por una sorpresa. Cuando se han visto las fortificaciones de Malta y de Gibraltar asombra ménos el aspecto de Ehrenbreitstein; el general Marceau le puso sitio por espacio de algun tiempo, sin lograr apoderarse de ella. En un aposento, en que dormí, se me enseñó la ventana á la que se habia asomado Marceau para observar á la luz de la luna, los adelantos del sitio, cuando una bala fué á clavarse en aquel momento debajo de él.

¡Ah! si los inexorables buitres del remordimiento pudiesen un dia abandonar el corazon en que han hecho presa, seria aquí donde la naturaleza, salvaje sin rudeza, imponente sin severidad, es respecto á las demás comarcas de la tierra, lo que el otoño para las estaciones.

LX. Una vez más adios; ¡pero en vano! no hay despido posible para un lugar semejante: el alma guarda el recuerdo de todo lo que ha visto; y si renuncian los ojos al encanto de contemplarte ¡oh, el más hermoso de los rios! su última mirada expresa el reconocimiento y la admiracion. Pueden existir países más poderosos y otros más bellos, pero ninguno reune al igual que estos pintorescos sitios, la belleza, la dulzura y los gloriosos recuerdos de otros tiempos,

LXI. la grandeza y la sencillez, los tesoros de una fértil campiña, los resplandecientes muros de las ciudades, las majestuosas olas, los precipicios horribles, el verde manto de los bosques, los castillos góticos, y estos áridos peñascos parecidos á torres que desafian á la arquitectura de los hombres á que les igualen. Los francos rostros de un pueblo feliz añaden un encanto más á estos lugares, cuyos beneficios son eternos, y en los cuales resuena la caida de los vecinos imperios, sin entristecer su aspecto.

LXII. Pero están léjos ya. Sobre mí cabeza se vén los Alpes, palacio de la naturaleza, cuyas vastas murallas elevan sus blanquizcas almenas hasta las nubes; palacio sublime, de un hielo eterno, donde se forma el rayo de nieve, el alud. Todo lo que espanta y al mismo tiempo engrandece el alma, se halla reunido sobre éstas antiguas cumbres. Parecen demostrar hasta que punto puede la tierra acercarse al cielo, dejando aquí abajo al orgulloso hombre.

LXIII. Sin embargo, ántes de atreverme á franquear estos montes, que no tienen igual, hay un lugar que merece que me detenga; ¡es un campo de batalla consagrado por el patriotismo! Morat, en el que puede el hombre contemplar los horribles trofeos de la victoria sin avergonzarse por los vencedores. Aquí fué donde abandonó la Borgoña á sus soldados sin darles sepultura; su único panteon fué el formado con sus huesos, los cuales permanecieron amontonados por espacio de muchos siglos. Privados del reposo que conceden las honras fúnebres, sus sombras andan errantes por las orillas de la laguna Estigia, exhalando dolorosos gemidos (1).

LXIV. Mientras que Waterlóo disputa su cruel matanza á la de Cannas, unidos los nombres de Morat y de Maraton, pasarán juntos á la posteridad coronados por la verdadera gloria. Estos dos triunfos lo son sin mancha, á los ojos de la humanidad. La ambicion no guiaba á los vencedores; era un ejército de ciudadanos, de hermanos, de hombres libres, y no de soldados mercenarios, combatiendo á la sombra de un estandarte real, para servir los vicios de su señor. Ningun país fué por ellos condenado á deplorar la blasfemia de estas leyes dignas

(1) La capilla está arruinada y la pirámide de huesos ha disminuido mucho por las legiones borgoñesas, que se hallaban al servicio de la Francia, y habian tomado á pecho el hacer desaparecer este recuerdo de la derrota de sus antepasados. Quedan todavía huesos, á pesar de todo su empeño; (cada borguiñon que pasaba por allí llevábase uno á su país) y de los hurtos ménos disculpables los de los postillones suizos, los cuales se los llevaban para venderlos; como estaban muy blancos eran en extremo buscados para hacer de ellos mangos de cuchillo. Héme permitido el llevarme cerca de la cuarta parte de los huesos que componen el esqueleto de un héroe: para excusar este sacrilegio, diré únicamente, que si yo no lo hubiese cometido, el primero que hubiera pasado se habria hecho culpable del mismo, y por cierto, con un fin profano, al paso que yo conservaré estas reliquias con religioso cuidado.

de Dracon, que proclaman divinos los derechos de los monarcâs.

LXV. Junto á un muro solitario, una columna más solitaria aun, levanta su melancólica y centenaria cabeza. Es un último resto del estrago de los años. Parécese á un desgraciado á quien hubiese petrificado el terror, y cuyo estraviado gesto manifestase todavía el sentimiento de la vida. Asombra el ver subsistir esta columna, en tanto que el Aventicum (1), orgullosa capital de la Helvecia, ha cubierto con sus escombros sus antiguos dominios.

LXVI. Aquí es donde Julia... ¡Ah! ¡ojalá que este tan dulce nombre, sea siempre un nombre sagrado! Aquí es donde Julia, la heroina del amor filial, sacrificó al cielo su juventud. Su corazon era de aquel cuyos derechos, despues de los de la Divinidad, son sobre nosotros omnipotentes. Su corazon se destrozó sobre la tumba de su padre. La Justicia ha jurado no dejarse enternecer jamás: las lágrimas de Julia no pudieron obtener la vida del adorado autor de sus dias; y no pudiéndole salvar, murió con él. Su sepulcro fué sencillo y sin adorno alguno; su urna no encierra sino un corazon reducido á polvo (2).

(1) Aventicum, era la capital dela Helvecia romana. Hoy dia es Avenches, situada cerca de Morat.

(2) Julia Alpinula, jóven sacerdotisa, murió poco tiempo despues que su padre, condenado á muerte por traidor, por Aulus Cæcina, y despues de haber intentado en vano alcanzar su perdon. Ha sido descubierto su epitaflo al cabo de muchos años; hélo aquí:

Julia Alpinula
Hic jaceo,
Infelicis patris infelix proles,
Deœ Aventiœ sacerdos;
Exorare patris necem non potui,
Malè mori in fatis illi erat.
Vixi annos XXIII.

Nada conozco más patético que esta inscripcion; ninguna

LXVII.   Estos son actos cuya memoria debería ser eterna, y nombres que no deben perecer jamás, aunque la tierra olvide justamente los imperios que se levantan y se derrumban, los pueblos conquistados y sus tiranos. La sublime é imponente majestad de la virtud debería sobrevivir y sobrevivirá á sus infortunios; desde el santuario de su inmortalidad brillará á los rayos del sol sobre las cosas de este mundo, al igual que esta nieve (1) pura é imperecedera que corona la cima de los Alpes.

LXVIII.   El lago Léman me sonríe con su frente de cristal, espejo en el que las estrellas y las montañas admiran la calma de su aspecto, sus cimas elevadas y sus resplandecientes colores. Encuentro aquí demasiadas huellas del hombre para que pueda contemplar con recogimiento todo cuanto veo de grande; muy pronto la soledad despertará en mí alma pensamientos un instante olvidados, pero que no me son por esto ménos caros que lo eran ántes de entrar de nuevo en el rebaño de los hombres, y de verme condenado á vivir en el redil.

LXIX.   Para huir de los hombres no es necesario odiarlos; no todos son aptos para agitarse entre ellos y tomar parte en sus trabajos. No es manifestarles un lúgubre desden el contener su corazon, por temor de que sea entre la multitud la víctima de una fie-

---

historia me ofrece un interés más real. Hé ahí nombres y acciones que no debieran ser jamás olvidados; se les recuerda siempre con consoladora emocion, cuando desviamos nuestra atencion del confuso cuadro de las batallas, el cual excita alguna vez una especie de falsa simpatía viniendo en pos de ella un verdadero disgusto, efecto de esta pasajera embriaguez.

(1)   Escribo esto frente el Mont-Blanc (3 de Junio de 1816), el cual aun á esta distancia deslumbra mis ojos.—(20 de Julio). En este dia he observado por algun tiempo y distintamente, lo reflexion del Mont-Blanc y del monte Argentino, en el lago Léman. Lo he atravesado en mí góndola. Distan estas montañas del lugar en que se reflejan, sesenta millas.

bre ardiente y siempre fatal: ¡ay! demasiado tarde y por mucho tiempo se deplora la necesidad de luchar contra el contagio y de pasar de un infortunio á otro infortunio, en medio de un mundo enemigo, en el que todos somos débiles.

LXX. Allí nos basta un momento para sumirnos en un fatal pesar. Nuestra alma angustiada convierte en lágrimas toda nuestra sangre y pinta el porvenir con los colores de la noche. El viaje de la vida no es más que una fuga sin esperanza para los que caminan entre tinieblas. En la mar, el navegante más atrevido vá bogando siempre hácia un punto conocido; pero en el océano de la eternidad, se encuentran pilotos descarriados, cuya barca corre al azar, sin que nunca logren echar anclas.

LXXI. ¿No es más prudente estar solo, amando la tierra por sus encantos terrenales, ya sea cerca los lugares en donde nacen las primeras olas del azulado Ródano (1), ya á orillas del lago que alimenta el jóven rio, cual prodiga una madre su amor á un hijo indócil y acalla sus gritos con sus caricias? ¿No es más prudente pasar así nuestra vida en un retirado sitio, que confundirnos entre la multitud para venir á ser opresores ú oprimidos?

LXXII. No vivo ya para mí mismo, viniendo á ser como una parte de lo que me rodea. Las elevadas montañas me inspiran simpatía y el ruido de las ciudades es un tormento para mí. La única cosa que me parece aborrecible en la naturaleza es el constituir, á pesar mio, un anillo en la cadena de los séres y el verme clasificado entre las criaturas, cuando mi alma puede remontar su vuelo y confundirse con los cielos, con la cumbre de los montes, con la mo-

---

(1) El color de las aguas del Ródano, en Ginebra, es de un azul tan subido cual no lo haya jamás observado en agua alguna, dulce ó salada, esceptuando el mar Mediterráneo del Archipiélago.

POEMA DE LORD BYRON.

vediza llanura de los mares y con las estrellas de la azulada bóveda.

LXXIII.   Absorto en estos pensamientos es como creo vivir. Miro el populoso desierto de este mundo, cual un lugar de pruebas y de dolores, al que he sido sin duda desterrado para expiar algun crímen; creo, por fin, salir de él, con el ausilio de unas alas que me parecen ya vigorosas y capaces de aventajar á las del furioso huracan; en mi ambicioso vuelo desprecio los lazos de arcilla que retienen cautivo nuestro sér.

LXXIV.   Ah! el dia que mí alma esté completamente libre de esta odiosa forma y no conserve de su primera vida material sino lo que queda á la mariposa, que momentos ántes no era más que un gusano; cuando se junten los elementos con elementos semejantes y no sea el polvo otra cosa que polvo, ¿acaso no veré realmente, y sin engañarme, todo lo que creo ver ahora, los espíritus aéreos, el pensamiento incorpóreo y el génio de cada tiempo, de cuya inmortal existencia participo ya alguna vez?

LXXV.   Las montañas, los mares y los cielos, ¿no son acaso una parte de mi alma, al igual que yo soy una parte de ellos mismos? el amor que me inspiran, ¿no se conserva puro dentro mí corazon? ¿Que objeto no seria despreciable si lo comparase á estas sublimes creaciones? ¿No arrostraré todas las desgracias ántes que renunciar á estos sentimientos por la fria y dura apatía de esos hombres, cuyos ojos permanecen clavados en la tierra y cuyo pensamiento jamás anima un noble ardor?

LXXVI.   Pero me separo de mí objeto; vuelvo, pues, á los lugares que canto: que los que gusten soñar sobre una tumba funeraria contemplen conmigo la de un génio, que en su dia despidió solo llamas y que nació en el país, cuyo aire puro respiro un instante; quiso llenar el mundo con su gloria; ¡loca ambicion, á la que sacrificó todo su reposo!

LXXVII. Aquí fué en donde comenzó Rousseau su vida de infortunios; Rousseau, sofista ingenioso para atormentarse á sí mismo, apóstol de la melancolía, que pintó la pasion con mágico encanto é hizo hablar al dolor con irresistible elocuencia. Supo, no obstante, presentarnos admirable el delirio y revestir las acciones y los pensamientos culpables con un celeste colorido de expresiones que nos deslumbran como los rayos del sol y que, como ellos, hacen derramar tristes é involuntarias lágrimas.

LXXVIII. Era su amor la esencia de la pasion;—esta fué una llama etérea que inflamó y consumió su corazon semejante á un árbol abrasado por el rayo; pero su amor no se dirigia á una dama que viviera ni á una amiga que hubiere bajado á la tumba y que vuelve á visitarnos en nuestros sueños; fué el amor de una belleza ideal, por él creada, que se difundió por sus ardientes páginas, por estraño que parezca semejante amor.

LXXIX. Este sentimiento se personificó en Julia, y le dió todo lo que la pasion tiene de desordenada y dulce: allí era donde todas las mañanas iban á recoger sus lábios en los de una mujer, que se lo concedia solo con el sentimiento de la amistad, aquel beso para él tan caro; pero este dulce contacto inflamaba la chispa que comunicaba á sus sentidos y á su corazon, el voraz fuego del amor. Rousseau, absorto en un suspiro, fué más feliz quizás de lo que lo son los amantes vulgares al llegar á poseer cuanto desearan (1).

_____

(1) Alusion al pasaje de las *Confesiones* de J.-J. Rousseau, en el cual habla de su pasion por la señora de Houdetot y del largo paseo que daba todas las mañanas para obtener el único beso que le otorgaba la condesa al saludarle. La descripcion de los sentimientos que experimentaba entonces, puede

LXXX. Su vida entera fué una contínua lucha contra enemigos que él mismo se forjaba, ó amigos por él rechazados. La sospecha, que habia tomado asiento en su alma, exigia el cruel sacrificio de los que le amaban y eran el blanco de sus ciegos resentimientos.

Sin embargo, deliraba... ¿quien podria adivinar la causa? Habia sido extraviado por la enfermedad ó por la desgracia; y su locura era de la especie más funesta, de aquella que se presenta bajo la apariencia de la razon.

LXXXI. Pero entonces estaba inspirado; y de su solitario retiro, salieron, como en otro tiempo de la misteriosa cueva de la Pitonisa, esos oráculos que abrasaron el mundo, ese incendio que no se extinguió sino cuando los reinos hubieron dejado de existir. ¡Este ha sido el destino de la Francia! La Francia, durante muchos siglos, habia doblado su cabeza al yugo de la tiranía. Castigada y trémula sufrió la servidumbre en silencio, hasta el dia en que Rousseau y los que con él se atrevieron á levantar la voz, despertaron á ese pueblo adormecido y le inflamaron de ese furor demasiado violento que sigue á una larga opresion.

LXXXII. Levantóse este pueblo un monumento horroroso con los restos de las antiguas preocupaciones y de opiniones tan viejas como el mundo. Atrevióse la Francia á rasgar el velo y á exponer, á los ojos de toda la tierra, el secreto que hasta entonces habia él ocultado; pero derribó lo bueno, y lo malo, y no dejó sino ruinas. ¡Ay! sobre los mismos cimientos muy pronto nuevos calabozos y nuevos tronos

conceptuarse como la pintura más apasionada del amor. Sin embargo, las impresiones del amor son tales, que siempre serán insuficientes las palabras, para expresarlas: un cuadro no puede representar el océano sino de un modo imperfecto.

reemplazaron á los antiguos, pues la ambicion no piensa más que en sí misma.

LXXXIII. Sin embargo, el despotismo no puede ser eterno! Los hombres han conocido su fuerza, y á su vez la han hecho conocer. Hubieran debido hacer de ella mejor uso; arrastrados por su nuevo vigor se han entregado á golpes demasiado violentos; la dulce piedad ha dejado de enternecer los corazones. ¿Podemos asombrarnos de que hayan equivocado su presa, porque alimentados en la tenebrosa morada de la opresion, no estuviesen acostumbrados á los rayos del sol como los aguiluchos enseñados por su madre?

LXXXIV. ¿Cuales son las heridas profundas que pueden cerrarse sin dejar cicatriz? Las del corazon destilan sangre mucho más tiempo que todas las otras y sus huellas horribles no se borran jamás. Los hombres engañados en sus esperanzas y vencidos, callan, pero no están sometidos. El resentimiento guarda silencio en su guarida hasta el instante en que suena la hora de una venganza anhelada por espacio de largos años. Nadie desespere; ha llegado ya, llegará aun el dia que debe dar el poder de castigar ó de perdonar... Pero la venganza raras veces perdona.

LXXXV. ¡Cristalino Léman! el contraste de tú apacible lago con el extenso mundo, en medio del cual he vivido, me advierte que abandone las aguas túrbias de la tierra por una ola más pura. La vela de la navecilla en la cual recorro tú superficie se asemeja á una silenciosa ola que me saca de una vida ruidosa; en otro tiempo me placian los bramidos del Océano furioso; pero tú suave murmullo me enternece como la voz de una hermana que me echara en cara el haber amado en demasía los sombríos placeres.

LXXXVI. Hé aquí llegada la hora de la noche y

del silencio. Desde tús orillas hasta las montañas, todos los objetos están velados por los colores del crepúsculo, y muy pronto estarán confundidos entre las tinieblas; sin embargo, se distinguen todavía todos, exceptuando el Jura, más oscurecido, cuyas cimas parecen escarpados precipios; más junto á tú ribera respiro los dulces perfumes que exhala el cáliz de las flores abiertas apenas. Se percibe el ligero rumor de las gotas de agua que se deslizan de la rama suspendida sobre el lago, mientras que el grillo saluda la noche con sus repetidos cantos (1).

LXXXVII. Es el alegre insecto de las noches que hace de su vida una infancia que pasa cantando: por intérvalos y aunque para al instante, deja un pájaro oir su voz entre los helechos. Parece como que un ligero murmullo está suspendido sobre la colina, pero es solo efecto de la ilusion; porque el rocío, por las estrellas destilado, no interrumpe el silencio de la noche al humedecer el seno de la naturaleza que impregna de la esencia de sus ricos colores.

LXXXVIII. ¡Oh, vosotras, estrellas, que sois la poesía de la noche! si intentamos leer en esta brillante página del libro de la creacion, los futuros destinos de los hombres y de los imperios, debeis perdonarnos nuestra orgullosa ambicion, que se atreve á salvar nuestra esfera mortal y aspira á unirse á vosotras. Poseeis una belleza misteriosa y, desde lo alto de la bóveda celeste, nos inspirais tanto amor y tanta veneracion, que la fortuna, la glo-

(1) Byron, durante su estancia en Suiza, habia fijado su residencia en la casa tan conocida de Diodati, en el lugar de Coligny. Diodati corona la cumbre de un viñedo, de pendiente sumamente rápida; sus ventanas dominan por un lado una magnífica vista del lago y de Ginebra, y por otro, la parte superior del lago. Embarcábase en este todas las tardes el poeta, y á las sensaciones que en él producian esas sus excursiones campestres, se deben estas deliciosas estrofas.

ria, el poder y la vida, han adoptado una estrella por emblema.

LXXXIX. El cielo y la tierra están entregados á una tranquilidad profunda, pero no al sueño; diríase que casi no respiran, como el mortal á quien domina una fuerte emocion y que han enmudecido, como aquel cuyo espíritu está absorto por graves pensamientos.

Desde el silencioso cortejo de los astros de la noche, hasta las montañas y el adormecido lago, todo parece concentrarse en una vida de meditacion, en la que comparte tambien el último rayo luminoso, el aire y el follaje. Todo respira el sentimiento del gran sér creador y sostenedor del mundo.

XC. En semejantes momentos es cuando ménos que nunca nos creemos solos; entonces es cuando se despierta en nosotros la conciencia íntima de lo infinito. Este sentimiento conmueve y purifica todo nuestro sér, y es á la vez el alma y el manantial de una melodía que nos revela la eterna armonía, y derrama un nuevo encanto sobre cada objeto como la fabulosa cintura de Citerea. Bastaria este encanto para desarmar al espectro de la muerte si esta hiriese á los mortales con una arma material.

XCI. ¡Cuanta sublimidad encierra la idea de los primeros persas, de elevar sus altares en las alturas y en las cumbres de las montañas (1), de rogar al

_____

(1) Bueno es recordar que no fué en los templos, sino en las montañas, donde el divino fundador del cristianismo explicó sus más bellas y tiernas doctrinas.

Pero dejemos la religion para citar tan solo la elocuencia humana: no es entre paredes que fueron pronunciados los discursos más brillantes y los que han producido más grande efecto. Demóstenes arengaba á las asambleas populares; Ciceron hablaba en el Foro. Esta circunstancia debia influir mucho en el efecto producido sobre el auditorio por estos oradores célebres, y aun sobre sus propias emociones. Podemos apreciarlo por nosotros mismos, leyendo en nuestras habitaciones: hay efec-

Eterno en un templo sin fausto y sin paredes, considerando indignos de la divinidad los monumentos religiosos levantados por la mano de los hombres!

Comparad la tierra y el aire, estos templos de la naturaleza, con vuestros ídolos y vuestros templos griegos ó góticos y acabareis por no encerrar vuestras plegarias en recintos tan limitados.

XCII. Pero el cielo varía de aspecto; ¡y qué variacion! ¡Oh noche, tempestad y tinieblas, sois maravillosos poderes, pero agradables aun en vuestra fuerza, como la luz que despide el negro ojo de una bella. Retumban lejanamente los ecos del trueno que salta de peñasco en peñasco. No es solo una nube la que encierra el rayo; cada montaña ha encontrado una voz, y de entre los sombríos vapores que le ocultan, el Jura responde á los ruidosos transportes de los Alpes (1).

XCIII. Reina por todos lados la noche: ¡noche gloriosa, tú no fuiste destinada al sueño! Deja que tome parte en tús salvajes placeres, formando parte de la tempestad y de tí. El lago, cual si se hubiera inflamado con los relámpagos, se parece á un fosfórico mar! La lluvia cae á precipitados mares. Pronto se sumerge nuevamente todo en las tinieblas y de súbito la terrible voz de las montañas se deja oir aun, cual si se regocijasen con el nacimiento de un terremoto.

tivamente una gran diferencia entre la impresion que puede causar la lectura de la Iliada, en la tienda de un librero y el efecto que debe sentirse al recorrer las colinas que rodean el puerto de Sigea, ó cuando sentado á orillas de las fuentes que corren al pié del monte Ida, se abarca de una sola mirada la llanura, los rios y el Archipiélago.

(1) La tempestad á que aludo aquí se desencadenó á media noche del 13 de Julio de 1816, en los montes Acroceraunios. He sido testigo de muchas otras más terribles que esta, pero ninguna me pareció tan bella.

XCIV. El Ródano, en su rápido curso, se abre paso entre dos peñascos parecidos á dos amantes separados por el ódio cuando éste ha sucedido al amor: hánse dado un eterno adios y nada puede ya reunirles á pesar de la desesperacion de sus corazones. El mismo amor ha inspirado los celosos transportes que marchitan la flor de su juventud. Al huir deja á sus frias almas un siglo de tristes inviernos y todos los tormentos de una guerra interior.

XCV. Braman las más furiosas tempestades sobre estas elevadas roca , numerosas exhalaciones, que como incendiadas flechas, cruzan por todos lados, anuncian que muchos huracanes han declarado la guerra á la noche.

Contra estas montañas escarpadas, dirige sus rayos el más temible, como si previese que donde la destruccion ha cometido tantos estragos, el fuego celeste puede devorar impunemente.

XCVI. Cielos, montañas, rio, vientos, lago, yo poseo un alma capaz de comprenderos! la noche, las nubes y los resplandores del rayo pueden inspirarme; el eco lejano de la tempestad es una voz que se dirige, á lo que en mí siempre vela,... si es que nunca gozo un solo instante de reposo. Pero, ¿cual es ¡oh tempestades! el término de vuestra vagabunda carrera? ¿sois, acaso, como las nacidas en el humano corazon, ó hallareis por fin como las águilas un elevado asilo?

XCVII. Si pudiese dar cuerpo á mis más íntimos pensamientos, si pudiese revestirlos de una expresion material y pintar con sola una palabra mí alma, mí corazon, mí espíritu, mís pasiones, así en su fuerza como en su debilidad; lo que he perseguido y persigo aun, lo que sufro, lo que sé, todo lo que experimento sin que me cause la muerte, esta única palabra seria el rayo. Hablaria. Pero vivo y muero sin revelar mí secreto; faltan palabras á mí pensamiento, parecido á la espada que permanece en la vaina.

XCVIII. Húmeda por el rocío, reaparece la aurora; su aliento es un delicioso perfume; las rosas coloran sus mejillas; su sonrisa rechaza dulcemente á las nubes y esparce por doquier la luz y la vida, como si la tierra no guardara en su seno ni una tumba. Podemos proseguir el curso de la existencia. Aun me hallo en tús orillas, hermoso Léman. ¡Cuantos objetos se ofrecen á mís ensueños! ¡que delicioso paisaje sobre el que pueden reposar mís encantados ojos!

XCIX. ¡Clarens, amado Clarens, cuna del verdadero Amor! el aire que junto á tí se respira es el hálito tierno de aquel dios que embellece tús florestas. La nieve que corona estos ventisqueros se ha revestido de tús más sonrientes colores, y los rayos del sol poniente le dán un sonrosado tinte y gozan reposando en su seno. Las rocas, respetadas por el tiempo, hablan aquí de amor y nos recuerdan que le sirvieron de refugio, al huir aquel los cuidados y las engañosas esperanzas de un mundo pérfido é inícuo.

C. Amado Clarens! tús sentimientos conservan las huellas de los celestiales pasos del amor; este posee aquí un trono al que sirven de gradas las montañas: aquí brilla su antorcha con vivificadora claridad, pero su imperio se estiende más allá de las grutas y de los bosques de estos lugares. Las flores le deben toda su brillantez; su aliento creador iguala en poder al de la tempestad, y su bienhechora dulzura repara en un momento los más terribles estragos.

CI. Todo aquí proclama su poderío, desde los sombríos pinos, las rocas que les prestan sombra, la ronca voz de torrentes que encanta sus ensueños, hasta la viña que engalana de verdes pámpanos la suave colina que conduce á la ribera, donde las respetuosas aguas que acarician sus piés, la acogen con armoniosos murmullos. El soto, cuyos árboles por la vejez encanecidos, están coronados por un follaje fresco como el placer, ofrece á él y los suyos una poblada soledad.

CII.   Una soledad poblada de abejas y pájaros de graciosas formas y plumaje de mil colores. Celebran al dios de los amores, y la melodía de sus sonidos es más dulce que la del canto ¡del hombre: huéspedes inocentes de las selvas, 'revolotean libre y alegremente; el dulce murmurio de las juguetonas fuentes, la caida de las cascadas, el estremecimiento de las hojas, el boton de rosa que trae á la memoria los encantos de una jóven belleza, todo, en estos lugares, parece ser creado por el mismo amor.

CIII.   Aquel que nunca haya amado, veríase obligado á reconocer aquí al dios de los tiernos misterios y acabaria por creer en su poder; el que ha sufrido ya sus leyes, amaria mucho más. Este es el santuario donde el amor halla un asilo léjos de las persecuciones de los hombres y de los cuidados del mundo; porque está en su naturaleza el acrecentarse ó morir, no pudiendo permanecer en una calma impasible; el amor decrece ó se eleva hasta la felicidad eterna, inefable, que puede competir con los celestes arrobamientos.

CIV.   Ah! si Rousseau escogió esta morada, con preferencia á toda otra, para instalar en ella á dos apasionados amantes, fué porque la reconoció como la destinada por el Amor, á los séres purificados por la imaginacion. Aquí, el dios niño,¡desató en otros tiempos el ceñidor de Psiquis, haciendo del mismo una nueva diosa. ¡Soledad imponente y profunda, que encantas todos nuestros sentidos á la vez! aquí el Ródano ha estendido su lecho y han elevado su trono los Alpes.

CV. Lausana! Ferney! vuestros nombres nos recuerdan los de aquellos que os han hecho célebres! (1) En vuestro seno acogisteis á los mortales que persiguieron la gloria, por senderos peligrosos; espíritus gigantescos, que en sus orgullosos designios, pretendieron, como los titanes, desafiar de nuevo al cielo con sus audaces pensamientos é impías dudas, que atrajeran el rayo sobre su cabeza, si el hombre y sus ultrajes, pudiesen merecer del ciclo algo más que una sonrisa.

CVI. Era el uno todo inconstancia y todo fuego, como un niño raro en sus deseos; pero dotado del espíritu más vario, ora gozoso, ora grave, inspirado por la locura ó por la prudencia, historiador, poeta, filósofo, verdadero Proteo del génio, se multiplicaba entre los hombres; así atacaba á la ignorancia como estremecia los tronos, siendo su arma favorita el ridículo que, cual un caprichoso huracan, lo derriba todo á su paso.

CVII. El otro, ménos vivo y más grave, lo profundizaba todo, y consagró sus años al estudio de la sabiduría; amante de la meditacion y rico de ciencia, hizo uso de armas más severas, y gran maestro en el arte de la ironía, se sirvió de su reflexivo desprecio para minar un culto solemne. La fuerza de sus sarcasmos, escitaba el ódio y el temor en el corazon de sus enemigos; estos se vengaron condenándole al infierno: tal es el gran argumento que, para contestar elocuentemente á todas las dudas, emplean los devotos.

CVIII. ¡No turbemos la paz de sus cenizas! Si merecieron la venganza del cielo, sufren su castigo. No es á nosotros á quien toca juzgarles, y ménos, pronunciar su condena; llegará la hora en que nos

(1) Voltaire y Gibbon, que vivieron respectivamente en dichas poblaciones.

serán revelados los misterios de la muerte. Unidos el terror y la esperanza, reposan en el polvo de la tumba, y cuando, según nuestras creencias, venga la vida á reanimarnos, la clemencia ó la justicia divinas perdonará ó reclamará á los culpables.

CIX.   Pero abandonemos las obras del hombre, para contemplar un momento aun las de su creador, esparcidas en torno mio; suspendamos estas páginas, llenas, hace tiempo, por mís ensueños. Las nubes agrupadas sobre mí cabeza coronan las blancas cimas de los Alpes. Quiero penetrar en ellos y contemplar cuanto puede descubrir mi vista, al trepar hácia esas altas regiones, donde los poderes aéreos acarician á la tierra.

CX.   ¡Oh, Italia, Italia! á tú aspecto el repentino resplandor de los pasados siglos deslumbra mí alma. Desde el dia en que el orgulloso cartaginés estuvo á punto de conquistarte, hasta el siglo de tús últimos héroes y sábios romanos que ilustran tús anales, tú fuiste trono y sepulcro de los imperios; y aun hoy, el mortal sediento de ciencia, vá en busca de su eterna fuente á las siete colinas que la Roma imperial guarda en su recinto.

CXI.   Pero interrumpo aquí un asunto bajo malos auspicios continuado: conocer que no existe lo que ha sido y debería ser, armar su corazon contra sí mismo, esconder, con orgullosa prudencia, á todas las miradas, su amor ó su aborrecimiento, su cólera ó su ternura, sus penas ó sus placeres; tiranizarse y tiranizar sus propios pensamientos; ¡que tarea tan cruel para el alma! pero esto es hecho, la prueba ha terminado para mí.

CXII.   Mís versos son un inocente artificio, un colorido prestado á los objetos que han pasado ante mís ojos, de los que hubiera querido apoderarme, fijarlos y encantar con ellos un instante el tédio ageno y propio. La juventud tiene sed de gloria, pero no soy tan jóven para que considere la sonrisa ó el desden del mundo, como una recompensa ó una pérdida dignas de envidia. Siempre estuve solo y continúo estándolo... que se acuerden de mí, ó que me olviden.

CXIII. Nunca tuve cariño al mundo y nunca fuí por él amado. Jamás obtuve sus votos; nunca se me vió doblar la dócil rodilla ante sus ídolos, obligar á sonreir á mí frente, ó unirme al eco de los aduladores. Viví como extraño entre la multitud; entre los hombres parecia un sér de especie diferente; envuelto en el sombrío velo de mís pensamientos, bien diferentes de los de mís semejantes, seria aun el mismo, sino hubiese logrado moderar y dominar mí alma.

CXIV. Jamás, jamás tuve cariño al mundo; jamás el mundo me lo tuvo á mí; separémonos, pues, como dos generosos enemigos. A pesar de mí experiencia, quiero creer que se dice algo de verdad, que se esperanza alguna vez sin engañarse, que existen indulgentes virtudes que se apartan de preparar emboscadas á la fragilidad. Quisiera creer que existen desgracias capaces de arrancar lágrimas sinceras á la amistad; quisiera creer que dos ó tres mortales casi parecen lo que en realidad son: quisiera creer que la bondad es algo más que una palabra y la dicha algo más que un sueño.

CXV. ¡Oh, hija mia! Ada querida, con tú nombre dió principio este canto y con tú nombre terminará. Ni te veo, ni te oigo, pero, ¿quien mejor que yo podria identificarse contigo? Hácia tí, tan solo, se proyectan las sombras de mís futuros años: aunque ya no vuelvas á ver mí róstro, en tús ensueños oirás mí voz, que descenderá hasta el fondo de tú corazon, cuando el mio estará helado por la muerte. Tú oirás paternales acentos, brotar de entre las inanimadas cenizas de tú padre.

CXVI. Ayudar al desenvolvimiento de tú alma;

espiar la aurora de tús primeras infantiles alegrías; sentarme á tú lado para verte casi crecer á mí vista, y conocer cada uno de los objetos que son aun para tí una maravilla, arrullarte dulcemente sobre mís rodillas, imprimir en tús lábios un beso paternal!... Sin duda no se crearon para mí tan tiernos cuidados... sin embargo, estaba en mí naturaleza gozar de ellos, y tal cual soy hoy en dia, no sé lo que en mí existe, pero me figuro reconocer un algo interno que me obliga á pensar así.

CXVII. Aun cuando el ódio se te impusiera como un deber, sé que no dejarias de amarme; en vano se te prohibiria pronunciar mí nombre cual si él fuese una de esas mágicas palabras de siniestro presagio, ó como un título al que ya no se respeta; en vano, entre nosotros dos, se interpondria la tumba; no importa: sé que me amarás siempre; y en vano seria que gota á gota exprimiesen mi sangre de tús venas; esta te seria más preciosa que la vida, y no podrias dejar de quererme.

CXVIII. Hija del amor, aunque nacida en dias de amargura y crecida entre las angustias del dolor; tales fueron los elementos del corazon de tú padre y tales son tambien los tuyos; pero el fuego que alimenta tú vida se templará prometiéndote más nobles esperanzas. ¡Paz á la cuna, donde reposa tú niñez! Ya me sirva de asilo la llanura del mar, ó la alta cima de las montañas, pienso á veces suspirando, en enviarte desde allí tanta felicidad como podria deberte.

FIN DEL CANTO TERCERO.

Á JUAN HOBHOUSE,

ESQ. A. M. F. R. S. etc. (1)

Mí querido Hobhouse: Despues de un intérvalo de ocho años, que media entre la composicion de los primeros cantos del *Childe-Harold* y la del último, la conclusion de este poema vá á someterse al juicio del público. Al separarme de un antiguo amigo, no es extraño que me dirija á otro todavía más antiguo y más querido, que ha visto el principio y el fin del primero: al que con su esclarecida amistad, y me atrevo á decirlo sin creerme un ingrato, ha tenido para mí un encanto superior á todo la gloria que deba á *Childe-Harold;* al que fué tanto tiempo mí compañero de viaje y cuya solicitud jamás me abandonó en mis enfermedades; al amigo siempre pronto á afligirse por mis penas, y á alegrarse por mí buena suerte; franco en sus consejos, partícipe voluntario de mís

---

(1) Maestro en Artes, miembro de la Sociedad real, etc., etc.

peligros, al amigo á menudo puesto á prueba y siempre fiel: á vos, en fin.

Y paso de la ficcion á la realidad: este poema es la más estensa y la más meditada de mis obras. Al dedicároslo hoy, completo ya, ó por lo ménos terminado, deseo honrarme, una vez más, con la antigua intimidad de un hombre notable por su talento, su saber y sus nobilísimos sentimientos. No se hizo para nuestras almas la adulacion; pero siempre se permitieron á la amistad, las alabanzas sinceras. Ni por vos, ni por los demás, enumero aquí vuestras buenas cualidades, ó mejor dicho, lo que á ellas debo, lo hago, sí, por aliviar un corazon que poco acostumbrado á la benevolencia de los hombres no puede ver friamente la que le demuestra un generoso amigo. El dia de la fecha de esta carta, aniversario de la más dolorosa de mis desgracias, que no logrará turbar mí tranquilidad futura mientras me consuele vuestra amistad y sea yo dueño de mí razon, será en adelante para nosotros fuente de los más agradables recuerdos. Nos recordará esta sencilla muestra de reconocimiento que quisiera consagraros en memoria del poco comun y constante afecto conque me habeis honrado. ¿Quien más digno de él sin tener más ventajosas ideas de la especie humana y de sí mismo?

Juntos hemos recorrido, en épocas diversas, aquellos países que la caballería, la fábula y la historia han hecho célebres: juntos hemos recorrido la España y la Grecia, el Asia Menor y la Italia. Venecia y Roma han sido recientemente para mí, lo que hace algunos años fueron Atenas y Constantinopla para los dos. Tambien mí poema ó mí peregrino, ó uno y otro si se quiere, me han acompañado siempre. Quizás se hallará escusa para la vanidad que me trae á hablar siempre de mis versos, ¿podria no tener cariño á un poema que me liga en cierta manera á los lugares que me inspiraron y á los objetos que procuré describir? Sin duda parecerá poco digno de aquellas mágicas y memorables comarcas. Muy por debajo de la idea que se forma de los objetos nunca vistos, aparecerá como un débil bosquejo para aquel que lo compare con sus inmediatas impresiones. Sin embargo, en aras de mí respeto á todo lo venerable y de mí entusiasmo por todo lo glorioso, la composicion del *Childe-Harold* ha sido para mí un manantial de alegrías. Solo con pesar me separo de él, pesar que, despues de lo que he sufrido no me creia susceptible de esperimentar por objetos imaginarios.

Por lo tocante á este último canto del Poema, *El Peregrino,* aparecerá en su trascurso ménos á menudo que en los cantos anteriores: llegará á confundirse con el autor, hablando en su propio nombre. En vano he tratado de separarlos: ninguno de los dos queríamos distinguir la línea divisoria que nos separaba. Como el chino del *Ciudadano universal,* de Goldsmith, á quien nadie queria reconocer por tal chino, en vano pretendia haber establecido una distincion entre el peregrino y el poeta: el mismo cuidado que ponia en conservar esta diferencia y la contrariedad de qué siempre fuera inútil, perjudicaban tanto á mí inspiracion que resolví prescindir de ella, como lo he hecho. Las opiniones que se hayan formado ó que se formen en adelante con tal motivo, son hoy completamente indiferentes. Júzguese la obra y no el escritor. El autor, que no posee otros medios más que la pasajera ó permanente reputacion debida á sus primeros triunfos literarios, ha de correr la suerte de todo escritor.

En el trascurso de este canto, ya en las notas ó ya en el texto, me habia propuesto decir algo sobre el estado actual de la literatura italiana, y aun de las costumbres de aquella comarca, pero reducido á los

límites que me impuse, me hallé con que el texto
era apenas suficiente para trazar el variado cuadro
de los objetos exteriores y las reflexiones que inspiran. En cuanto á las notas, escepcion hecha de algunas, las más cortas, os las debo á vos, querido
Hobhouse: y me he visto obligado á limitarlas á la
explicacion que exige el texto (1).

De todas maneras, es empresa bastante difícil y
delicada disertar sobre la literatura y las costumbres de una nacion tan poco parecida á sí misma.
Tal trabajo exige una atencion y una imparcialidad
que nos obligarian á desconfiar de nuestros juicios,
ó por lo menos á aplazarlos para discutirlos más de-
tenidamente; sin embargo, ni vos ni yo pertenece-
mos á la clase de los frívolos observadores, y podemos creernos bastante familiarizados con la lengua
y los usos del pueblo, en el que últimamente hemos
permanecido por tanto tiempo. En literatura como
en política, el espíritu de partido se manifiesta tan
apasionado, que le seria casi imposible á un extranjero ser imparcial. Bastará, pues, citar aquí la hermosa lengua italiana: *Mi pare che in un paese tutto
poetico, che vanta la lingua più nobile ed insieme la più
dolce, tutte le vie diverse si possono tentare; e che
sinchè la patria di Alfieri e di Monti non ha perduto
l' antico valore, in tutte esso dovrebbe essere la prima.*

Italia tiene aun grandes nombres: Canova, Monti,
Ugo, Foscolo, Pendemonti, Visconti, Morelli, Cicog-
nara, Albrizzi, Mezzofanti, Mai, Mustoxidi, Aglietti
y Vacca, aseguran á la generacion actual un lugar
honroso en los diversos ramos de las artes, las ciencias y las bellas letras, y aun en algunas de ellas el

---

(1) Aparte de los materiales proporcionados por M. Hobhouse para estas notas ha publicado, sobre el *Childe-Harold*, un
tomo titulado: *Historical ilustration*, en l que se hallará una
reseña de la literatura italiana moder na.

primer lugar. Europa... el mundo... no tienen más que un Canova.

Alfieri lo ha dicho: *La Pianta-Uomo nasce più robusta in Italia che in qualunque altra terra... e eche gli stessi atroci delitti che vi si commettono ne sono una prova.* Prescindiendo de la última parte de esta proposicion, doctrina peligrosa, á la que desde luego podria contestarse que los italianos no son mucho más feroces que sus convecinos, seria preciso estar ciego ó ser un ignorante para que no llamara la atencion la extraordinaria capacidad de este pueblo. ¿Que nacion posee una inteligencia y una concepcion más rápida? ¿Quien no admira el fuego de su génio, su sentimiento de lo bello y en medio de todos los desórdenes de las revoluciones contínuas, de los estragos de la guerra, y del tiempo, su sed de gloria y de independencia? Nosotros mismos, cuando paseando en torno de las murallas de Roma escuchamos el sencillo lamento de los labradores que exclaman: *Roma! Roma! Roma! non é più come era prima,* no pudimos menos de fijarnos en el contraste que formaba aquel canto melancólico con las orgías y las groseras canciones de las tabernas de Lóndres sobre la matanza del monte San Juan y sobre la traicion de Génova, de la Italia, de la Francia y del mundo, por aquellos hombres, cuya conducta pusisteis vos mismo de manifiesto en un libro digno de los mejores dias de nuestra historia (1). Tengo para mí que fuera inútil para los ingleses examinar lo que ha ganado Italia con la última transferencia de pueblos hasta que se haya podido determinar que Inglaterra ha ganado algo más que un ejército permanente y la suspension del *Habeas corpus.* Bastante tenemos que hacer con nuestros propios negocios; en cuanto á lo

(1) Cartas escritas durante los cien dias.

que hemos hecho en los otros países, sobre todo en el Mediodía, *en verdad, en verdad os digo, que seremos recompensados,* y quizás muy pronto.

«Non moveró mai corda
»Ove la turba di sue ciance assorda.»

Querido Hobhouse: os deseo un feliz y agradable regreso á esta pátria, cuyos verdaderos intereses, á nadie pueden ser más queridos que á vos; al dedicaros este poema completo, me repito una vez más, vuestro reconocido y afectuoso amigo

BYRON.

Venecia, 22 Enero 1818.

CANTO CUARTO.

Visto ho Toscana, Lombardia, Romagna,
Quel monte que divite é quel che serra
Italia, e un mare é l' altro che la bagna.

Ariosto, Sátira III.

I. Estaba en Venecia, en el puente de los Suspiros, entre un palacio y una prision: veia salir la ciudad del seno de las aguas como si la varita de un mágico la hubiese hecho brotar de repente. En torno mio, diez siglos extienden sus alas y una gloria que expira sonrie á los lejanos tiempos, en que numerosas subyugadas comarcas admiraban los marmóreos monumentos del alado leon de Venecia, que habia sentado su trono en medio de sus cien islas.

II. Semejante á una Cibeles de los mares, salida del Océano, con su tiara de orgullosas torres en aérea lontananza, majestuosa en su paso como la reina de las aguas y de sus divinidades... Tal fué Venecia en otro tiempo. Sus hijas tenian por dote los despojos de las naciones, y el inagotable Oriente vertia en su seno la brillante lluvia de sus tesoros. Revestida de púrpura, invitaba á sus banquetes á los monarcas, honrados por tal merced, que les parecia realzar su dignidad.

III.   Ya no resuenan en Venecia los ecos del Tasso (1). El gondolero, que en otro tiempo entonó sus versos, rema hoy silenciosamente. Los palacios se desmoronan sobre la orilla, y rara vez recrean nuestro oido los acordes de la música. Pasaron aquellos tiempos; pero subsiste aun la belleza de Venecia: caen los imperios, desaparecen las artes; pero la naturaleza es inmortal. Esta no ha olvidado cuan querida fué Venecia en otro tiempo; Venecia, punto de reunion de todos los placeres, la más alegre ciudad del mundo, el carnaval de Italia.

IV.   Pero Venecia guarda, para nosotros, un encanto mayor que el de su nombre, consagrado por la historia y por aquella larga série de ilustres sombras que tristemente se ciernen sobre las ruinas de la ciudad privada de sus Dux. Nuestro trofeo no morirá con el Rialto: Shyloch, el Moro, y Pedro (2) no desaparecerán en el torrente de las edades. Ellos son las piedras centrales del monumento; todo yacerá destruido, y aun nosotros poblaremos la solitaria orilla.

V.   Los hijos del génio no están formados por el barro; inmortales en su esencia producen y multiplican en nosotros una claridad más brillante y una existencia más querida. Estas creaciones imaginarias nos conceden todo aquello de que el destino priva á la monótona vida en nuestra mortal esclavitud: por de pronto destierran de nosotros todos los objetos que nos disgustan, y para reemplazarlos vierten en nuestros jóvenes corazones, cuyas primeras flores se marchitaron, una nueva frescura que llena el vacío.

(1)   Véase el apéndice, nota B.

(2)   *El Mercader de Venecia*, *Otelo* de Shakspeare, *Venecia salvada* de Otway. (A. P.)

VI.   Tal es el refugio al que nuestra juventud lleva sus esperanzas y nuestra vejez el fastidio de su aislamiento. Esta sensibilidad, herida, llena más de una página de sus creaciones, y aun quizás la que escribo en este momento. ¡Ah! existen, sin embargo, objetos reales que triunfan de estas hechicerías, como más bellos en forma y color, que nuestros imaginarios cielos y que las extrañas constelaciones con que la ingeniosa musa sabe adornar su fantástico universo.

VII.   Yo los ví, ó quizás los soñé... No pensemos en ello... se ofrecieron ante mis ojos como una verdad, para desaparecer en seguida como un sueño! Cualquier cosa que hayan sido, hoy solo son sueños para mí. Bien podria, si quisiera, reemplazarlos... Mi espíritu puede aun crear imágenes semejantes á las por mí buscadas y algunas veces halladas. Pero renuncio á ello... la razon, que en mí se despierta, rechaza esos fantasmas como vanos errores: otras voces me hablan, otros objetos me rodean.

VIII.   He aprendido otras lenguas; he dejado de ser extranjero en países que no son mi pátria; el espíritu dueño de sí mismo, no se sorprende por cambio alguno y no le es difícil ¡ay! hallar una pátria en medio de los hombres... ó en los desiertos, libres de su presencia. Nací, no obstante, en una comarca cuyos hijos se sienten orgullosos, y no sin motivo, de haber visto la luz en ella: si abandono para siempre esta isla, sagrado templo de la filosofía y de la libertad, si más allá de los mares, voy en busca de otra pátria...

IX.   ¡Quizás yo amaba á la mia! Si dejo mís cenizas en suelo extranjero, mí sombra regresará á mí suelo natal, si es que el alma, separada del cuerpo, puede escogerse un asilo. Tengo la dulce esperanza de ser nombrado alguna vez por mí posteridad en mí lengua materna; pero si es pretension y

18

envanecimiento exagerado; si mí gloria, semejante á la felicidad de mí vida, brilla un momento para apagarse al instante; si la fria mano del olvido borra

X. mi nombre del templo donde las naciones honran á los muertos... entonces sirva el laurel para coronar más gloriosa frente y grábese sobre mí tumba el epitáfio del espartano:

LACEDEMONIA TUVO MÁS DE UN HIJO MEJOR QUE ÉL (1).

No reclamo simpatías, ni tengo necesidad de ellas: las espinas que he recogido provienen del árbol que yo planté: ellas han destrozado y hecho sangrar á mí corazon; debia saber los frutos que producirian tales simientes.

XI. El Adriático, condenado á la viudez, llora hoy á su esposo; ya no se renuevan sus anuales nupcias y el Bucentauro desaparece como un navío abandonado. San Márcos vé aun á su leon en el mismo sitio que ocupó en otro tiempo, aunque hoy no es más que la irrision de la degradacion de Venecia, en aquella plaza donde se prosternó un emperador cuando la ciudad, hija de los mares, admiracion y envidia de los monarcas, era una reina rica de un dote sin par.

XII. Donde se humilló el monarca suabo, reina hoy el monarca austríaco. Un emperador huella con sobérbia planta el pavimento de mármol, sobre el que un emperador dobló su rodilla. Los reinos se

---

(1) «Esparta tiene más de un hijo mejor que él:» contestacion de la madre de Brásidas á unos extranjeros que elogiaban á su hijo, célebre general espartano que se distinguió en la guerra del Peloponeso, apoderándose de Anfípolis, hoy Samboli.

(N. del T.)

convierten en provincias: el hierro encadena á las ciudades que dieron leyes en otro tiempo; las naciones descienden del pináculo de su poder; despues que han brillado un instante al sol de la gloria, se ven precipitadas repentinamente, como la avalancha que se desprende de la falda de los montes. ¡Ah! una sola hora del ciego Dandolo! que no pueda revivir aquel jefe octogenario; aquel vencedor de Bizancio! (1)

XIII. Sus corceles de bronce brillan aun ante los pórticos de San Márcos y sus dorados arneses reflejan los rayos del sol: pero ¿ha dejado de cumplirse la amenaza de Doria? ¿no están ya *enfrenados* sus corceles?... Venecia humillada ha visto espirar sus trece siglos de libertad, y desaparece, como una planta marina, bajo las ondas de donde salió. ¡Ah! más le valiera sumergirse en el Océano, huyendo en sus profundidades de esos estranjeros enemigos de los que por su sumision obtiene un infame reposo.

XIV. Todo fué gloria en la juventud de esta nueva Tiro. La más vulgar de sus palabras estaba inventada por la Victoria: *el Plantador del Leon* (2); tal era el nombre que daban á la enseña de su poderío, llevada por tierras y mares á través de la sangre y el fuego, haciendo cada dia nuevos esclavos, sin dejar ella nunca de ser libre, y siendo la verdadera muralla de la Europa contra los otomanos. Dígalo sino Candia, la rival de Troya, ¡y vosotras, olas inmortales que presenciasteis el combate de Lepanto! ya que vuestros nombres permanecerán siempre al abrigo de los ultrajes del tiempo y de la tiranía.

(1) Enrique Dandolo, dux de Venecia, que gobernó desde 1192 á 1205, dirigiendo la primera cruzada contra Constantinopla, obteniendo para la República, la mitad de esta ciudad y las islas del Archipiélago; compró á Candia y fué elegido déspota de la Romania.

(*N. del T.*)

(2) Esto es, el *leon* de S. Márcos, el estandarte de la república: de donde se origina la palabra *piantaleone*, etc.

XV. Las numerosas imágenes de los antiguos dux, rotas como estátuas de vidrio, yacen convertidas en polvo: pero el vasto y suntuoso palacio que les sirvió de morada nos señala aun su antiguo esplendor. Su cetro y su espada roida por el orin, pasaron á manos estranjeras. ¡Oh encantadora Venecia! tús desiertos palacios, tús solitarias calles y esos rostros del Norte que te recuerdan á cada momento quienes son los hombres que te esclavizaron, todo contribuye á estender una sombría nube sobre tús queridos muros.

XVI. Cuando fué vencida Atenas en Siracusa, y miles de soldados prisioneros sufrieron la ley de la guerra, debieron su libertad á la musa ática; sus cantos fueron su solo rescate, léjos de su suelo natal. ¡Mirad, como al resonar su himno trágico, detiénese sorprendido el carro triunfal del vencedor! Las bridas y la inútil espada, se escapan de sus manos, rompe sus cadenas y les dice que agradezcan al poeta sus versos y su libertad (1).

XVII. Así tambien, Venecia, aunque se debilitaran tús derechos, aunque se olvidaran tús triunfos históricos, la memoria de tú bardo favorito y tú amor por el Tasso, debieran haber roto los hierros de que te cargaron tús tiranos. Tús desgracias, son la deshonra de las naciones europeas, pero sobre todo la tuya, Albion! ¿La reina del Océano debia abandonar á los hijos del Océano? Al presenciar la caida de Venecia piensa en la tuya, que no podrá impedir la muralla de tús olas.

XVIII. Desde niño amé á Venecia. Se aparecia á mí corazon como una ciudad encantada, surgiendo del seno de las ondas como el palacio del mar, morada de la alegría y sitio escogido por las riquezas. Otway, Ratcliffe, Schiller, Shakspeare (2), habian

(1) Véase la vida de Nicias, por Plutarco.
(2) *Venecia salvada, Los misterios de Udolfo, El brujo ó el Armenio, El Mercader de Venecia, Otelo.*

grabado su imágen en mí espíritu y no he dejado de amarla, aunque al verla he hallado tan solo una ciudad enlutada: quizás hoy es para mí más querida por sus infortunios que si continuara siendo la ostentosa ciudad, maravilla y orgullo del Adriático.

XIX. Con el pasado de Venecia puedo repoblarla... y aun queda de su presente lo bastante para satisfacer la vista, el pensamiento y la melancólica meditacion; quizás algo más de lo que buscaba y esperaba hallar en su recinto. ¡Oh, Venecia! cuan felices momentos del tejido de mí vida te deben sus colores: frios y mudos permanecerian todos mís sentimientos, si no exceptuara aquellos que ni el tiempo adormece, ni el dolor altera.

XX. En los Alpes, los abetos (1) más espesos y elevados, crecen con preferencia á otro cualquier árbol, en los lugares ménos abrigados y más cercanos á las nubes. Sus raíces se alimentan bajo la estéril piedra, y ninguna capa de tierra les defiende contra los furiosos huracanes que embisten impetuosamente á las montañas; sus troncos, siempre adornados por el follaje, desafian con orgullo el bramar de las tempestades, y se elevan, poco á poco, á una altura digna de la escarpada cima, cuyo salvaje granito ha servido de cuna á estos gigantes del bosque: tal es un alma valerosa.

XXI. La vida y el dolor se arraigan profundamente en los corazones solitarios y desolados: el camello soporta, sin quejarse, las más pesadas cargas, y el lobo sabe morir en silencio... ¿Se nos dán en vano, tales ejemplos? Si los animales dotados de una

---

(1) En el texto inglés se lee la palabra *tannen*, plural de *tanne*, especie de abeto peculiar á los Alpes. Crecen tan solo en terrenos sumamente pedregosos, donde apenas se halla tierra suficiente para alimentar sus raíces. En estos sitios crecen y llegan á una altura mayor que la de otro cualquier árbol de las montañas.

naturaleza grosera y salvaje sufren con resignacion, nosotros, formados de mejor limo, ¿no sabremos arrostrar las desgracias de la vida... cuya duracion solo es de un dia?

XXII. El dolor mata al hombre ó el hombre mata el dolor. Algunos hay que, reanimados por una nueva esperanza, vuelven á los mismos senderos y emprenden con ardor sus primeros proyectos, semejantes al insecto que fabrica por segunda vez su tela, destrozada por enemiga mano: otros, doblando humildemente la cabeza, son víctimas de una vejez prematura, se marchitan antes de tiempo y perecen unidos á la débil caña que les sirvió de apoyo: otros, por fin, llaman en su socorro á la religion, al trabajo, á la guerra, á la virtud ó al crímen, segun que sus almas estén creadas para humillarse ó para engrandecerse.

XXIII. Pero en vano es que dominen sus dolores; sus embates dejan en nosotros una huella semejante al dardo del escorpion, apenas perceptible, pero impregnado de una amargura siempre nueva: los objetos más fútiles son bastantes á conseguir que de nuevo caiga sobre el corazon el cruel peso de que quiso aligerarse para siempre; un sonido inesperado, un acento melodioso, una noche de primavera ó de verano, una flor, el viento, la mar, volverán á abrir nuestras heridas y vendrán á destruir la cadena eléctrica que nos rodea con sus invisibles anillos.

XXIV. ¿Cual es la causa secreta? Lo ignoramos: imposible nos será seguir hasta la nube que lo encierra al rayo que viene á herir nuestra alma; solo sentimos sus nuevos truenos y no podemos borrar la negra y dolorosa señal que deja á su paso. Pérfidos truenos, que en medio de los objetos que nos son más familiares y cuando ménos los esperamos evocan para nosotros los espectros que ningun exorcismo puede sujetar; los corazones frios, los amigos desleales, quizás los muertos, los que nosotros lloramos, aquellos á quienes hemos amado y perdido; un gran número en fin, ¡y sin embargo son muy pocos!

XXV. Pero mi alma se extravía: yo, ruina viviente tambien, en medio de ruinas tantas, la llamo para meditar, en este país caido; busco los restos de los destruidos imperios y los vestigios de una grandeza pasada sobre una tierra tan poderosa en sus dias de gloria, que no cesó de ser encantadora y que lo será siempre; tierra de predileccion donde la naturaleza se complació en modelar con sus celestes manos el tipo de los héroes, de los hombres libres, de la belleza, del valor, de los señores de la tierra y los mares,

XXVI. una república de reyes, los ciudadanos de Roma: desde entonces, hermosa Italia, fuiste siempre y eres aun el jardin del universo, la mansion que las artes y la naturaleza embellecen á porfía: eres solo un desierto comparada con lo que fuiste, pero, ¿quien puede sobrepujarte en atractivos? Los mismos zarzales que produces son bellos y tú árido suelo es más rico que las tierras más fértiles de las otras comarcas: tú ruina es un trofeo de gloria y los despojos que te cubren están ornados de un encanto que nadie podrá arrebatarte.

XXVII. Ha salido la luna y sin embargo, no es de noche; los últimos rayos del sol poniente le disputan el cielo. Un mar de luz se esparce por las azuladas cimas de las montañas de Friuli; puro y sin una nube está el firmamento, que parece formado por mil brillantes colores; creeríase que va á trazar, un inmenso arco iris, en occidente, donde el dia que espira se reune á la eternidad. Al lado opuesto, el pálido creciente de Diana flota en una atmósfera de azur, como una isla aérea, mansion de los bienaventurados.

XXVIII. Una sola estrella se vé á su lado, y reina con ella sobre la mitad de la azulada bóveda (1); pero las ondas de luz que vierten los rayos del sol, se detienen en las alturas de los Alpes Rhéticos, como si el dia rehusase ceder el campo á la noche, hasta que la naturaleza viene á reclamar el cumplimiento de sus leyes... Sus colores reunidos prestan á las ondas del Brenta, el tinte purpúreo de una naciente rosa, cuya corola se reprodujera en un arroyuelo, como el cielo que se refleja en aquellas apacibles olas y comparte con ellas su esplendor.

XXIX. Los últimos rayos del sol y la pálida claridad del astro nocturno, despliegan todas las variedades de sus mágicos reflejos. Pero ya ha cambiado la escena: una sombra más oscura ha tendido su manto sobre las montañas. El dia que decae, muere como el delfin, á quien cada convulsion de la agonía dá hasta su último suspiro un nuevo y siempre más brillante color... Esto es hecho: el tinte gris de la sombra lo domina todo.

XXX. ¿De quien es aquella tumba que distingo en Arqua, y que se eleva sobre cuatro columnas? En aquel sarcófago, reposan las cenizas del amante de Laura. Aquí vienen los que gustan de los cantos armoniosos del Petrarca, los peregrinos de su génio. Nació para dar una lengua á su país, y arrancarlo al yugo de sus bárbaros opresores. Regando con sus melodiosas lágrimas este árbol, que lleva grabado en su corteza el nombre de su amada, compuso los versos que le aseguran la inmortalidad.

XXXI. Sus cenizas reposan en Arqua, aldea si-

(1) Esta descripcion parecerá imaginaria ó exagerada á los que nunca vieron el cielo de Italia ó de Oriente. Con todo, solo hago aquí, la exacta pintura de una tarde de Agosto, tal como la presencié en una de mis frecuentes excursiones á las orillas del Brenta (18 Agosto).

tuada en medio de las montañas, y en la que pasó los últimos dias de su vida. Con legítimo orgullo, los habitantes de Arqua, ofrecen á las miradas de los estranjeros su morada y su monumento; uno y otro por noble sencillez, despiertan un sentimiento que está más en armonía con sus cantos, que el que pudiera excitar una pirámide erigida sobre su tumba.

XXXII.   El apacible caserío que escogió por morada, es uno de estos lugares que parecen creados para los hombres que han gemido por su mortal naturaleza, y que, engañados en sus esperanzas, han buscado un refugio bajo la espesa sombra de una verde colina: desde allí, solo en lontananza perciben las ciudades ruidosas, que ya no pueden tentar sus desilusionados corazones. Los rayos de un sol hermoso, vale para ellos lo que una fiesta.

XXXIII.   Admiran las montaña, los sotos, las flores y el resplandor del dia reflejado en una onda de melodioso murmullo; gustan de olvidar, en estas riberas, la rápida huida de las horas y pasan los dias, puros como su límpido cristal, abandonándose á una amable languidez que se asemeja á la pereza, pero que encierra tambien su filosofía. Si en la sociedad aprendemos á vivir, la soledad debiera enseñarnos á morir. En ella no hallamos aduladores, y la vanidad no viene á prestarnos su pérfido socorro. Cuando está solo, el hombre no puede luchar sino con su Dios;

XXXIV.   ó quizás con los demonios, que vienen á declarar una guerra fatal á nuestros mejores pensamientos, y á hacer su presa en estos corazones malancólicos, que, caprichosos desde su niñez, amaron siempre la mansion del terror y de las tinieblas. Creyéndose predestinados á eternos dolores, se figuran ver el sol manchado de sangre; la tierra es para ellos una tumba y la tumba un infierno; y aun, su imaginacion, exagera los tormentos y el horror del infierno mismo.

XXXV. ¡Oh Ferrara! el musgo crece en tus anchas calles, cuya simetría claramente indica que no se destinaron á la soledad; diríase que una maldicion se ha impreso en la morada de tús soberanos: durante un siglo, tús florecientes muros, vieron reinar á los príncipes de la antigua casa de Este, ya tiranos, ya protectores, (segun los caprichos de los pequeños potentados) de los que ciñeron el laurel que, solo antes que ellos, llevó la frente de Dante.

XXXVI. El Tasso es á la vez su gloria y su vergüenza! Salve, divino bardo; ¡pero reparad el oscuro cuarto que Alfonso dió por habitacion á su poeta; ved cuanto costó su renombre al cantor de Armida! El miserable déspota no pudo llegar á extinguir el fuego de las musas, en aquella alma ultrajada, que en vano quiso confundir con los maniáticos en un verdadero infierno. Los rayos de su gloria disiparon todas las nubes que la circundaban.

XXXVII. Su nombre, hará derramar siempre lágrimas, y será proclamado inmortal, mientras el tuyo, Alfonso, se entregará al olvido, y quedará entre el polvo vil, única cosa que sobreviviria de tú raza orgullosa, si no formases en la cadena de desgracias del Tasso, un anillo que nos obliga á pensar en tú miserable crueldad y á pronunciar tú nombre con desprecio. ¿Que eres hoy, despojado de la pompa que te rodeaba en el trono? Nacido en cualquier otro rango, apenas hubieras sido digno de servir de esclavo á aquel de quien fuiste el perseguidor.

XXXVIII. Tú, nacido para comer, ser despreciado y morir despues, semejante á aquellos animales condenados al degüello, con la sola diferencia de que tú tuviste una gamella más rica y un establo más ancho: él, ceñida por una aureola de gloria su frente, surcada por las arrugas del pensamiento, pero cuyo resplandor brilló entonces y brilla aun en presencia de todos sus enemigos, el partido de la Crusca y aquel Boileau que veia con envidioso despecho todos los cantos que avergonzaban á la discordante lira de su pátria, cuyos ásperos sonidos destrozan los oidos ó hacen dormir con su monotonía.

XXXIX. ¡Paz á la ultrajada sombra de Torcuato! fué su destino servir de blanco á los envenenados dardos del ódio, durante su vida y despues de su muerte: pero ni uno solo de aquellos dardos ha podido alcanzarle. ¡Oh, tú, á quien no ha podido sobrepujar poeta alguno de la moderna Europa! cada año se renuevan por millares, los habitantes de la tierra: ¿cuanto tiempo aun se sucederán el tropel de las generaciones sin poder ofrecernos un génio igual al tuyo? En vano te se opondrian condensados todos los rayos de la gloria de nuestros poetas; no podrian formar un sol, digno de serte comparado.

XL. Pero, por grande que seas, hallaste rivales en tús antecesores, los cantores del Infierno y de la Caballería. El primero, el Homero toscano, cantó la *Divina Comedia;* el otro, igual en mérito al Florentino, el Walter Scott del mediodía, es el trovador cuyo mágico pincel supo crear un mundo nuevo, y como el Ariosto del norte, celebrar el amor, las bellas, los trovadores, y las proezas de los caballeros.

XLI. El rayo arrancó el laurel artificial que coronaba el busto de Ariosto, y el fuego del cielo no fué injusto, porque la verdadera corona que tejen las manos de la Gloria, pertenece á un árbol que ningun rayo puede herir (1): este laurel artificial era más bien una deshonra para el favorito de las Musas; pero si la supersticion mortificaba á alguno

(1) El laurel era considerado entre los antiguos como uno de los mejores preservativos contra el rayo.

de sus admiradores, sepa que el rayo santifica todo lo que toca, y que aquella cabeza es ahora doblemente sagrada.

XLII. Italia! Italia! has recibido el don fatal de la belleza, que ha sido para tí una fuente de desgracias; el dolor y la vergüenza han arrugado tú frente, tan radiante en otro tiempo, y tús anales están grabados en caractéres de fuego. ¿Por que los dioses no están dotados de ménos atractivos, ó de más fuerzas, para defender tús derechos y rechazar muy léjos á los bandidos que llegan en tropel á esparcir tú sangre y bañarse en las lágrimas que te arrancan tús infortunios?

XLIII. Podrias entonces hacerte más temible: ménos hermosa ó ménos rica, serias ménos envidiada: conocerias la felicidad y no tendrias que llorar por tús funestos encantos. No verias sucederse esos torrentes de soldados que los Alpes no cesan de precipitar en tús valles, y esas hordas feroces de devastadores, que vienen á apagar su sed en las sangrientas olas del Pó. La espada extranjera no seria tú triste defensa. Vencida ó triunfante, no te verias condenada á ser la esclava de tús protectores ó de tús enemigos.

XLIV. En los viajes de mí juventud, he seguido la ruta que traza aquel romano (1), el amigo de uno de los inmortales hijos de Roma, el amigo de Ciceron; impulsada por un viento propicio, mí embarcacion hendia ligeramente las ondas; apercibí ante mí á Megara; detrás de mí estaba Egina, á la derecha el Pireo, y Corinto á la izquierda; estaba asomado á la proa, y como Sulpicio, contemplaba el aflictivo espectáculo de tanta ruina.

_____

(1) La famosa carta de Servio Sulpicio á Ciceron, sobre la muerte de su hija, contiene una descripcion exacta, aun hoy dia, de un camino que he seguido á menudo en Grecia, por tierra y por mar, en diferentes viajes.

XLV. Porque el tiempo no ha reconstruido aque-llas demolidas ciudades; solo sobre sus informes ruinas se han levantado chozas de bárbaros; chozas que dán un aspecto más triste á la par que aumentan el valor de los rayos que nos quedan de los dias de su esplendor eclipsado, y de las esparcidas piedras que atestiguan su antiguo poderío.

El romano veia ya en sus tiempos, estos sepulcros, estos inmensos sepulcros de ciudades que inspiran tan cruel sorpresa; y su descripcion, que ha llegado hasta nosotros, lleva en sí la leccion moral que halla en semejante peregrinacion.

XLVI. Tengo á mí vista esa carta elocuente. Á las ciudades cuya decadencia deploraba, y que yo ví completamente devastadas, debemos ¡ay! unir la ruina de su propia pátria! Sí; Roma, la Roma imperial, ha doblegado su cabeza ante las tempestades: la veo prosternada en el negro polvo de sus escombros: pisamos el cadáver de este gigante de las ciudades (1) y los restos de un imperio cuyas cenizas aun no se enfriaron!

XLVII. Sin embargo, Italia, en vano se repetirá sin cesar por todas las naciones la historia de tús faltas; reina de las artes, como lo has sido de la guerra, tú brazo formidable, fué en otras veces nuestra salvaguardia y eres aun nuestro guia; madre de nuestra religion, los pueblos se arrodillan á tús piés para obtener las llaves del cielo. Arrepentida la Europa de su parricidio, romperá algun dia tús hierros. Creo ya ver cual retroceden en espantoso

---

(1) Poggio (a) desde lo alto del monte Capitolino, mirando las ruinas de la antigua Roma, arrojó esta exclamacion: «*Et nunc omni decore nudata, prostrata jacet, instar gigantei cadaveris corrupti atque undique exesi.*'

(a) Poggio Bracciolini, autor de una *Historia de Florencia:* descubrió en los monasterios y publicó un gran número de autores latinos. (1380–1459)

(*N. del T.*)

tropel los bárbaros que inundaron tús campos; les oigo implorando tú piedad!

XLVIII. Pero el Arno nos llama á los muros de mármol, donde la Atenas de Etruria demanda y obtiene un tierno interés, por sus palacios dignos de las hadas. Las colinas dispuestas en anfiteatro forman su circuito; la espiga de Ceres, el pámpano de Baco y el árbol de Minerva, le prodigan sus tesoros; la Abundancia, llevando su cuerno, fuente de riquezas, le sonrie con amor. En las riberas donde el Arno riega alegremente esta fecunda tierra, nació el lujo moderno del comercio; las enterradas ciencias salieron de su tumba y vieron lucir una nueva aurora.

XLIX. Aquí la diosa de Pafos ama bajo el mármol, y llena el aire que nos rodea con el resplandor de su hermosura. La mirada devora sus formas divinas, cuyo aspecto nos comunica una parte de su inmortalidad; levantamos á medias el velo de los cielos; inmóviles ante ella, contemplamos en los contornos de su cuerpo y en los rasgos de su rostro, lo que puede el génio del hombre, más perfecto aquí que la naturaleza, y envidiamos á los adoradores de Vénus esa llama interna que daba á su alma facultad de crear y animar semejante divinidad.

L. La miramos sorprendidos, y volvemos la cabeza deslumbrados, embriagados por tanta hermosura, hasta que el corazon se extravia, rebosando de admiracion; encadenados como cautivos al carro triunfal del Arte, nos duele alejarnos de su lado. Léjos de mí las palabras y los términos precisos, fastidiosa jerigonza del comerciante en mármol, que la pedantería hace admirar á la necedad. Tengo ojos: mí corazon que late, confirma el juicio del pastor dardáneo.

LI. ¿Bajo esta forma, ¡oh Vénus! te mostraste á Páris, y al mil veces más dichoso Anquises en todo el esplendor de tú divinidad, como cuando viste caer á tús piés al Dios de la guerra? Marte contempla tú frente como un astro, sentado en tús rodillas, sin poder apartar su vista que se embriaga en tús celestes atractivos (1), mientras de la encarnada boca se escapaban, como de una urna, los besos de fuego que recorren sus párpados, su frente y sus temblorosos lábios.

LII.   Turbados y mudos por el amor que los abrasa, los dioses no pueden hallar en su divinidad trasportes más perfectos, ni expresar lo que experimentan: no son más que simples mortales. Existen momentos, en la vida del hombre, dignos de los más dulces placeres del Olimpo; pero bien pronto el peso de la tierra cae sobre nosotros... ¡no importa! podemos recordar estas visiones, y crear, de lo que fué ó de lo que podria ser, formas dignas de tú estátua ¡oh Cypria! formas semejantes á las de los dioses.

LIII.   Dejo á la sapiente pluma de los conocedores, al artista y á su imitador (2), el cuidado de describir, con su acostumbrado gusto, los graciosos contornos, las voluptuosas ondulaciones de este animado mármol; el cuidado de describirnos lo que no puede describirse. Nunca, su impuro soplo, venga á empañar el límpido cristal, en el que se me reflejó para siempre esta obra maestra de la escultura; espejo puro y fiel del más encantador ensueño, que haya descendido del cielo para exaltar al alma recogida.

LIV.   El sagrado recinto de Santa-Croce, contiene cenizas que la santifican doblemente, y que serian por sí solas prenda de inmortalidad, aun

(1)   .....Of zalmoys istian.
   .....Atque oculos pascit uterque suos.
                                          OVIDIO (Arte de amar).
(2)   Traduccion literal del texto: The artist aud his ape; el artista y su mono.
                                          (N. del T.)

cuando no quedara sino el recuerdo del pasado, y una parte de los despojos de estos génios sublimes, que han ido á reunirse al caos; aquí reposan las extenuadas osamentas de Angelo, de Alfieri y de Galileo, célebre por sus desgracias y por el conocimiento de las esferas celestes; aquí el cuerpo de Maquiavelo, volvió á la tierra de que habia sido creado.

LV. Hé aquí cuatro génios que, como los elementos, bastarian para crear otro universo. ¡Oh, Italia! el tiempo que ha roto en mil girones tú manto imperial, ha rehusado á toda otra comarca la gloria de ver brotar de sus ruinas grandes hombres; tú decadencia, está aun impregnada de una fuerza divina, que te corona con su rayo reproductor. Canova, es hoy digno de tús grandes hombres de otro tiempo.

LVI. ¿Pero, donde reposan los tres más ilustres hijos de la Etruria, Dante, Petrarca y el autor de los *Cien cuentos de amor,* ese espíritu creador, que les sigue de cerca, el bardo de la prosa? ¿Donde yacen depositados sus huesos, para distinguirlos del vulgo despues de su muerte, como durante su vida? ¿Sus cenizas son acaso ignoradas? ¿Los mármoles de su patria no tienen nada que enseñarnos? ¿Sus canteras estaban agotadas para consagrarles un busto? ¿no han confiado sus restos á la tierra que les dió la vida?

LVII. ¡Ingrata Florencia! Dante descansa lejos de tús muros, y, como Escipion, está enterrado en una ribera acusadora de tú injusticia! Entre los horrores de la guerra civil, proscribieron al poeta tús facciosos ciudadanos cuya posteridad, agitada por un vano remordimiento, adora su sagrado nombre. El laurel que cubrió la frente de Petrarca habia crecido en extranjero y lejano suelo. Su vida, su gloria, su tumba, no te pertenecian aunque tú los hayan arrebatado, aunque se hayan apoderado de ellas.

LVIII. ¿Las cenizas de Boccacio descansan al ménos en su pátria; están entre las de los grandes hombres que ella ha producido, y el himno solemne de los muertos se eleva algunas veces acompañado de piadoso canto al rededor de la tumba del que formó la lengua de sirena de los toscanos; esta lengua, cuyos acentos son una melodía, verdadera poesía de las lenguas? No. La tumba de Boccacio ha sufrido los ultrajes de la hiena del fanatismo y fué arrojada de entre los oscuros muertos, en donde ella habria podido reclamar un suspiro del caminante que hubiese leido su nombre.

LIX. Santa-Croce está privada de estas ilustres cenizas; pero ellas son más consideradas, al igual que en los funerales de César la ausencia de la imágen de Bruto recordó mejor á Roma al más grande de sus hijos. Rávena, última muralla del agonizante imperio, es más dichosa, porque en su antigua ribera descansa el inmortal desterrado! Arqua se niega tambien á ceder los restos del bardo que está orgullosa de poseer; Florencia reclama en vano llorando, los despojos terrestres del que ella desterró.

LX. ¿Que son para nosotros su pirámide de piedras preciosas, el pórfiro, el jaspe, la ágata y los mármoles de todos colores que cubren los huesos de sus príncipes mercaderes? Estos suntuosos mármoles, que protegen la cabeza de los reyes, nunca son pisados con tanto respeto y recogimiento como el verde césped, cuya frescura es conservada por un rocío que brilla con el reflejo de las estrellas, modesto monumento de esos muertos, cuyos solos nombres son para la Musa el mejor de los mausoleos.

LXI. Á orillas del Arno, en ese soberbio palacio del arte, el corazon y los ojos pueden admirar todas las maravillas reunidas á porfía por la escultura y por su hermana qüe dispone de los colores del arco iris. Pero yo no las admiro mucho; mí corazon ha preferido siempre á las bellezas del arte expuestas en las galerías, las bellezas naturales que nos presentan las campiñas. Una obra maestra recibe el homenaje de mí alma; pero ella no le concede todo el entusiasmo de que es susceptible;

LXII. porque sus inclinaciones la llaman á otras partes. Vago con más gusto á orillas del lago Trasimeno (1) y por estos desfiladeros tan funestos á la temeridad de los romanos: aquí mí memoria me representa los guerreros ardides del general cartaginés y su habilidad en coger á sus enemigos entre las montañas y la ribera. Creo ver la muerte aclarando sus filas y apoderarse la desesperacion de los más bravos; los rios de su sangre hicieron crecer los torrentes que á lo léjos inundan la llanura, donde son derribadas legiones enteras,

LXIII. parecidas á un bosque desarraigado por el vendabal de las montañas. En ese dia memorable fué tal el ardor de los soldados y tal la frénetica rábia de la guerra, que apaga en el hombre toda sensacion, excepto la de la matanza, que durante la batalla ni tan siquiera fué notado un terremoto por los combatientes. Ninguno de ellos se apercibió de que la naturaleza se habia extremecido bajo sus piés y que la llanura se abrió para engullir á los que, tendidos en sus escudos, aguardaban los honores de un fúnebre túmulo: ¡tal es el furor que absorbe todos los pensamientos de los pueblos armados unos contra otros!

LXIV. La tierra era entonces para aquellos valientes como un navío rápido que les transportaba á la eternidad; veian el Océano á su al rededor, pero

(1) Lago Perusa.

(N. del T.)

no tenian tiempo para observar el movimiento de su bajel; las leyes de la naturaleza estaban para ellos en suspenso; no sintieron aquel terror que reina por todas partes cuando las montañas tiemblan; momentos de espanto, durante los cuales abandonan los pájaros sus nidos, yendo á buscar un refugio junto á las nubes, tiemblan en los valles los rebaños mugidores, agitados como las olas del mar, y el espanto del hombre no se expresa más que por un sombrío silencio.

LXV. Trasimeno presenta hoy un cuadro muy distinto. Su lago parece una sábana de plata, y su llano no es surcado más que por la reja del arado. Sus antiguos árboles son tan numerosos como los muertos que cubrian esta tierra, bajo la cual se entrelazan sus raíces; un riachuelo, un pequeño riachuelo, cuya límpida onda se desliza sobre un estrecho lecho, ha tomado su nombre de la lluvia de sangre que regó la tierra el dia de esa carnicería. El *Sanguinetto* nos indica el lugar donde la sangre inundó el llano y enrojeció la entristecida onda.

LXVI ¡Oh Clitumno! jamás una onda más dulce que la de tú móvil cristal invitó á la nayade á contemplarse y bañar en ella sus graciosos miembros; tú conservas el verde césped donde viene á pacer el toro blanco como la leche, dios el más digno de una mansa fuente, que en tús orillas conserva un aspecto sereno y tranquilo. ¡Ah! sin duda la matanza no ha profanado nunca una onda tan pura y tan transparente como la tuya, que sirve de baño y de espejo á las jóvenes bellezas.

LXVII. No léjos de tús afortunadas riberas, ¡oh Clitumno! y en la suave pendiente de la colina, se consagró á tú memoria un templo de formas ligeras y delicadas; allí es donde tú carrera parece amortiguarse. Vése frecuentemente saltar y jugar al pescado de escamas relucientes; alguna vez un nenufar desprendido de su tallo navega dulcemente hasta el sitio donde, antes de descender sobre un lecho ménos elevado, las olas murmuradoras dejan oir su confuso rumor.

LXVIII. No nos apartemos sin rendir antes homenaje al génio de este lugar: si de repente sentís acariciada vuestra frente por un más dulce céfiro, él es quien os le envía. Si se conmueve vuestro corazon al contemplar la verdura que adorna la ribera: si la frescura de este cuadro campestre os comunica su encanto y os quita el árido polvo de las fatigas de la vida, para purificaros un momento por esta ablucion de la naturaleza, es al génio bienhechor á quien debeis agradecer esta suspension de vuestro tédio.

LXIX. Pero, ¿quienes son esos que braman á lo léjos? Desde estas escarpadas alturas el Velino se arroja en el precipicio abierto por sus olas ¡imponente catarata! rápida como la luz, esta masa ruidosa y espumosa conmueve las rocas del abismo! verdadero infierno, donde la ola ruge con estrépito y borbotea entre eternas torturas, mientras que el sudor de su agonía salta del fondo de ese Tártaro (1) y se adhiere en copos á los negros peñascos que rodean el abismo, cual si fuesen horribles y desapiadados testigos.

LXX. Vedla convertida en espuma elevarse hasta el cielo, de donde vuelve á caer en continua lluvia, formando una nube inagotable que derrama sobre el musgo del contorno un rocío bienhechor como el de la primavera, y le dá el aspecto de una pradera de esmeraldas. ¡Cuan profundo es el abismo! ¡Como salta de altura en altura este gigante de las aguas! En el delirio que le transporta, aplasta las

---

(1) Region de los infiernos segun la mitología, que servia de prision á los dioses y en donde estaban encerrados los Titanes.

(N. del T.)

rocas que se parten y se desploman bajo su terrible paso, abandonándole un vasto y horroroso pasaje.

LXXI.   En vez de ver solo en esta enorme columna las primeras olas del padre de las rios que serpentea entre sus fértiles valles, se le tomaria por la fuente de un jóven océano salido de las entreabiertas entrañas de las montañas que paren con dolor un nuevo mundo; volved la cabeza y vedla avanzar como una eternidad que vá á engullirlo todo en su carrera; ¡incomparable catarata!

LXXII.   horriblemente bella; pero á los primeros albores de la aurora Iris dibuja su radiante arco por debajo de este infernal abismo y, parecido á la esperanza que se cierne sobre el lecho de un moribundo, conserva sus sonrientes colores. Mientras que todo lo que le rodea es oscurecido por las furiosas aguas, nada puede empañar su brillantez. Creeríase ver en esta espantosa escena al amor sonriendo con serena frente á los transportes de la demencia.

LXXIII.   Héme aquí por segunda vez en los bosques de los Apeninos, Alpes todavía niños. Tendrian derecho á los homenajes de mi musa, si yo no hubiese admirado ya estos montes, en los que el pino estiende sus ramas sobre las mas escarpadas cimas y en los que ruge el trueno de las avalanchas; pero he visto al Jungfrau alzar hasta las estrellas su frente coronada de una nieve que no ha surcado planta humana; he visto los vastos ventisqueros del Mont-Blanch; he oido la terrible voz del rayo retumbar en los montes de Chimari,

LXXIV.   conocidos bajo el antiguo nombre de montes Acroceraunianos. He seguido sobre el Parnaso el rápido vuelo de las águilas, que me parecieron los génios de aquel sagrado lugar, y los mensageros de la gloria ¡tan sublime era su vuelo! he contemplado el Ida con los ojos de un troyano; el Atos, el Olimpo, el Etna, el Atlas, que yo comparo á los

Apeninos, les hacen perder su importancia; ellos no están ya hoy dia coronados de nieve, escepto la cima de Soracté (1) que necesita de la lira de Horacio

LXXV.   para merecer nuestro recuerdo. Se levanta en el centro de la llanura como una ola espumosa que vá á romper y que se detiene un momento suspendida antes de espirar en la playa. ¡Sientan los sábios clásicos transportes al aspecto de estas montañas; hagan repetir citas eruditas á los ecos del Lacio! Sufrí demasiado en los tiempos de mí infancia, al aprender palabra por palabra los versos del poeta, para que pueda repetir con placer

LXXVI.   nada de lo que me recuerde las tristes lecciones con las que afligian todos los dias mí desgraciada memoria. Ha sabido mí alma con los años meditar sobre lo que entonces aprendió con enojo; pero la impaciencia de mis jóvenes ideas arraigó de tal manera en mí espíritu mís primeras aversiones, que habiendo perdido para mí todo el encanto de la novedad antes de que hubiese podido sentirla y estudíarla por mí gusto, la musa romana es aun el blanco de mí ódio involuntario.

LXXVII.   ¡Adios, pues, Horacio, que tan odioso me fuiste, no por tús faltas y sí por las mias! Cuán gran desdicha es comprender y no sentir tú entusiasmo lírico y grabar tús versos en la memoria sin poderlos admirar! Ningun moralista nos reveló nuestra vida con mas delicadeza y profundidad; ningun poeta enseñó mejor las reglas de su arte; ningun satírico perturbó nuestra conciencia con tanta malicia; ninguno supo despertar mejor nuestros remordimientos sin herir nuestro corazon. Adios, sin embargo, Horacio, te dejo en la cima del Soracté.

---

(1)   Vides ut altá stet nive candidum
          Soracte. . . . .
                    HORACIO, Oda IX, libro I.

LXXVIII. ¡Oh Roma! pátria de mí predileccion, querida ciudad del alma! Madre desamparada de imperios destruidos, vengan á contemplarte los hombres, cuyo corazon está huérfano y encierren nuevamente en su corazon sus ligeros infortunios! ¿Que son nuestras desdichas y nuestros sufrimientos? Venid á ver estos cipreses, venid á oir estos buhos, venid á hollar con vuestros piés estos tronos destrozados y las ruinas de los templos, vosotros, cuyas angustias son dolores de un dia: un mundo tan frágil como nosotros mismos, está á nuestros piés.

LXXIX. La Niobe de las naciones está ante vosotros, sin hijos, sin coronas, sin voz para contaros sus infortunios: en sus marchitas manos trae una urna vacía de la que el sagrado polvo está disperso hace mucho tiempo! la tumba de los Escipiones no contiene ya sus cenizas! hasta los sepulcros han perdido sus heróicos moradores! Antiguo rio Tiber, como puedes correr por estos desiertos de mármol! subleva tús amarillentas olas para encubrir con ellas como con un manto las afrentas de Roma.

LXXX. Los godos, los cristianos, el tiempo, la guerra, el agua y el fuego, han humillado el orgullo de la ciudad de las siete colinas. Ella ha visto eclipsarse todos los astros de la gloria y á los corceles de bárbaros reyes atravesar el famoso monte desde el cual el carro del triunfador rodaba hácia el Capitolio. Estos templos y estos edificios están completamente desplomados. Caos de ruinas, ¿quien podrá reconocer estos devastados sitios, hacer que luzca un pálido rayo sobre los oscuros fragmentos y decir: «Ahí está, ahí estaba» ¡Reina por todos lados una doble noche!

LXXXI. La doble noche de las edades y de la ignorancia, hija de la Noche, cubre aun cuanto nos rodea. No entrevemos nuestro camino más que para estraviarnos. El Océano tiene su carta, los astros su mapa-mundi: la ciencia los desarrolla en su vasto seno; pero Roma es como el desierto donde hasta nuestra memoria nos engaña... De repente palmoteamos y nos gritamos: «¡*Eureka,* una claridad brilla á nuestros ojos!» pero no es más que un engañoso espejo de ruinas!

LXXXII. ¡Ay! ¿donde está la sobérbia ciudad? ¿donde están sus trescientos triunfos y aquel dia en que Bruto hizo más glorioso el puñal de la libertad que la espada de los conquistadores? ¿que se han hecho la elocuencia de Tulio, la armonía de Virgilio, los cuadros de Tito Livio?... ¡Ah! al menos estas obras del génio sobrevivirán eternamente y Roma les deberá una nueva existencia. ¡Compadezcamos á nuestro universo! ya no brillará con el resplandor que le daba Roma libre.

LXXXIII. ¡Victorioso Sila! la fortuna prestó su rueda á tú carro! tú quisiste someter á los enemigos de tú pátria, antes de exponerte á sus justos resentimientos, y para ofrecer tú cabeza á las venganzas contra tí acumuladas, aguardaste que tús águilas se hubiesen cernido sobre la abatida Asia. Tú, cuya mirada aniquilaba los senados, á pesar de todos tús vicios no dejaste de ser romano, pues te atreviste á renunciar sonriendo una diadema más bella que la de los reyes, el laurel dictatorial.

LXXXIV. ¿Podias tú adivinar sobre que frente iria á envilecerse aquella corona que estaba por encima de la condicion de un mortal? ¿Habrias tú creido que cualquiera otro que un romano pudiese hacer doblegar bajo un yugo humillante aquella Roma proclamada eterna, que no armó nunca sus guerreros más que para la victoria; aquella Roma que cubria la tierra con su gigantesca sombra y desplegaba sus ambiciosas alas hasta los límites del horizonte; aquella Roma saludada con el nombre de reina del mundo?

LXXXV. Sila fué el primero de los vencedores; pero Cromwell, nuestro Sila, fué el más sábio de los usurpadores. Cromwell tambien arrojó vergonzosamente á los senados, despues de haber convertido el trono en un cadalso... ¡Inmortal rebelde! ¡cuantos crímenes son necesarios para conseguir un momento de libertad y la fama de los siglos venideros! pero que leccion moral nos ha dejado su destino! El dia mismo que habia sido testigo de sus más bellas victorias, fué tambien testigo de su muerte; mucho más dichoso cuando espiró que cuando conquistó dos coronas.

LXXXVI. El dia tercero de este mismo mes, que él habia hecho glorioso por dos victorias, fué cuando la naturaleza le hizo descender de su usurpado trono, para ser depositado en la tierra de la cual habia sido formado. ¿No ha querido con ello demostrarnos la fortuna, que todo aquello que creemos digno de nuestros deseos y que arrastra y aniquila nuestras almas por escabrosos senderos, es á sus ojos menos á propósito para la dicha que la tumba? ¡Ah! si el hombre podia persuadirse de esta verdad su destino seria mucho mas feliz.

LXXXVII. ¡Salve, ilustre romano, cuya estátua subsiste aun en las austeras formas de una majestuosa desnudez! entre los gritos de furor de sus asesinos tú viste caer á César junto á tú ensangrentado pedestal. Tú le viste cubrirse con los pliegues de su toga para morir con dignidad; víctima en tús altares sacrificada por la reina de los dioses y de los hombres, la formidable Nemesis. César y Pompeyo ¡gloriosos rivales! ya no existís; ¿se os debe honrar como á vencedores de reyes, ó solo habeis sido pobres actores en el teatro del mundo? (1)

(1) *Puppets of a scene,* simples figurillas, títeres, comparsas de un teatro.

(*N. del T.*)

LXXXVIII. Y tú ¡nodriza de Roma, loba herida por el rayo, cuyos pechos de bronce parecen contener aun la leche de los conquistadores, en el palacio donde te admiramos como un antiguo monumento del arte! madre del gran fundador que sacó de tús entrañas su feroz valor! á pesar de los rayos de Júpiter, á pesar de ese rayo, cuya negra cicatriz muestras aun, no abandonas á tús inmortales gemelos, no olvidas tús dulces cuidados de madre.

LXXXIX. Sí! pero ya no existen todos los hijos que amamantaste: desapareció la raza de esos hombres de hierro y el mundo ha construido ciudades con las ruinas de sus tumbas. Imitadores de lo que causaba su espanto, los hombres han vertido su sangre, han combatido y conseguido victorias, siguiendo de léjos las huellas de los romanos; pero ningun guerrero ha podido dar aun á su pátria la omnipotencia de su imperio. Solo un hombre orgulloso ha estado cerca de ello, ¿bajó á la tumba? no, que vive, vencido por sí mismo, esclavo de sus esclavos.

XC. Víctima de su mentirosa grandeza, ha sido una especie de César bastardo, muy inferior al antiguo César: porque el alma del de Roma habia sido fundida en un molde ménos terrestre; tenia éste pasiones más vivas, pero estaba dotado de un criterio frio y de un instinto inmortal que hacian perdonables las debilidades de un corazon á la vez tierno y valiente. A menudo era Alcides hilando á los piés de Cleopatra, mas bien pronto dueño de sí mismo, podia exclamar:

XCI. *Llegué, vi, vencí.* Pero el hombre que hubiese querido que sus águilas repetidamente victoriosas, es cierto, precediesen á los soldados de la Francia, como los halcones alzados por los cazadores, este hombre indómito y extraño tenia un corazon que parecia no escucharse nunca á sí mismo. Una sola debilidad tuvo; la última de todas, la vanidad: su caprichosa ambicion no pudo eximirse... ¿Que queria?... ¿podria contestar y decirnos él mismo lo que queria?

XCII. Ó todo ó nada: esto pretendia ser... no pudo esperar que la inevitable mano de la muerte le hiciese descender del trono: algunos años más y hubiera sido el igual de los Césares, cuya tumba huello bajo mis plantas. La muerte... hé aquí para quien el conquistador erige arcos de triunfo!... por ella se derraman y se han derramado siempre, como otro diluvio, las lágrimas y la sangre de la tierra, sin un arca salvadora para servir de asilo al hombre desdichado. ¡Gran Dios, renueva tú arco iris!

XCIII. ¿Que frutos recogemos en los estériles campos de la existencia? Sentidos limitados, una razon frágil y algunos dias de vida: la verdad es una piedra preciosa oculta en los profundos abismos; todo se pesa en la falsa balanza de la costumbre; la opinion es una reina omnipotente, cuyo oscuro velo cubre la tierra; el bien y el mal se reducen á accidentes de la vida; los hombres temen que sus juicios aparezcan á la luz del dia; tienen miedo de que sus pensamientos se consideren crímenes y de que sobre la tierra brille demasiada claridad.

XCIV. Arrastrando así su cobarde miseria de padre á hijo y de edad en edad, orgullosos de su naturaleza envilecida, dejan al morir á una nueva generacion la herencia de su locura. Estos esclavos de nacimiento se destrozan en las batallas para eternizar sus cadenas; más que ser libres, prefieren combatir como gladiadores en la misma arena donde ven caer á sus compañeros como hojas del mismo árbol.

XCV. No hablo de las creencias de los hombres... quedan estas entre la criatura y el creador... hablo de las cosas convencionales conocidas y averiguadas, cosas de todos los dias y de todas las horas; hablo del yugo que pesa doblemente sobre nosotros, y de las reconocidas intenciones de la tiranía; hablo del mandato de los señores de la tierra, reducidos á serviles imitadores (1) del que en otro tiempo humilló los soberbios y despertó á los reyes dormidos sobre sus tronos. ¡De cuanta gloria se hubiera cubierto, si se hubiese limitado esto su poderoso brazo!

XCVI.   ¿Los tiranos no pueden ser sojuzgados más que por los tiranos? ¿No ha de encontrar la libertad ningun campeon, ningun hijo digno de ella, como los que vió alzarse América cuando de repente se nos mostró guerrera y vírgen, como Palas? ¿tienen necesidad almas semejantes de madurar en los desiertos, en las profundidades de los antiguos bosques, en medio del mugido de las cataratas, en esa tierra, en fin, donde sonrió la naturaleza á la infancia de Washington? Nuestro mundo no encierra ya tales semillas en su seno? ¿no tiene la Europa semejantes riberas?

XCVII.   La Francia se emborrachó de sangre para inspirarnos aversion por sus crímenes! (2) Sus saturnales serán funestas á la causa de la libertad, en todos los siglos y en todos los países. Los dias de horror de que fuimos testigos, la vil ambicion que ha alzado un muro de bronce entre el hombre y sus esperanzas, el último espectáculo que se ha dado al mundo son los pretextos de la mútua esclavitud que marchitan al árbol de la vida y hacen esta segunda caida del hombre más dolorosa aun que la primera.

XCVIII.   Sin embargo, ¡oh libertad! tú destrozado, pero siempre flotante estandarte, no deja de avanzar como el rayo que lucha contra el viento; tú voz, co-

---

(1) *Apes*, esto es, monos.

(*N. del T.*)

(2) Dice el texto: «*But France got drunk with blood to vomit crime*, esto es: la Francia se emborrachó de sangre para vomitar el crímen.

(*N. del T.*)

mo el clarin sonora, aunque hoy debilitada y moribunda, resonará más potente despues de la tempestad. Tú sagrado árbol ha perdido sus flores, y tú ramaje mutilado por el hacha, no ofrece más que una corteza ruda y mústia, pero la sávia vive aun, y sus simientes están profundamente depositadas hasta bajo las tierras del Norte: una primavera más feliz te promete frutos ménos amargos.

XCIX. Es una torre de los pasados siglos, fuerte como una ciudadela y cuyas murallas bastarian para detener un ejército victorioso. Se eleva solitaria adornada aun con la mitad de sus almenas y un manto de hiedra, cuyas ramas se arrastran desde dos mil años por sus resquebrajadas murallas. Esta verdura parece la guirnalda de la eternidad colocada sobre las ruinas del tiempo. ¿Que era esta fortaleza, que tesoro estaba tan cuidadosamente guardado en sus subterráneos?... es el mausoleo de una mujer (1).

C. Pero, ¿quien era esta habitante de las tumbas, amortajada en un palacio? ¿Era casta y hermosa, digna del lecho de un rey... ó más aun... digna del lecho de un romano? ¿de que héroe ó de que guerrero fué madre? ¿que hija querida heredó sus encantos? ¿cual es la historia de su vida, de sus amores y de su muerte? Si la han erigido este soberbio monumento donde no osaran entrar cenizas vulgares, si tantos honores ha recibido, fué sin duda para consagrar el recuerdo de un destino superior al de los mortales.

CI. ¿Fué una de esas mujeres que no aman más que á su esposo, ó de las que que se entregan á un amor adúltero? Los anales de Roma nos enseñan que aun en los tiempos más antiguos conocieron á unas

(1) Aludo aquí á la tumba de Cecilia Metella, llamada *Capo di Bove*, que se halla en la vía Appia.

y otras. ¿Tuvo la prudencia de Cornelia? ¿Orgullosa
de su virtud, resistió constantemente á las seduccio-
nes, ó semejante á la amable reina de Egipto, prefirió las frivolidades y los placeres? ¿Su corazon se
abandonó á una dulce inclinacion ó rechazó al amor
como un enemigo? El corazon conoce estos dos ex-
tremos.

CII. Quizás murió en la flor de su edad, el infortunio doblegó su cabeza bajo un peso doloroso, más
fatigador que el inmenso mausoleo que oprimió
sus cenizas. Una nube veló sus jóvenes encantos.
Sus negros ojos fueron oscurecidos por sombríos colores; presagio del destino que reserva el cielo á
sus favoritos... Una muerte prematura. Sin embargo, al acercarse esparcia entorno de ella un encanto
parecido al del sol poniente, sus ardientes mejillas
brillaron un momento con una claridad enfermiza,
cuyo tinte se asemejaba al rojo de las hojas de otoño, el Hespero de los moribundos.

CIII. Quizá murió en una extrema vejez, sobreviviendo á sus gracias, á su familia y á sus hijos.
Sus largos blancos cabellos recordaban aun algo de
sus dias de frescura y de encanto, cuando sus elegantes bucles descubrian la blancura de su cútis,
cuando era la envidia y la admiracion de Roma.....
Pero, ¿á donde nos llevan nuestras conjeturas? Solo
una cosa sabemos; la esposa del más rico de los romanos, no existe. Hé aquí el monumento del amor
ó del orgullo de su esposo.

CIV. No sé por qué, pero mientras estoy en pié y
mudo ante esta tumba, me parece que he conocido
en otro tiempo á la que la habita; el recuerdo del tiempo que no existe se despierta para mí con los sonidos
de una armonía que me es familiar; pero su tono
ha cambiado y es solemne como la espirante voz de
un trueno que huye á lo léjos bajo el ala de un
viento tempestuoso. ¿No podria quedarme junto á

este mármol, tapizado de hiedra, hasta que hubiese dado un cuerpo á estos nuevos pensamientos inspirados por estas esparcidas ruinas, que son como los flotantes despojos de un naufragio?

CV. ¿No podria, con las rotas maderas que cubren á lo léjos la playa, construirme una barca de esperanza? Iria una vez más á luchar con el Océano y el ruidoso choque de las olas que se precipitan mugiendo sobre la ribera solitaria, donde he visto perecer todo lo que me era más querido. Mas, ¡ay! si lo que aun no han destruido las olas fuera suficiente para mí informe barquichuelo, ¿hácia donde bogaria? Ya no hay asilo, esperanza ni existencia que me atraigan. Mí corazon no ama sino á lo que aquí existe.

CVI. Y bien! que bramen los vientos con violencia, en adelante su voz será mí melodía, y los mochuelos mezclarán á ella sus gritos lúgubres, cuando la noche sustituya al dia. Les oigo ya, al palidecer la luz en la morada de esos pájaros amigos de las tinieblas. Se contestan unos á otros desde el monte Palatino, batiendo las alas y abriendo sus anchos ojos, que brillan con siniestro fulgor.

Al lado de esta vasta tumba de un imperio ¿que son nuestros pesares?..... Yo no sabria contar los mios.

CVII. ¿Que lugar es este donde el ciprés, la hiedra, los espinos y el alelí se entrelazan y forman una masa confusa? Donde quizás en otros tiempos existieron ricos aposentos, se alzan montones de tierra; estos demolidos arcos, estas rotas columnas, estas terraplenadas bóvedas y estas grutas convertidas en subterráneos húmedos y oscuros, donde los mochuelos hallan una eterna noche; este cáos de ruinas, ¿quien podria decirnos á lo que reemplaza? ¿Era un templo, unas termas ó un palacio? la ciencia, como nosotros, no sabe ver más que muros.

¡Contemplad el Monte Imperial! así termina la grandeza humana (1).

CVIII. Hé aquí las lecciones morales de la historia de todos los pueblos; el presente no es más que la repeticion del pasado: primero reina la libertad, luego la gloria; cuando la gloria muere, la riqueza, los vicios, la corrupcion y la barbarie, la suceden.

La historia, en todos sus numerosos volúmenes, no tiene más que una página: aquí donde el orgullo de los tiranos habia reunido todos los tesoros y todas las voluptuosidades, aquí es donde se lee mejor..... pero las palabras son inútiles, ¡acercaos!

CIX. Venid á admirar, venid á entusiasmaros, venid á sonreir despreciativamente y á verter lágrimas: todos estos sentimientos pueden experimentarse en este lugar. Oh vosotros mortales, siempre suspendidos entre una sonrisa y una lágrima, siglos é imperios se os aparecen en confusa mezcla; esta montaña, cuya cima está aterrada, era como una pirámide de tronos amontonados y los adornos de la gloria la daban tal brillantez, que parecia que el sol le tomaba prestado un doble resplandor. ¿Donde están estos palacios?, donde están los hombres que lograron construirlos?

CX. Tulio fué ménos elocuente que tú, columna sin nombre, cuya base yace sepultada! ¿Que me importan los laureles que adornaban la frente de César? Yo quiero coronarme con la hiedra que tapiza las ruinas de su palacio. ¿Cual es este arco de triunfo? Cual esta columna que apercibo ante mí? Es la de Tito ó la de Trajano? No, es la del tiempo. Conquistas, trofeos, columnas, el tiempo sonriendo cambia vuestros nombres y la estátua del heredero

_____

(1) El Palatino es una mole de ruinas, principalmente del lado del circo.

de los apóstoles ocupa hoy el sitio de la urna imperial (1).

CXI. Las cenizas que contenia estaban como sepultadas en el aire en medio del azulado cielo de Roma y cercanas á los astros. El alma que en otro tiempo las animó era digna de habitar esas sublimes regiones. Augusto monarca, tú fuiste el último de los que reinaron sobre el mundo, ¡el mundo romano! Despues de tí ningun brazo fué bastante fuerte para sostener el cetro y conservar tús conquistas!... Fuiste algo más que un Alejandro; tús virtudes no se mancharon nunca en el trono con la sangre ni con el libertinaje: aun hoy adoramos el nombre de Trajano.

CXII. ¿Dónde está la colina de los triunfos, ese templo de la gloria donde Roma abrazaba á sus héroes? ¿Dónde la roca Tarpeya, último término de la perfidia, otro promontorio desde donde precipitando á los traidores se les curaba de toda ambicion? ¿Es aquí donde los vencedores depositaban sus despojos? Aquí es... y en esa llanura que se estiende debajo, diez siglos de banderías duermen en silencio. Ved el foro donde se pronunciaron tantos inmortales discursos; el aire está aun impregnado de la ardiente elocuencia de Ciceron.

CXIII. Hé aquí el teatro de la libertad, de los partidos, de la gloria y de la matanza. Aquí se exhalaron las pasiones de un pueblo orgulloso, desde el nacimiento del imperio hasta el momento en que Roma no tuvo ya más mundos que conquistar. Hacia mucho tiempo que la libertad habia velado su frente, viendo á la anarquía usurpar sus atributos, y al primer soldado que osaba sobreponerse á la ley pisotear los acuerdos de un Senado tembloroso, ó

(1) La columna Trajana está coronada por una estátua de San Pedro, y la de San Pablo se halla colocada sobre la columna Aurelia.

comprar los votos venales de los ciudadanos más viles que lo prostituian.

CXIV. Dejemos la larga série de tiranos de Roma, para celebrar el nombre de su último tribuno. Arrancaste á siglos enteros de la vergüenza y de las tinieblas, ¡oh tú, el amigo de Petrarca, la esperanza de Italia, Rienzi, el último de los romanos! Mientras el marchito tronco del árbol de la libertad produzca algunas hojas, sirvan para tejer una guirnalda á tú tumba, orador del foro, jefe del pueblo, nuevo Numa, cuyo reinado fué ¡ay! demasiado corto.

CXV. ¡Egeria! dulce creacion de un corazon que prefirió tú seno ideal á todo otro mortal seno, para reposar su cabeza; aérea y jóven aurora, ninfa imaginaria de un amante desesperado, ó quizás tambien belleza terrestre que resististe los tiernos homenajes de un rey; sea cual fuere tú orígen, fuiste un hermoso pensamiento revestido de las formas más seductoras.

CXVI. El musgo de tú sagrada fuente se vé regado aun por tús puras ondas, dignas de fluir en el Eliseo. El límpido cristal que protege tú gruta ha sido respetado por los años, y refleja en tú tersa superficie el dulce génio del lugar, cuyo verde retiro no han profanado las obras del arte. Tús aguas transparentes no se ven condenadas á dormir en una prision de mármol; brotan con melodioso murmullo del basamento de tú estátua y serpentean aquí y allá en las praderas vecinas.

CXVII. La hiedra y el helecho se arrastran al rededor en fantástico desórden; las verdeantes colinas están esmaltadas de tempranas flores; un ligero ruido descubre al lagarto, de sútil mirada, que huye á través del césped y los pájaros de la primavera os saludan con sus cantos armoniosos. Mil variadas plantas parecen conjuraros á admirar sus nuevas flores que el céfiro balancea como un cuadro mágico. Embellecida por el amoroso soplo del aire, la violeta, brilla con los azulados colores de los cielos.

CXVIII. ¡Oh Egeria! Bajo esta encantada umbría hallaste un asilo; aquí latia tú corazon al reconocer de léjos el ruido de los pasos de tú amante; la noche prestaba á vuestras citas misteriosas el dosel estrellado de la bóveda celeste: sentada cerca de tú amado bien, tú suerte era muy digna de envidia. ¡Ah! esta gruta no ha podido ser formada más que para proteger la llama de una diosa; aquí existe el templo del amor puro... ¡el primero de los oráculos!

CXIX. Al responder á su ternura ¿no unias un corazon celeste al corazon de un mortal? El amor que muere suspirando, como nació, no te debe transportes inmortales?¿No podias tú convertirlos en inmortales, comunicar la pureza de los cielos á las voluptuosidades terrestres, despojar la saeta del veneno, sin embotarla, alejar la saciedad, que todo lo destruye, y arrancar de raíz las fatales espinas que entristecen nuestras almas?

CXX. ¡Ay! la fuente de nuestras primeras inclinaciones vá á agotarse ó no riega más que la estéril hierba de triste abundancia, la cizaña de la inadvertencia, flores de enfermizo tallo á pesar de su esplendor, y cuyo perfume salvaje no produce más que dolores, árboles, en fin, que no destilan más que un negro veneno! Tales son las plantas que hace nacer bajo sus pasos la pasion que atraviesa las áridas arenas del mundo y que suspira en vano en pos de los celestes frutos que nos son rehusados.

CXXI. ¡Oh amor! tú no eres un habitante de este mundo: arcángel invisible, creemos en tí, y los mártires que proclaman tú culto son los amantes, cuyo corazon está destrozado, pero jamás mortal alguno te vió hasta hoy, jamás te se verá tal como debes ser; la imaginacion te ha creado como ha poblado el cielo, segun el capricho de sus propios deseos. Esta forma, esta imágen que ha dado á un pensamiento, persigue sin cesar al alma consumida por una sed abrasadora y rendida por la fatiga y las torturas que la desgarran.

CXXII.   El alma, disgustada de la belleza natural, creó en su delirio séres imaginarios. ¿Donde están los facciones que ha creado el génio del escultor? En sus solos ensueños. ¿Podria la naturaleza enseñarnos un sér tan hermoso? ¿Donde están los encantos y las virtudes que osamos concebir en la juventud y perseguir en la edad madura? Paraíso ideal hácia el que tendemos en vano y que nos desesperas, tú extravías el pincel y la pluma que quisieran reproducirte en todo tú esplendor.

CXXIII.   El Amor no es más que un delirio... es la demencia de la juventud, pero su curacion es aun más amarga. Cada dia arrebata un encanto á nuestros ídolos y descubrimos por fin que no tienen ni el mérito ni la belleza con que habíamos adornado sus formas ideales. El encanto fatal subsiste aun, nos domina y recogemos las tempestades que sembramos: el corazon, obstinado como el alquimista en busca de un tesoro que no existe, se cree más rico cuanto más cerca está de la miseria.

CXXIV.   Nosotros nos marchitamos desde nuestra juventud, jadeando y llevando con nosotros una llaga cruel. El remedio nos es desconocido: no podemos refrigerar nuestros ardientes lábios; á veces en la tarde de la vida algun fantasma semejante á los que en otro tiempo perseguimos viene á seducirnos un momento. Es demasiado tarde... somos doblemente desgraciados. El amor, la gloria, la ambicion, la avaricia, todo es inútil, todo nos pierde; aunque bajo diferentes nombres, son los mismos meteoros que nos extravian y la muerte es el negro vapor en que se desvanece su llama.

CXXV. Algunos... pero ¡que digo! nadie encuentra lo que amó ó lo que pudo amar: en vano la casualidad, una ciega reconciliacion y la imperiosa necesidad de amar desvian todas nuestras antipatías... reaparecen bien pronto envenenadas por imperdonables ultrajes.

La Conveniencia, divinidad completamente material que todo lo desencanta, crea los males que descargan sobre nosotros, ó les presta el auxilio de su varita mágica, semejante á una muleta, y cuyo contacto reduce á polvo todas nuestras esperanzas.

CXXVI. Nuestra vida es una falsa naturaleza... no existe en la armonía universal... ¿Porque tan terrible decreto dirigido contra nosotros? ¿Porque esta imborrable mancha del pecado? Vivimos bajo un árbol destructor, bajo un upas (1) de prolongado ramaje; su raíz es toda la tierra; sus ramas y sus hojas son los cielos que destilan sobre el hombre como un rocío sus inagotables azotes; la enfermedad, la muerte, la esclavitud, todos los males que vemos, y los más funestos aun que no vemos, asedian al alma con torturas renovadas incesantemente.

CXXVII. Atrevámonos á contemplar nuestro destino cara á cara. Renunciar á los derechos del pensamiento es abandonar cobardemente á la razon; el pensamiento es nuestro último y solo refugio, á lo ménos lo será siempre mio: desde nuestra cuna esta facultad divina se vió encadenada y torturada, estrechamente presa y retenida entre las tinieblas, de miedo á que la verdad arrojase sobre nuestros sorprendidos ojos una luz imprevista y demasiado esplendorosa: pero es en vano, el rayo inmortal penetra hasta nosotros y la ciencia y el tiempo curan nuestra ceguera.

---

(1) Upas, árbol de Java que destila un jugo muy venenoso.
(N. del T.)

CXXVIII.   ¿Que arcadas son esas que se alzan sobre otras arcadas? Diríase que Roma, reuniendo los diversos trofeos con sus guerreros, ha querido formar un solo monumento con todos sus arcos de triunfo... es el Coliseo. Los argentados rayos de la luna brillan en él cual si fueran sus naturales luces; parece que solo una claridad divina puede alumbrar esta inagotable fuente de meditaciones; las azuladas sombras de una noche de Italia, que se ciernen sobre este vasto y sublime edificio, parecen un velo arrojado sobre sus grandezas.

CXXIX.   Aquí la bóveda celeste parece dotada de la palabra: proclama la eternidad. Las cosas de este mundo, sobre las que el tiempo ha dejado la huella de sus pasos, están animadas de una especie de sentimiento; pero los edificios medio demolidos por sus golpes y contra los que su destructora guadaña se ha roto, están sobre todo, revestidos de un encanto mágico y superior á la pompa de esos suntuosos palacios que esperan aun el barniz de las edades.

CXXX.   ¡Oh Tiempo! tú que embelleces todo lo que no existe; tú que hermoseas las ruinas, ¡única consolacion de los corazones afligidos! tú que corriges el error de nuestros juicios; tú que pones á prueba el amor y la amistad; único filósofo, porque todos los otros no son más que sofistas; ¡oh Tiempo! vengador de la injusticia, que las demoras no absuelven jamás! elevo hácia tí, mis manos, mis ojos y mi corazon; te suplico que me concedas una gracia.

CXXXI.   En medio de estos escombros, donde te has erigido un altar y un templo, que su vasta soledad hace aun más sagrado; entre las ofrendas más dignas de tí, me atrevo á mezclar las mias, los amargos frutos de algunos años, pocos en número, es cierto, pero fecundos en desgracias. Si alguna vez me viste demasiado lleno de orgullo, rehusa escucharme; pero si fuí modesto en los dias de prosperidad, si he reservado todo mí valor para el ódio que me ha perseguido sin anonadarme, haz que no en vano haya llevado este dardo en mí corazon... ¿No conocerán tambien las lágrimas mis enemigos?

CXXXII. Y tú, gran Nemesis (1), cuya mano jamás abandona la balanza de las injusticias de los hombres; tú, que llamando á las furias del fondo del abismo las ordenaste perseguir á Orestes con sus serpientes, para aproximar una venganza que hubiese sido justa, si otra cualquier mano la hubiese cumplido; en estos lugares, donde los antiguos te rindieron homenaje durante largo tiempo; en estos lugares que te fueron consagrados, te invoco hoy. ¿Oyes la voz de mí corazon? Despiértate... es preciso que me escuches...

CXXXIII. No es que quizá yo no haya merecido, por mís culpas ó las de mís padres, la herida que ha lastimado mí corazon; y si me hubiese sido inferida por un arma justa, no hubiese procurado restañar mí sangre; pero no veo que sea absorbida por la tierra... A tí te la consagro... tú te encargarás de la venganza... todavía es tiempo de buscarla; y si no la he buscado por mí mismo, por respeto por... no importa... duermo, pero tú velarás por mí.

CXXXIV. Si levanto mí voz no es porque tiemble al recordar lo que he sufrido; que hable el que haya visto palidecer mí frente ó desfallecer mí corazon en sus más duros trances; pero deseo que esta página sea un monumento para mí memoria; mís palabras no se desvanecerán en los aires, aun despues que esté reducido á polvo; ha de llegar el dia en que se cumplan las amenazadoras predicciones de estos

---

(1) Diosa de la venganza.

versos, cayendo todo el peso de mí maldicion sobre la cabeza de mís perseguidores.

CXXXV. Les perdono, hé ahí mí maldicion. Tomo al cielo y á la tierra por testigos ¿no he tenido que luchar contra mí destino? ¿no he sufrido ultrajes que no merecen perdon? ¿no he visto mí alma y mí corazon destrozados, mís esperanzas destruidas, mí nombre calumniado? ¿no he sido alevosamente engañado en todo cuanto para mí era más caro? ¡Ah! si no soy víctima de la desesperacion, es porque no he sido enteramente formado con los elementos impuros que han dado el sér á los que contra mí se armaron.

CXXXVI. Desde las persecuciones más declaradas hasta las pequeñas perfidias ¿no he visto todo lo que podia el ódio de los hombres? Aquí la calumnia echando espumarajos de rábia, me acusaba en alta voz; allí la rastrera envidia pronunciaba mí nombre en voz baja destilando su más sutil veneno; gente de dos caras, cuyo ojo significativo interpreta el silencio y que por un gesto ó por un hipócrita suspiro, comunican al círculo de ociosos su muda maledicencia.

CXXXVII. He vencido, sin embargo, y no ha sido en vano: mí espíritu puede perder su fuerza; mí corazon el fuego que le anima; puedo perecer luchando contra mís desdichas; pero hay en mí alguna cosa que desafía el dolor y el tiempo y que me sobrevivirá cuando deje de ser: parecido al recuerdo que dejan las últimas notas de una lira, se detendrá sobre sus enternecidos corazones un sentimiento que no sospechan y que nada tiene de terrenal. Esos corazones, que hoy dia son de piedra, sentirán entonces el tardío remordimiento del amor.

CXXXVIII. Se acabaron ya mís lamentos... Ahora, yo te saludo, formidable poder, cuyo nombre ignoramos, si bien al recorrer esos lugares en la sombría hora de la media noche, te nos revelas de una manera tan encantadora como irresistible, y nos inspiras un profundo recogimiento que nada tiene de comun con el miedo! ¡Salve! tú moras siempre en los sitios donde los muros de derruidos monumentos aparecen con su manto de yedra: ese imponente espectáculo te dá un sentimiento tan profundo y verdadero, que nosotros mismos formamos parte del pasado, convirtiéndonos en invisibles testigos.

CXXXIX.   En estos sitios resonó antiguamente el confuso rumor de solícitas naciones que expresaban su piedad con un sordo murmullo, ó aplaudian con estrepitosas aclamaciones, cuando el hombre era degollado por su semejante el hombre. ¿Degollado por qué? por ser esta la generosa ley del circo y el placer imperial. ¿Pero que importa? puesto que morimos para servir de pasto á los gusanos, ¿qué más tiene caer sobre un campo de batalla ó sobre la arena de un circo? Uno y otro son teatros donde ván á pudrirse los principales actores.

CXL.   Veo ante mí estendido al gladiador; su cabeza está apoyada sobre su mano; con su viríl mirada dice que consiente en morir, pero que domina su dolor: su inclinada cabeza se cae por grados; las últimas gotas de su sangre se escapan lentamente de su entreabierto seno y caen una á una como las primeras gotas de una lluvia tempestuosa. Gira ya la arena á su alrededor... y expira antes que hayan cesado las bárbaras aclamaciones que saludan al vencedor.

CXI.   El las ha oido, sin conmoverle en lo más mínimo... sus ojos y su corazon estaban muy léjos del circo. La victoria y la vida que perdia nada valian para él, que creia ver su choza salvaje á orillas del Danubio, y á sus pequeños hijos jugueteando en torno de su madre... mientras él degollado en las fiestas de Roma... ¡Horrible pensamiento que se une á su agonía!...¿Pero morirá sin venganza?... ¡Levantaos pueblos del Norte! venid á saciar vuestro justo furor!

CXLII. Pero aquí donde el homicidio respiraba el vapor de la sangre; aquí donde las naciones obstruian todas las avenidas, bramando ó murmurando como las aguas de un torrente de las montañas cuando encuentra revueltas y obstáculos; aquí donde la vida y la muerte no eran más que un juego para el pueblo romano, y estaban á merced del capricho del populacho, solo mí voz resuena en este momento, en que los pálidos rayos de la luna iluminan la desierta arena, las hundidas gradas, los muros casi arruinados y las galerías subterráneas donde mís pisadas despiertan la voz de los ecos.

CXLIII. ¡Ruinoso monumento!... ¡pero que ruinas! de su mole se han construido murallas, palacios, ciudades casi enteras; y sin embargo os paseais largo tiempo sobre este enorme cadáver, sin que nada indique á vuestros sorprendidos ojos en donde podia estar todo lo que le han arrebatado. ¿Se habrán limitado á sacar los escombros de su recinto? Solo cuando habeis examinado enteramente el colosal monumento, la brecha se descubre por completo ante vosotros. La luz del dia le hace traicion; los rayos del sol son demasiado brillantes para todos los objetos, sobre los cuales el hombre y el tiempo han ejercido sus estragos.

CXLIV. Pero cuando la luna empieza á levantarse en el horizonte y se detiene sobre el último de los arcos; cuando á través de las hendiduras de las piedras las estrellas brillan y la ligera brisa de la noche hace balancear en el aire el bosque que corona estos parduzcos muros, parecido al laurel sobre la calva frente del primero de los Césares (1); cuan-

_____

(1) Segun Suetonio el Senado autorizó á César para llevar siempre una corona de laurel, que él usaba, para no dejar ver su calva.

do sin deslumbrarnos se difunde á nuestro alrededor una dulce luz, entonces se levantan en este mágico recinto las sombras de los muertos: los héroes han pisado estas piedras; es su polvo el que pisan nuestros piés.

CXLV. «Mientras esté en pié el Coliseo, Roma estará en pié, cuando caiga el Coliseo, Roma caerá con él; y cuando caiga Roma, caerá el mundo con Roma.» Así se expresaban los peregrinos de mí pátria al hablar de esa vasta muralla del tiempo de los sajones, que nos hemos acostumbrado á llamar antigua; cada una de esas tres cosas perecederas descansan aun sobre sus cimientos: Roma, la ruina del Coliseo, que nada podrá reconstruir, y el mundo, en fin, que es siempre una gran caverna de ladrones, ó lo que querais.

CXLVI. Sencillo, majestuoso, severo y sublime en tú arquitectura, consagrado á todos los santos y templo de todos los dioses desde Júpiter á Jesucristo; conservado y embellecido por el tiempo, lo has visto bambolear y caer todo á tú alrededor sin inmutarte, arcos de triunfo é imperio; mientras que el hombre corre siempre trás el polvo de su tumba por un sendero de espinas; glorioso edificio ¿subsistirás eternamente? la guadaña del tiempo y el cetro de hierro de los tiranos se estrellan contra tús piedras. ¡Panteon, Santuario y asilo de las artes y de la piedad, orgullo de Roma!

CXLVII. Monumento de un tiempo más glorioso y de artes las más nobles, degradado, pero perfecto aun, se respira en tú recinto un silencioso recogimiento que habla á todos los corazones; tú eres un modelo para el artista. El mortal que viene á Roma en busca del recuerdo de las edades, puede pensar que la gloria no deja pasar sus rayos más que por la abertura de tú sagrada cúpula; los hombres atraidos por la piedad hallan aquí altares para depositar sus plegarias; si es que vienen para admirar el génio pueden fijar sus ojos sobre las imágenes de los grandes hombres, cuyos bustos embellecen este edificio (1).

CXLVIII.   Pero, hé aquí un calabozo (2): ¿que distingo entre la oscuridad de sus revueltas? Nada. Vuelvo á mirar; dos sombras se ván lentamente diseñando ante mi vista. Son dos fantasmas de mí imaginacion... pero no, están efectivamente en mí presencia. Es un anciano y una jóven nodriza, cuya sangre se convierte en néctar desde que amamanta un hijo querido. ¿Que hace ella aquí con su seno descubierto? nada encubre sus dos globos de alabastro.

CXLIX.   Una leche pura llena estas dos fuentes de la vida; el hombre halla su más dulce y su primer alimento sobre el corazon de su madre; del corazon de una madre procede este bienhechor licor; ¡dichosa la jóven esposa cuando contempla la inocente mirada y el ligero murmullo de los lábios de su hijo, que expresan un momento de reposo y la ausencia de todo dolor! ella comprende la alegría que anima á su hijo; el hombre no podria adivinarla, ella admira en la cuna á su idolatrado bien, parecido al boton de la rosa que se abre lentamente... ¿Que llegará á ser este niño?... lo ignoro... Eva parió á Cain.

CL.   Pero ahora es á la vejez á quien una jóven mujer ofrece este precioso alimento; es á un padre á quien ella devuelve la sangre que recibió con la vi-

(1)   El Panteon está hoy dia ocupado por los bustos de grandes hombres.

(2)   En esta y en las tres siguientes estrofas, aludo á aquella hija romana, cuya historia es recordada al viajero por el sitio en que aseguran ocurrió el hecho. Hoy dia es la iglesia de San Nicolás *in carcere*. Se nos resiste bastante creer en la verdad de esta historia.

da. No, él no morirá, mientras que el fuego de la salud y el amor filial alimenten en su seno la fuente que en él ha colocado la naturaleza, manantial más fecundo que el rio del Egipto. Arrima tús lábios al seno de tú hija, infortunado anciano; ¡ojalá pueda prolongar tú existencia, que en el cielo no hallarás néctar como este!

CLI. La fábula de la vía láctea, no es tan pura como esta historia, que brilla con más dulce claridad: y en este trastorno de sus leyes la naturaleza aparece mucho más poderosa que en el elevado espacio donde ella ha colocado mundos resplandecientes de luz. ¡Oh venerable nodriza, no se perderá ni una sola gota de la leche que reanimó el corazon de tú padre, devolviéndole la vida que te dió! esta leche volvió á su primitiva fuente, al igual que nuestras almas escapadas de las ligaduras del cuerpo ván á confundirse con el universo.

CLII. Dirijámos nuestros pasos hácia la mole de Adriano (1), imitacion de las antiguas pirámides de Egipto, copia colosal de aquellos informes monumentos. El capricho de un emperador buscó este enorme modelo en las lejanas orillas del Nilo, condenando al artista á trabajar en esta obra de gigantes y á levantar este edificio para que un dia guardara sus vanas cenizas. El filósofo sonrie desdeñosamente en presencia de esos trabajos de un mortal, recordando el pensamiento que presidió á su construccion.

CLIII. Pero aquí tenemos un vasto y admirable templo (2), al lado del cual la maravilla de Diana, seria una celdilla: es el sagrado templo de Jesucristo, levantado sobre la tumba de su mártir. He visto la obra maestra de Efeso, sus columnas por el

(1) El castillo de San Angelo.
(2) Esta estrofa y las diez siguientes se refieren á la iglesia de San Pedro.

desierto dispersas, la hiena y el chacal descansando bajo su sombra; he visto la cúpula de Santa Sofía levantarse como un brillante globo á los rayos del sol; he recorrido su santuario miéntras los usurpadores musulmanes elevaban sus preces á Aláh;

CLIV. pero entre todos los antiguos templos y modernos altares, nada se te puede comparar, edificio imponente, el más santo, el más verdadero, el solo digno del Eterno. Desde la desolacion de Sion, cuando el Altísimo abandonó la ciudad elegida, de cuantos monumentos se han levantado en su honor por la mano del hombre, ¿cual es el que podria ser más sublime? majestad, poder, gloria, fuerza y belleza todo se halla reunido en este templo del Dios del universo.

CLV. Entrad; su grandeza no os abruma, ¿porqué? no es que el templo se haya encogido, es que vuestra alma, por el génio del sitio engrandecida, se convierte en colosal y no puede encontrar una morada más digna de ella que en este templo donde están consagradas las esperanzas de su inmortalidad. Si sois considerado digno, contemplareis un dia á vuestro Dios cara á cara, como contemplais en este momento á su *Santo de Santos;* le contemplareis sin ser aniquilado por su mirada.

CLVI. Avanzad...Pero la elegancia de este recinto os engaña... el templo se engrandece como una alta montaña, cuya cima parece alejarse de los que á ella trepan. Al descubrirse todas las partes de su inmensidad dejan ver su armonía; se ofrecen á vuestros asombrados ojos ricos mármoles, cuadros más ricos aun, altares donde arden lámparas de oro, y por último la cúpula sublime que compite en elevacion con los más bellos edificios, aunque sus cimientos descansen bajo la tierra y las nubes puedan reclamar los suyos.

CLVII. No podeis verlo todo y os es menester di-

vidir ese gran todo para ir contemplando sucesivamente cada una de sus partes; y á la manera que el
Océano forma mil riberas que atraen vuestras miradas, concentrad toda la atencion de vuestra alma
sobre cada objeto aislado; concentrad vuestros pensamientos hasta tanto que hayais grabado en vuestra memoria sus elegantes proporciones y desarro-
llado gradualmente el glorioso cuadro que no ha
podido ofrecerse en su conjunto á vuestros ojos sobrado débiles para abarcarlo desde luego.

CLVIII. Tal es la imperfeccion de nuestros sentidos externos: nada pueden comprender mas que
gradualmente, y todo sentimiento profundo no tiene palabras para expresarse. Así es como este edificio está por encima de nuestra admiracion: su extraordinaria grandeza desafia desde luego la peque-
ñéz de nuestra naturaleza, hasta el momento que
engrandeciéndonos como él, elevamos nuestra alma
á la altura de lo que contempla.

CLIX. Deteneos y abrid vuestros ojos á una claridad divina. Hay aquí algo mas que la satisfaccion de la sorpresa, ó que el sentimiento religioso
dirigido á la divinidad del templo, ó que la simple
admiracion hácia el arte y los grandes maestros que
supieron alzar un edificio superior á todo lo que ha
producido ó concebido la antigüedad. La fuente de
la sublimidad descubre aquí sus profundidades; el
hombre se enriquece con estas arenas de oro, y
aprende lo que pueden las concepciones del génio.

CLX. Pero vayamos al Vaticano á contemplar
el dolor, ennoblecido por las torturas de Laocon-
te, el amor de un padre y la agonía de un mortal,
soportada con la paciencia de un Dios.... ¡Esfuerzos
inútiles! En vano es que los brazos del viejo se re-
sistan contra los tortuosos repliegues entre los que
le oprime el dragon: esta inmensa cadena viviente
le aprisiona en sus envenenados anillos: el enor-

me mónstruo multiplica sus angustias y pone por fin un término á sus ahogados suspiros.

CLXI. Mas léjos está el Dios, cuyo arco lanza flechas inevitables, el dios de la vida, de la poesía y de la luz: el sol en forma humana. Su frente irradía con la victoria alcanzada; la flecha acaba de partir brillante con la venganza de un inmortal; sus ojos y el movimiento de sus lábios espresan un noble desdén; la potencia, la majestad respiran en su rostro, y su sola mirada anunciaria un Dios.

CLXII. Pero las elegantes proporciones de sus formas semejan un sueño de amor, tal como se habrian revelado á alguna ninfa solitaria, cuyo corazon suspirara por un amante inmortal y se estraviara á menudo en sus visiones. En él se reconoce todo lo que la belleza ideal pudo hacer concebir al alma en sus emociones menos humanas, cuando cada uno de sus pensamientos era una celeste inspiracion y un rayo de inmortalidad que arrojaba á lo léjos un resplandor divino y realizaba poco á poco la imágen de un Dios.

CLXIII. Si es verdad que Prometeo arrancó al cielo el fuego que nos anima, no le debemos nada, gracias al artista que ha sabido revestir este poético mármol de una eterna perfeccion. Si es aquella la obra de una mano mortal, no es una concepcion humana; el tiempo mismo la ha respetado como sagrada; ningun bucle de su cabellera se ha reducido á polvo. No ha adquirido ningun tinte del barniz de los siglos y respira aun el sagrado fuego que presidió á su formacion.

CLXIV. Mas, ¿dónde está el peregrino de mís versos, el sér á quien acompañaba en otro tiempo mí musa? ¡Tarda bastante en reaparecer en escena!.... no existe... sus excursiones han terminado, sus visiones se han desvanecido; está como si no hubiese existido jamás. Si fué algo más que un viajero imaginario, si podia contársele entre las criaturas que viven y sufren... que se le olvide. Su sombra se pierde entre las confusas masas de los dominios de la nada.

CLXV. Allá se reunen las sombras, las substancias, la vida y todo lo que ella enlaza con nuestra mortal condicion; allá está extendido un velo universal á través del cual todo se convierte en fantasmas. Una nube se interpone entre nosotros y todo lo que fué ilustre en otro tiempo, hasta que por fin la gloria la atraviesa con sus rayos y esparce una melancólica luz que reina en el sombrío imperio de las tinieblas. Esta luz es más triste que la más triste noche, porque distrae nuestras miradas

CLXVI. y nos obliga á contemplar las profundidades del abismo para buscar en él, lo que llegaremos á ser algun dia, cuando yaceremos hundidos muy por debajo de nuestra desgraciada existencia. ¡Y soñamos aun con la gloria! ¡quisiéramos que convirtiese en esplendoroso el nombre vano que no oiremos ya!... ¡Oh consolador pensamiento! nosotros no volveremos á ser lo que fuimos: ¿no basta con haber soportado una vez la carga que ha pesado sobre nuestros corazones?... ¡nuestros corazones inundados por un sudor de sangre!

CLXVII. Pero, ¡silencio! una voz se eleva del abismo: es un murmullo lejano y espantoso, tal cual deja oir todo un pueblo herido incurable y profundamente. En medio de la tempestad y las tinieblas, la tierra se entreabre y gime; el abismo está poblado por fantasmas: una de ellas se asemeja á una reina, aunque no lleva coronada su frente; pálida, pero hermosa aun, abraza á su hijo con dolor maternal y lo acerca en vano á su seno.

CLXVIII. Ultimo vástago de una raza de monarcas ¿donde estás? Esperanza de varias naciones ¿has cesado de vivir? ¿No podia haberte olvidado

la tumba y llamar hácia ella una cabeza ménos majestuosa y ménos querida que la tuya? Madre por
un momento ¡ay! en medio de esa noche de tristeza y
mientras gemias por tú hijo, la muerte vino á terminar todos tús dolores! Contigo se ha desvanecido
nuestra felicidad presente y la que pará su porvenir esperaban las islas imperiales.

CLXIX. La compañera del labrador es madre sin
que le cueste la vida, pero tú... ¡ay! ¡eras tan dichosa y tan querida de tú pueblo! Los que jamás lloran el destino de los reyes, verterian lágrimas por
el tuyo. La libertad, desolado el corazon, vé perdi-
das sus más dulces esperanzas; la libertad hacia votos por tí y veia su arco iris detenido sobre tú cabeza... Y tú, príncipe infortunado y solitario, en vano
el himeneo te unió á tú real compañera, ¡esposo un
año tan solo y padre de un hijo que no ha vivido (1)!

CLXX. Tú vestidura nupcial no era más que un
tejido de luto; el fruto de tú himeneo solo cenizas:
en el polvo de la tumba yace la rubia hija de las
islas y el amor de millones de súbditos! ¡Con cuanta confianza pusimos en sus manos el cuidado de
nuestro porvenir! Y aunque este porvenir no fué
para nosotros más que la noche de la tumba, nos
recreábamos pensando que nuestros hijos obedece-
rian al suyo y bendecirian á la madre con su posteridad deseada. ¡Ay! esta promesa de dicha era para
nosotros como la querida estrella de los pastores...
y era un meteoro solamente.

CLXXI. Desgraciados nosotros, y no ella que
duerme el más apacible de los sueños. ¡Ay!... ¿que
hubiera hallado en el trono? El vapor incierto
que forma el hálito del aura popular, los pérfidos
consejos de una corte de aduladores y esos oráculos

(1) El príncipe de Sajonia-Coburgo, despues rey de los
belgas.

mentirosos que desde el nacimiento de las monar-
quías han resonado como toque de agonía en los
oidos de los príncipes, hasta que las naciones exas-
peradas se sublevan en un transporte de furor. Extraño destino que derroca los más grandes reyes, y
arroja en la balanza opuesta un peso formidable
contra su ciego poderío y que tarde ó temprano
los aplasta (1).

CLXXII.   Tales hubiesen podido ser sus destinos.
Pero no, nuestros corazones se resisten á creerlo
¡tan jóven y tan bella! buena sin esfuerzo; grande
sin tener un solo enemigo; esposa y madre hace un
momento y ahora yaces *allí*....... ¡Cuantos lazos ha
roto tan cruel momento! ¡Princesa querida! desde el
corazon de tú padre hasta el del último de tús súbditos, se continúa la cadena eléctrica de nuestra desesperacion. La fatal noticia de tú muerte se ha es-
parcido como el terror de un terremoto : el luto
reina en este imperio donde todos se disputaban la
dicha de amarte con mayor cariño.

CLXXIII.   Salve, Némi (2); colocada en el centro
de un recinto de verdes colinas, te ries del furioso
vendabal. En vano ha podido desarraigar la robusta
encina, forzar al Océano á traspasar sus límites y lanzar hasta las nubes la espuma de las olas, es preciso
que respete á pesar suyo el espejo de tú cristalino
lago. Tranquila como el ódio que disimula, ofréce-
nos su superficie un aspecto frio y apacible que
nada puede turbar; sus aguas giran en torno de sí
mismas semejantes á una dormida serpiente.

(1)   María pereció en el cadalso; Isabel murió de dolor. Cárlos V murió ermitaño; Luis XIV hizo bancarota de dinero y de
gloria; Cromwell murió de inquietud; y el más grande de todos
Napoleon, vive prisionero. Podria unirse á esta lista de soberanos
una extensa lista de otros nombres igualmente ilustres y
desgraciados.

(2)   Poblacion italiana á 16 millas al S. E. de Roma, (Aricia)
hoy la Riccia ó Aroccia.   (*N. del T.*)

CLXXIV. Las ondas del Albano apenas separadas del lago de Nemi, riegan el vecino valle; más léjos el Tiber pasea sus olas y el vasto Océano baña la playa del Lacio donde comenzó la guerra épica del Troyano, cuya triunfante estrella presidió los destinos de un imperio; podeis divisar tambien el retiro donde Tulio olvidaba el bullicio de Roma; y del lado donde una cortina de montañas intercepta la vista, estaba en otro tiempo esa *villa* (1) del país de los Sabinos, donde Horacio se gozaba en hallar el reposo.

CLXXV. Pero me olvido de que la peregrinacion de Harold ha terminado y de que debemos separarnos. Me despido de él, por haber llegado como yo al término de su camino: pero séanos permitido una vez más contemplar el mar; sus ondas brillan á nuestros embelesados ojos y desde la cima de la montaña de Alba, vemos de nuevo al amigo de nuestra juventud, á ese Océano que hemos seguido en otro tiempo desde las rocas de Calpe hasta los lugares donde el sombrío Euxino rodea á las Simplégadas con sus azuladas ondas.

CLXXVI. Largos años, muy largos, y sin embargo poco numerosos, largos años se han deslizado desde entonces para Harold y para mí. ¡Ay! aun estamos en el mismo sitio; algunas penas, algunas lágrimas más, hé aquí todo lo que le debemos al tiempo. No envano, sin embargo, hemos recorrido la carrera de la vida, hemos recibido nuestra recompensa y en estos lugares, es donde la hemos hallado. Si, es una verdadera recompensa poder sentirse renacer á los dulces rayos del sol y esperimentar al aspecto de la tierra y de las ondas esas puras alegrías que nos hacen olvidar que hay hombres para corromperlas.

CLXXVII. ¡Oh! que no pueda yo habitar el de-

(1) Quinta de recreo.

(N. del N.)

sierto con una dulce compañera del país de los génios para encantar mí soledad; dichoso, perdiendo el recuerdo de los hombres y amando tan solo á ella sin aborrecer á nadie. Oh vosotros, elementos cuya noble inspiracion despierta mí entusiasmo, ¿no podeis colmar favorablemente mís deseos? ¿Me equivoco al creer que semejantes espíritus ocupan más de un lugar en la naturaleza? ¡ay! cuan raro es, si existen, que se dignen comunicarse con nosotros!

CLXXVIII. Existe un placer eń los bosques donde no se ven caminos trazados; existe un encanto en la ribera solitaria: existe una sociedad allí donde ningun importuno os turba, y no léjos del mar, porque tambien allí existe, tienen música los mugidos de las ondas. No amo menos al hombre, pero prefiero á la naturaleza, despues de estas entrevistas con ella, en las que olvido todo lo que puedo ser, todo lo que he sido ya, para confundrime con el universo, y experimentar lo que jamás pude ni expresar ni callar enteramente.

CLXXIX. ¡Desenvuelve tús azuladas ondas, majestuoso Océano! mil flotas recorren tús inmensas rutas; el hombre que cubre la tierra de ruinas vé detenerse su poder ante tús orillas. Tú eres el único autor de todos los estragos de que es teatro el húmedo elemento: no queda allí vestigio de los del hombre; su sombra se dibuja apenas sobre tú superficie, cuando se hunde como una gota de agua eń tús profundos abismos, privado de sepulcro, de mortaja, é ignorado.

CLXXX. Sus pasos no quedan impresos en tú superficie, tús dominios no son un despojo para él... tú te alzas y le rechazas léjos de tí; el cobarde poder que ejerce, para la destruccion de la tierra, no escita más que tús desdenes; tú le haces volar con tú espuma hasta las nubes y jugando le arrojas, á los lugares donde colocó todas sus esperanzas. Su cadáver yace en la playa cercana al puerto donde queria abordar... ¡y allí se queda!

CLXXXI. ¿Que son esas armadas formidables que van á ametrallar las ciudades de tús orillas, á espantar las naciones y hacer temblar á los monarcas en sus capitales? ¿Que son esas ciudadelas móviles semejantes á enormes ballenas y de las que están tan orgullosos los mortales que las construyen, que osan adornarse con el título de señores del Océano y árbitros de la guerra? ¿Que son para tí? Un simple juguete: las vemos, como tú blanca espuma, hundirse en tús amargas ondas, que lo mismo aniquilan á una orgullosa armada que á los destrozos de Trafalgar.

CLXXXII. Tús orillas son imperios; cambian sin cesar y tú quedas siempre el mismo. ¿Que se ha hecho de la Siria, Grecia, Roma y Cartago? Tús olas azotaban sus fronteras en los dias de libertad y más tarde bajo el reinado de sus tiranos. Sus pueblos esclavos ó bárbaros obedecen extranjeras leyes. El destino fatal ha convertido á los reinos en desiertos, pero nada cambia en tí sino el capricho de tús olas. El tiempo no graba ni una sola arruga en tú frente de azur; tal cual eres hoy te vió la aurora de la creacion.

CLXXXIII. Glorioso espejo, donde el Todopoderoso goza en contemplarse en medio de las tempestades; tranquílo ó agitado, alzado por la brisa, por el céfiro ó por el aquilon, helado en el polo, ardiente en la zona tórrida, tú eres siempre sublime é ilimitado; tú eres la imágen de la eternidad, el trono de lo invisible; tú légamo fecundo en sí mismo, produce los mónstruos del abismo. Cada region de la tierra te obedece, tú avanzas terrible, impenetrable y solitario.

CLXXXIV. ¡Siempre te he amado, Océano! y los más dulces placeres de mí juventud, eran sentirme sobre tú seno, errante á la ventura como tús olas. Desde mí infancia jugaba con tús rompientes; nada igualaba al encanto que para mí tenian; si la mar irritada los hacia terribles, mís temores me encantaban tambien; porque yo era como uno de tús hijos, me confiaba alegremente á tús ondas y jugaba con tús húmedas crines como lo hago en este momento.

CLXXXV. Mí tarea ha terminado, han cesado mís cantos: mí voz hace resonar el eco por última vez. Es ya hora de interrumpir un sueño demasiado prolongado, es preciso apagar la lámpara que me iluminaba durante las sombras de la noche. Lo que está escrito... escrito está. Siento no haberlo hecho mejor! pero ya no soy lo que era; mís visiones revolotean más transparentes, á mí alrededor, y el fuego que inspiraba mí alma, tiembla, se apaga y se desvanece.

CLXXXVI. ¡Adios! esta palabra debe ser y fué siempre un sonido que nos aflige... Sin embargo, ¡adios! oh vosotros, que habeis seguido á mí peregrino en este último viaje! Si vuestra memoria conserva uno solo de sus pensamientos, si conservais uno de sus recuerdos, no en vano habrá llevado las sandalias y el capuchon adornado de conchas. ¡Adios! que el arrepentimiento quede para *él*, si tiene alguno; y vosotros, aprovechaos de la moral de sus cantos.

FIN DE CHILDE-HAROLD.

LAS
LAMENTACIONES
DEL
TASSO.

——

I. ¡Cuan largos son los años! ¡que prueba para el cuerpo débil y el alma orgullosa de un hijo de las musas, soportar los largos años de calumnia, de sufrimiento y de ultraje; verse tratado como loco y sumergido en la soledad de un calabozo! ¡Oh crueles angustias de un corazon á quien devora la impaciente sed de la luz y del puro aire de los cielos! ¡Aborrecida puerta, que trás mí te cerraste para siempre, cuya sombra odiosa oscurece los rayos del sol y viene á caer sobre mí trémula pupila con una sensacion de pesadez y tristeza! ¡El demonio de la cautividad vela con burlona risa ante estos negros hierros que no dejan llegar hasta mí sino un dia lúgubre, y este pan, hace tiempo amargo, que se dignan conceder al prisionero abandonado! Pero, si bien tendido como una bestia feroz en la jaula convertida en mí forzada madriguera, y que quizás será mí tumba, puedo alimentar mí sombría melancolía! Hé aquí la suerte fatal que me va consumiendo lentamente; pero debo soportarla. No he descendido hasta la desesperacion, he resistido con valor los dolores, he sabido revestirme de alas para escapar del estrecho círculo de mí calabozo ó ir á arrancar el Santo Sepulcro á los infieles. Me he deleitado transportándome al seno de un ejército de héroes; inspirado por un asunto religioso, mí génio se ha cernido sobre la Palestina; he cantado la guerra santa, emprendida en honor de Dios que guió por sí mismo á los cristianos y que, de lo alto del cielo, se ha dignado fortificar mí cuerpo y mí alma. Para obtener de esta Dios Salvador que los males que soporto sirviesen de expiacion por mís faltas, he empleado el tiempo de mí cautiverio en celebrar la conquista de Jerusalem y el piadoso ejército que fué á adorar al Cristo en su tumba.

II.   Pero esta obra llena de encantos, ha terminado ya. Consuelo fiel de mís años de desgracia, si con mís lágrimas borro tús últimos versos, sépase que el pesar no ha podido arrancarme ni una sola: pero tú, hijo de mí imaginacion, que estuviste siempre á mí lado sonriéndome sin cesar, y sumergiéndome en un dulce olvido de mí mismo, tú me abandonas y todos mís placeres terminan contigo; lloro y mí corazon gime por este último golpe descargado sobre una caña ya rota. ¿Que me quedará? ¿Como soportar los dolores que todavía me amenazan? Lo ignoro; pero á la energía natural de mí alma debo pedir nuevos consuelos; mí alma no está abatida porque no ha conocido el remordimiento ni puede conocerlo: quieren que sea loco ¿y por que?—¡Oh Leonora! ¿no me contestas? Sin duda mí corazon deliraba cuando se atrevió á fijar su amor hasta una mortal colocada en tan alto rango; pero mí locura no es una locura del espíritu; reconocí mí temeridad y no siento menos mí castigo para soportarlo sin debilidad: tú eras bella y yo no era ciego; hé aquí el crímen que me ha arrancado de entre los hombres. Pero aunque me prodigan los ultrajes y tormentos, mí corazon sabe aun multiplicar tú imágen. El amor dichoso se estingue por sí mismo en el placer. Los desgraciados son los amantes fieles; su destino es ver aniquilarse todos sus sentimientos, escepto uno solo, y confundirse todas las pasiones en su amor, como rios que ván á aumentar las aguas de un Océano sin fondo y sin ribera.

III.   ¿Pero que es lo que oigo encima de mí? Es el grito furioso y prolongado de aquellos cuyo espíritu y cuyo cuerpo están igualmente cautivos. Oigo el látigo que les hiere, sus alaridos que redoblan y sus blasfemias medio 'articuladas. Hay aquí hombres que extraviados por un frenesí peor que el de los desgraciados á quienes atormentan, se gozan en irritarles, oscureciendo así con torturas inútiles la débil luz que queda en esos agotados espíritus: ¡tanto placer halla en hacer mal su tiránica voluntad! Hé aquí los verdugos y las víctimas entre quienes se me ha clasificado; en medio de estos gritos espantosos y de semejante espectáculo, he pasado largos años y así puede acabar mí vida. ¡Y bien, que acabe! entonces podré descansar.

IV.   He tenido paciencia y quiero tenerla aun; habia olvidado la mitad de lo que queria olvidar, pero el recuerdo se des-

pierta en mí corazon... ¡Ay! que no pueda olvidarlo todo como
se me olvida á mí! ¿Guardaré algun resentimiento hácia los que
me han dado por habitacion este vasto receptáculo de tantos dolores? Aquí la risa no es la alegría, el pensamiento no es el pro-
ducto del espíritu. Las palabras ya no son una lengua; los hombres mismos no son ya hombres; los gritos responden á las amenazas; los sollozos á los golpes: cada uno se vé torturado en su
separado infierno; pues somos una muchedumbre en nuestra soledad, y cada uno de nosotros está aislado por una pared, cuyo
eco repite las palabras entrecortadas de la locura; todos pueden
oirse; nadie puede comprender los lamentos de su vecino, escepto uno solo, el más miserable de todos, que no estaba hecho
para verse confundido con ellos, ni encadenado entre enfer-
mosé insensatos. ¿No guardaré ningun resentimiento contra los
que me han colocado aquí, que me han degradado en el espíritu de los hombres, que han querido privarme del mio, destruir
la felicidad de mí vida á la mitad de mí carrera, y calumniar
mís pensamientos como á cosas que se las debe temer y huir?
¿No gozaria devolviéndoles estas angustias, haciéndoles aprender el grito ahogado del dolor; haciéndoles sentir lo que cuesta
estar tranquilo, y este frio desaliento que descubre nuestro
estoicismo en su triunfo? ¡No! demasiado orgulloso para buscar la venganza, he perdonado á los príncipes sus ultrajes, y
quisiera morir. Sí, ¡hermana de mí soberano! por tí arranco de
mí corazon todo pensamiento amargo: no debe permanecer en
el sitio que tú ocupas. Tú hermano ódia... yo no puedo odiar: tú
no conoces la piedad, pero yo no puedo cesar de amar.

V.   Contempla un amor que no sabe desesperarse, pero que
ardiente aun, es mí más cara esperanza, la mejor parte de mí
mismo; vive encerrado profundamente en mí silencioso corazon semejante al rayo en medio de la nube que lo guarda entre
sus rodantes vapores, como en sombría mortaja, hasta que re-
vienta y deja escapar el dardo abrasador del cielo. Así al choque eléctrico de tú nombre mí rápido pensamiento estalla en .
todo mí sér; y durante algunos instantes, todos los objetos
revolotean á mí alrededor tales cuales fueron en otro tiempo...
se desvanecen... y vuelvo á ser el mismo.

Sin embargo, mí amor se ha acrecentado sin ambicion; conocia tú rango y el mio, y no ignoraba que una princesa no puede ser la amante de un poeta; mís labios, mís suspiros no hicieron traicion á mí llama: se bastaba á sí misma. Ella era su
propia recompensa; y si mis ojos la revelaron, fueron, ¡ay! castigados por el silencio de los tuyos. ¿Me he atrevido jamás á
lamentarme? Eras tú para mí una sagrada reliquia encerrada
en una urna de cristal, que adoraba á una respetuosa distancia,

besando humildemente la tierra de su alrededor. No adoraba
en tí una princesa ; pero el amor te habia revestido de gloria ;
había difundido por tús facciones una belleza que hacia nacer
el temor, ó más bien ese respeto religioso que inspiraría un
habitante del cielo. En esta dulce severidad, habia algo que
aventajaba á la dulzura misma; yo no sé como, pero tú génio se
enseñoreaba del mio, mí estrella palidecia ante la tuya... Si era
una presuncion el amar sin intento, cara me ha costado esta
triste fatalidad; pero te amo aun, y sin tí hubiera en efecto venido á ser digno de esta celda que me humilla. El mismo amor
que me ha cargado con estas cadenas, hace mas ligeros sus
anillos; el peso que me queda es grande aun, pero el amor me ha
dado fuerza para soportarlo. Gracias á él, vuelvo hácia tí mí corazon, que nada puede distraer, y triunfo de los tormentos con
que una persecucion ingeniosa quiere abatirme.

VI.   ¿Hay que admirarse de ello?... Desde mí nacimiento mí
alma conoció la embriaguez del amor, que se unia, se mezclaba á todo lo que veia en la tierra ; convertia en ídolos todos los
objetos inanimados; las flores agrestes y solitarias, las rocas
donde hallaban abrigo, eran para mí un paraiso. Allí me tendia
bajo la movible sombra de los árboles, y pasaba largas horas
soñando, á pesar de los que me lo echaban en cara. Al con-
templarme los prudentes ancianos, movian sus canosas cabezas y decian que los hombres como yo eran los destinados á ser
infelices; que un niño tan ocioso acabaría mal y que era preciso castigarme, para corregirme. Entonces me pegaban: yo
no lloraba, pero desde el fondo de mí corazon les maldecia, y
volviéndome á mí retiro, lloraba en cuanto me veia solo, para
en seguida, entregarme de nuevo á esas visiones que nacen sin
sueño. Con la edad, sentí poco á poco palpitar mí alma por el
confuso sentimiento de una extraña inquietud que encerraba
algo de dulzura ; todo mí corazon se exhalaba en un solo deseo
vago, indefinido, hasta el dia en que hallé el objeto que buscaba..... Este objeto, eras tú. Desde este momento perdí mí sér
que fué completamente absorvido por el tuyo! El mundo desapareció... Para mí, tú aniquilaste la tierra.

VII.   Yo amaba la soledad.... pero no sospechaba que pasaría
algun tiempo de mí vida separado de toda comunicacion con
la especie humana, si no es con locos y con sus tiranos. Si
me hubiese asemejado á ellos, hace años que mí alma, corrompida como la suya, me hubiera hecho descender á la tumba : pero ¿quién me ha visto en las convulsiones? ¿quién me
ha oido delirar ?

Quizás en semejante celda sufrimos más que el marinero á
quien un naufragio arroja á una desierta playa. El mundo se

extiende delante de él... y para mí se encierra en este estrecho calabozo, que apenas contiene el doble espacio que se concederá á mí tumba. El marinero está seguro de perecer; pero puede alzar los ojos al cielo y maldecirle con su mirada... No alzaré yo los mios para dirigirle tal reproche, aunque la bóveda de mi calabozo sea como una nube entre mí y el cielo.

VIII. Sin embargo, siento que á veces desfallece mí espíritu con la conciencia de su ruina... Veo brillar luces inusitadas en las paredes de mí calabozo; á veces, un demonio extraño me atormenta con importunas ideas; siento esos dolores pequeños que el hombre sano y libre desprecia, y que tan crueles son para el infortunado que sufre desde largo tiempo; siento la enfermedad del corazon, la incomodidad de una estrecha prision y todo lo que puede abatir y envilecer al alma. Creí que solo los hombres eran mís enemigos; pero los espíritus se han coaligado con ellos, cuando me abandona la tierra y el cielo me olvida. Los génios maléficos se aprovechan quizás del momento en que estoy privado de toda defensa para tentarme con más seguridad y para triunfar de la fatigada criatura á quien atacan. ¿Por qué se vé mí alma probada en esta hornaza como el acero en el fuego? ¿Será quizás porque he amado?.... Sí, he amado á una mujer á quien no puede verse sin adorarla, á ménos de ser muy superior ó muy inferior á un mortal.

IX. En otro tiempo, sentí mucho... Aquel tiempo pasó ya. Duras cicatrices se han formado sobre mís llagas..... ¡De otro modo hubiese estrellado mí cabeza contra estos hierros, al ver los rayos del sol que los atraviesan como para insultar mís desgracias! ¡Ah! si puedo soportar durante tanto tiempo todo lo que he dicho y todo lo que el lenguaje humano no sabria expresar, es por que no quiero morir y sancionar con este suicidio la absurda acusacion que me ha conducido aquí... No quiero cubrir de vergüenza mí memoria y, sellando la sentencia que mís enemigos han pronunciado contra mí, buscar la afrentosa piedad que se tiene al nombre de un loco; este nombre será inmortal; haré de mí celda un templo que las naciones venideras visitarán por mí causa. Y tú, Ferrara, algun dia dejarás de ser la corte de tús príncipes, verás desiertos tús hogares y desmoronarse arruinados tús palacios, y el laurel de un poeta, será tú única corona, y su prision tú mayor gloria, entonces que los extranjeros contemplarán sorprendidos la soledad de tús murallas (1). Y tú, Leonora, tú que te avergonzabas de ser amada por un hombre como yo, tú que te ruborizabas de saber que

(1) Véanse las estrofas XXXV y siguientes del canto cuarto de *Childe-Harold*.

inspirabas amor á cualquier otro que no fuese un monarca; vé y díle á tú hermano que mí corazon ha resistido á la fatiga de mí dolor y de mí largo cautiverio, quizás tambien, algo á un poco de esa locura que él desearía que me atacara; díle que desde el fondo de este antro, cuya infeccion se comunica al alma, mí corazon te adora siempre; y añade que cuando se vean abandonados los palacios que protegen las alegres horas de sus festines, de sus danzas y fiestas, esta celda será un lugar consagrado.

Pero tú, cuando no exista todo el encanto mágico de la cuna y la belleza que te rodea, tú tendrás la mitad del laurel que preste sombra á mí tumba. Ningun poder podrá separar nuestros nombres despues de la muerte, como ninguno puede arrancarte de mí corazon durante la vida. Sí, ¡Leonora! nuestro destino será vernos reunidos para siempre..... ¡aunque demasiado tarde!

FIN DE LAS LAMENTACIONES DEL TASSO.

BEPPO[1].

NOVELA VENECIANA.

I. Es sabido, ó á lo menos bueno es saberlo, que en todos los países católicos, algunas semanas antes del martes de Carnestolendas, tanto la gente de más baja esfera como la de la más alta sociedad, acostumbra á entregarse á todo género de diversiones y busca motivos de arrepentimiento antes de hacerse devota, tocando violines, celebrando banquetes, bailando, bebiendo, disfrazándose y haciendo todo género de locuras.

II. Cuando la noche vela los cielos con su negro manto (cuanto más oscura, mejor es) comienza el tiempo que gusta más á los amantes que á los maridos; la gazmoñería se vé libre de sus trabas y la alegría se balancea de puntillas, moviéndose siempre y holgándose con los galanteadores todos que la rodean!—Entonces es cuando se oyen canciones y estribillos, gritos y gorgeos, vihuelas y toda clase de instrumentos de música.

III. Allí se vén trages que, sí bien extravagantes, son espléndidos, máscaras de todas las épocas y de todas las naciones; turcos y judíos; arlequines y clowns (2); griegos y romanos; yankeedoodles (3) e indous; en fin todo género, de

---

(1) Giuseppe ó José.

(N. del T.)

(2) Clowns, bufones, graciosos, payasos.

(N. del T.)

(3) Palurdos, botos, nombre que dan los ingleses á los americanos.

trages ménos el eclesiástico: puede á su antojo escoger cada cual el que le plazca; pero nadie en este país puede poner en ridículo al clero. Tenedlo advertido, pues, vosotros libres pensadores (1); os lo recomiendo.

IV. Más os valiera ir cubiertos de espinas en vez de vuestros vestidos ó capas, que poneros la menor cosa que aludiera á los frailes; por más que juraseis que solo lo hicisteis para divertiros, se os colocaría sobre tizones encendidos; alimentarían las llamas del Flegeton (2) con lo que no viene al caso decir y no se celebraría una sola misa para enfriar el agua de la caldera en que serian cocidos vuestros huesos, á no ser que las pagárais á doble precio.

V. Pero esceptuando esto, podeis poneros lo que querais, ya sea jubon, manta ó capa, para presentaros de un modo sério ó cómico, segun sea lo que halleis en Monmouth-Street (3) ó en cualquiera otra prendería (4). Encuéntranse en Italia sitios parecidos á estos, aunque tienen todos más bonitos nombres, pronunciados con más dulce acento; porque si no es en Covent-Garden (5), no sé que haya en toda la Gran Bretaña lugar alguno que se llame Piazza.

VI. Titúlase esta fiesta *el carnaval*, palabra que, si se la interpreta bien, significa despido á la carne; y el nombre concuerda efectivamente con la cosa, pues durante toda la cuaresma no se vé más que pescado salado ó fresco. ¿Pero por que la cuaresma vá precedida de tanto bullicio? En verdad, no lo sé, aunque me parece que debe ser por la misma razon que vaciamos nosotros nuestras copas cuando nos despedimos de algun amigo en el momento de subir á la diligencia ó de meternos en la embarcacion.

VII. De esta manera se dá el despido á los platos de carne, á los manjares fuertes y á los guisados cargados de especias para vivir, por espacio de cuarenta dias, comiendo pescados mal aderezados, pues en tales países condimentan sin salsas, todo

---

(1) *Freethinkers* independientes, liberales. (A. P.)

(2) Flegeton, rio de los infiernos, por el que en vez de agua rodaban torrentes de llamas.

(*N. del T.*)

(3) Calle de Lóndres habitada por los ropavejeros (A. P.)

(4) *Rag-fair*, feria de trapos.

(*N. del T.*)

(5) Esta plaza, cerca de la cual está el teatro del mismo nombre, se llama *Piazza* como en italiano.

(*N. del T.*)

lo cual motiva tanto *puf*, y tanto terno, y tanta imprecacion (que repugnan á la Musa) por parte de los viajeros acostumbrados desde niños á comer sus salmones con salsa, á lo ménos, ó dolic del Japon (1).

VIII.   Os recomiendo, pues, encarecidamente, oh vosotros, amantes del pescado con salsas que, ántes de atravesar el mar digais á vuestro cocinero, ó á vuestra esposa, ó á un amigo, que á pié ó á caballo se llegue hasta Strand (2) y compre (y si habeis ya marchado os envie con las debidas precauciones) una provision de ketchup, de soy, de vinagre de Chili y de Hervey (3), pues de lo contrario una cuaresma os hará perecer casi de hambre de parte de Dios.

IX.   Esto, si vuestra religion es la romana y quereis obrar en Roma como los romanos, segun el adagio, — aunque ningun extranjero está obligado á ayunar; y si sois protestantes, ó estáis enfermos, ó sois mujeres, preferireis comer con un guisado, aunque pequeis.—¡Comer y ser condenado! No quiero que me tengan por grosero, pero este es el castigo por no decir una cosa peor.

X.   Entre todas las ciudades en que el carnaval era en otro tiempo el más alegre, más rico en danzas, cantos, serenatas, bailes, mascaradas, pantominas, cabalgadas y demás diversiones que no tengo ahora ni tendré nunca ocasion de citar, descollaba y se llevaba la palma Venecia; y precisamente en la época en que fijo mí narracion, hallábase la ciudad, hija de los mares, en todo el apojeo de su gloria.

XI.   Tienen aun lindos rostros las venecianas de nuestros dias: ojos negros, cejas bien arqueadas, fisonomía dulce como las que se copiaban de los griegos en las artes antiguas tan mal imitadas por los modernos: cuando se asoman á sus balcones se asemejan á las Vénus de Ticiano (la mejor existe en Florencia, si os place podeis ir á verla), ó creeríase ver como toma vida una figura de un cuadro de Giorgione (4).

---

(1)   *Soy*, salsa muy comun en Inglaterra compuesta con las semillas del *dolichos soya*, planta herbácea del Japon. *(A. P.)*

(2)   Calle estensa de Lóndres, paralela al Támesis. *(A. P.)*

(3)   Las muchas salsas y condimentos asombran al extranjero la primera vez que se sienta á una mesa inglesa. Hemos indicado ya de que se compone el *soy*, estrofa VII. El ketchup llamado más correctamente *catchup* es una salsa ó esencia de setas. M. Hervey, inventor de la salsa que lleva su nombre se ha guardado el secreto de la misma. *(A. P.)*

(4)   Jorge Barbarellí, llamado el Giorgione, nació en Castel-Franco en 1477. Fué pintor de la escuela Veneciana y rival del Ticiano. *(A. P.)*

XII. En él son los colores la más admirable espresion de la belleza y de la verdad. Cuando visiteis el palacio Manfrini podreis ver aquel cuadro, que aunque bellos tambien los demás, es para mí el más maravilloso de toda la galería. Quizás sea el mismo vuestro gusto; hé aquí porque hablo de él en mís versos. Verdad es que no es sino el retrato de su hijo, el de su esposa y el del mismo pintor; pero ¡que esposa!... es la personificacion del amor!

XIII. Del amor grande como la naturaleza y realmente dotado de vida, no ese amor ni esa belleza ideales que no son más que un lindo nombre ; algo mejor aun y de tanta verdad como debia exactamente serlo el modelo. Es un cuadro que vosotros comprariais, ó pediriais, ó robariais, si posible fuera robarlo, —otra cosa que no fuera esto seria criminal. Aquel rostro os recuerda otro rostro, pero sin que sepais cual, que habeis visto una sola vez y que nunca más volvereis á ver;

XIV. una de aquellas formas que se deslizan ante nosotros cuando jóvenes y en los tiempos en que dirigimos nuestras miradas á todos los rostros: las vemos apenas y han ya desaparecido: aquellas lágrimas, aquella gracia delicada, aquella frescura, aquella belleza, la descubrimos en toda criatura sin nombre, cuyas huellas no sabriamos ni sabremos encontrar jamás al igual que las de la Pleyada perdida (1) que no se ha vuelto á ver sobre la tierra.

XV. He dicho que las venecianas eran como un retrato de Giorgione, y lo son, efectivamente, sobre todo cuando se las vé en sus balcones (algunas veces la belleza obtiene ventaja contemplada á cierta distancia); desde ellos y semejantes á una heroina de Goldoni, echan una mirada á través de la celosía ó por sobre el pasamano, y á decir verdad, son generalmente muy bonitas y desean ser vistas, lo que es muy sensible!

XVI. Porque la vista engendra las miradas, las miradas los suspiros, los suspiros los deseos, los deseos las palabras, las palabras una carta que vuela en alas de los Mercurios de piés ligeros, los cuales se ocupan en este oficio porque no conocen otro mejor; y entonces sabe Dios que desgracia puede sobrevenir cuando el amor une en un solo lazo á dos jóvenes corazones! Contad las citas, los culpables, los lechos adúlteros, los raptos, las violaciones de los juramentos, corazones destrozados y las cabezas rotas (2).

(1) Quæ septem dici, sex tamen esse solent.

OVIDIO.

(2) En inglés el mismo participio *broken*, destrozado, se aplica á los juramentos, á los corazones y á las cabezas. (A. P.)

XVII. Shakspeare ha pintado el sexo en Desdemona como muy amable, pero de una reputacion sospechosa; y desde entonces hasta nuestros dias, desde Venecia á Verona, las cosas han permanecido probablemente en el mismo estado, esceptuando que despues de aquella época no se ha encontrado nunca un marido á quien una simple sospecha haya podido enardecer hasta el extremo de ahogar á una mujer de veinte años (1) porque tenia un galan que le hacia la corte.

XVIII. Sus celos (si es que son celosos) son muy comedidos y de ninguna manera parecidos á los de aquel negro diablo de Otelo, que ahoga las mujeres dentro un lecho de plumas, sino más propios de esos séres tan alegres que cuando se han cansado del yugo matrimonial no quieren por una mujer romperse la cabeza, pero toman al momento otra ó la de otro.

XIX. ¿Habeis visto alguna vez una góndola? Recelando la negativa, voy á describírosla exactamente: es un largo batel tapado, muy comun en Venecia, con esculpidos en la proa, ligera, pero sólidamente construido, y tripulado por dos remeros llamados gondoleros. Estas góndolas se deslizan por el agua, negras como un ataud colocado dentro una canoa, y en las que nadie puede saber lo que decis ó haceis.

XX. Cruzan en todas direcciones las dilatadas lagunas, pasan de improviso por debajo el Rialto, de dia y de noche, veloz y lentamente, y forman alrededor de los teatros como una faja negra, aguardando con sus sombrías libreas de luto; pero no por esto son su móvil las cosas tristes, pues, algunas veces ocultan muchas alegrías, al igual que los coches de un entierro trás el aparato funerario.

XXI. Pero empiezo mí historia. Han transcurrido ya algunos años, habrá como unos treinta, ó cuarenta, ó cosa así; encontrábase el carnaval en todo su brillo lo propio que todo género de bufonadas y de disfraces. Una dama fuese á ver las máscaras; no sé ni puedo adivinar su verdadero nombre y por lo tanto, si quereis, la llamaremos Laura, ya que este nombre entra con facilidad en mís versos.

XXII. No era ni vieja ni jóven ni habia llegado al número de años que algunos llaman *cierta edad*, y que á mí me parece la más incierta, pues nunca he oido decir que se haya alcanzado, ni yo mismo jamás he conseguido tampoco que nadie ni por ruegos, promesas ó lágrimas haya dicho ó definido, verbalmente ó por escrito, la época fija señalada con semejantes palabras,—y esto es ciertamente absurdo en demasía.

XXIII. Laura era todavía hermosa y habia sacado del tiempo

_____

(1) *No more than twenty.*   (N. del T.)

el mejor partido, y el tiempo en justa correspondencia habíala pagado en la misma moneda, tratándola bien; de manera que por lo compuesta presentábase en todo los sitios á donde iba á satisfaccion de todos. Una mujer bonita es siempre bien recibida, y raras veces habiase Laura mostrádo descontenta; alcontrario, siempre estaba sonriendo y con sus negros ojos parecia lisonjear á los hombres invitándoles á que la contemplaran.

XXIV. Era casada y es conveniente advertirlo, pues en los países cristianos forma una regla general el mirar con buenos ojos los pequeños deslices de una mujer casada, mientras que si una señorita comete algun disparate (á ménos de que durante el tiempo exigido logre un matrimonio á propósito para evitar el escándalo) no sé de qué modo podrá salirse de ello, si es que no sabe arreglarse para que nunca se le descubra.

XXV. Su marido recorria el Adriático y hacia tambien algunos viajes por otros mares; cuando estaba en cuarentena (precaucion de cuarenta dias contra las enfermedades) subia su esposa alguna vez al piso más elevado, porque desde allí podia fácilmente distinguir el barco. Era un comerciante que negociaba con Alepo: su nombre era Giuseppe, pero abreviándolo se le llamaba Beppo (1).

XXVI. Era un hombre tan moreno como un español, tostado por el sol, cuyos rigores debia aguantar en sus viajes, y á pesar de esto era hermoso aunque teñido en cierto modo dentro una tenería: estaba dotado á la vez, de valor y de energía. Jamás mejor marino tripuló un navío; y Laura, si bien sus modales no denotaban mucha austeridad, era considerada como mujer de muy rígidos principios hasta el punto de pasar por ser casi invencible.

XXVII. Pero habian transcurrido algunos años desde la última vez que se vieron; creian algunos que el barco habia naufragado; otros que Beppo habia desaparecido, contrayendo algunas deudas y que se inquietaba muy poco por volver á Venecia; y otros finalmente ofrecian apostar que regresaría ó no regresaría; pues la gran mayoría de los hombres (y esto hasta que alguna pérdida les haya vuelto mas prudentes) sostienen su parecer por una apuesta.

XXVIII. Cuéntase que la última separacion habia sido patética conforme lo son ó deben serlo todos los despidos, y que cuando Beppo hubo dejado á su Ariadna del Adriático, arrodillada con tristeza en la ribera, su presentimiento habíase convertido de improviso en profético, como si nunca más debieran

_____

(1) Beppo es el *Joe* (abreviatura inglesa) del italiano Joseph. (A. P.)

volverse á ver (especie de sensacion enfermiza y semi-poética de la cual yo mismo he visto dos ó tres ejemplos).

XXIX. Laura aguardó largo tiempo, lloró un poco y pensó llevar el luto tan bien como pudiera. Perdió casi del todo el apetito y estando sola por la noche no alcanzaba á conciliar tranquilamente el sueño. Parecíale oir como si las ventanas y los postigos resistiesen á los esfuerzos de un atrevido ladron ó de algun espíritu, y por ello juzgó lo más prudente el proporcionarse un vice-marido *principalmente para que la protegiera.*

XXX. Mientras aguardaba que Beppo regresara de su largo viaje y alegrase de nuevo su fiel corazon, escogió Laura (¿que es lo que no escogeria una mujer por temor de que no aparenteis oponeros á su eleccion?) escogió, digo, una especie de hombre que algunas mujeres quieren y del cual sin embargo se burlan. Era, segun repetia la voz pública, un petimetre, un conde, se decia, tan rico como noble y muy pródigo en medio de sus placeres.

XXXI. Era un conde y sabia componer música, bailar, tocar el violin y hablar francés y toscano; debo advertiros que este último idioma es algo difícil: pocos son los italianos que hablan la verdadera lengua etrusca. Era un crítico en materia de óperas; conocia todos los secretos del coturno y y no habia auditorio alguno en Venecia que pudiese sufrir un canto, una escena ó un aria cuando él gritaba *Seccatura.*

XXXII. Su *bravo* era decisivo; la academia escuchaba esta palabra en medio de un respetuoso silencio. Temblaban los músicos cuando se encontraban con su mirada por miedo de dar una nota falsa: y de tal manera temia la *prima donna* el terrible anatema de su *¡bah!* que su armonioso corazon daba saltos dentro su pecho. Soprano, bajo y contralto le hubieran visto á las mil maravillas á cinco varas debajo del Rialto.

XXXIII. A quienes otorgaba toda su proteccion era á los *improvisatori;* además, él mismo sabia improvisar algunas estrofas, escribir versos, cantar algun aria, referir una historia, vender cuadros y bailar con la gracia de los italianos, aunque en esta gloriosa cualidad, deben ceder ciertamente el puesto á los bailarines franceses. En una palabra, era un perfecto *cavaliero* y un héroe hasta para su ayuda de cámara.

XXXIV. Era despues tan fiel como apasionado, por manera que ninguna mujer podia quejarse aunque ellas están sujetas de cuando en cuando á regañar: nunca hacia sufrir sus hermosas almas (1). Su corazon era uno de aquellos que nos obligan á

_____

(1) *Pretty souls.*

                                        (N. del T.)

ser extremadamente apasionados. Cera para recibir una impresion y mármol para conservarla, era uno de los amantes de la antigua escuela, los cuales se vuelven cada dia más constantes á medida que se enfrian.

XXXV. ¿Causará ningun asombro el que tantas perfecciones hubiesen trastornado una cabeza de mujer, por más prudente y experimentada que fuese, cuando ya no esperaba casi que Beppo tornase? Para el caso, era como si hubiese muerto, pues ni enviaba noticias suyas, ni escribia, ni daba señal alguna de interés, y Laura le aguardaba muchos años habia: á la verdad, si un hombre no sabe manifestarnos que está vivo..... es que ha muerto ó deberia morirse.

XXXVI. Por otra parte, mas allá de los Alpes (¡Dios sabe cuan enorme es este pecado!) puedo yo decir que está permitido á toda mujer el tener dos hombres: ignoro quien fué el primero que introdujo esta costumbre; pero los *caballeros servidores* son comunes, nadie se cuida ni se inquieta por ello, y muy bien podemos nosotros llamar á esto (por no decir otra cosa peor) un *segundo* matrimonio que malea al *primero*.

XXXVII. En tiempos pasados su verdadero nombre era *cicisbeo*, pero hoy dia ha venido á ser vulgar é indecente; los españoles le llamau *cortejo*, pues aun que más reciente existe en España la misma moda (1): en una palabra, recorre desde el Po hasta el Tajo y puede por fin algun dia ser trasportada más allá del Océano. Pero ¡libre el cielo á la vieja Inglaterra de semejante costumbre! de lo contrario, ¿á donde irian á parar los intereses perjudicados y los divorcios?...

XXXVIII. Pienso, sin embargo, salvo el respeto debido en la creacion á las señoritas, que las mujeres casadas deberian preferir siempre las conferencias á solas ó la conversacion general—y esto lo digo sin intento de aludir particularmente á la Gran Bretaña, á la Francia ó alguna otra nacion;—porque las damas que conocen el mundo están á su gusto y con su naturalidad, agradan naturalmente.

XXXIX. Razon teneis en decir que vuestra jóven Miss, naciente capullo, es encantadora pero que es tímida y está turbada durante una primera entrevista; tan alarmada que hasta llega á alarmar, toda arrumacos y pudor; mitad halagüeña, mitad mohina, y mirando siempre á su mamá por temor de que haya algo que censurarse en lo que se haga, ya por parte vuestra, ya por parte de ella, ya de los demás; hay en todo lo

(1) ¿Vale la pena de ser desmentida, esta tan inexacta afirmacion? Creemos que no.

(*N. del T.*)

que ella dice algo que recuerda el aposento reservado á las
niñas; por otra parte, una Miss encuentra siempre gusto en
una rebanada de pan con manteca.

XL.   Pero el galan cortejante, tal es la frase que emplean en
los círculos más distinguidos para señalar á este esclavo super-
numerario, que se encuentra prendido de una dama cual si for-
mara parte de su vestido, obediente á una sola palabra suya
como á su única ley, no es un bocado sin hueso, estais en lo
cierto; el vá á buscar el coche, los criados, la góndola, y lleva
el abanico, el manguito, los guantes y el chal.

XLI.   Debo confesar que la Italia, á pesar de sus pecados, es
una mansion encantadora para mí que gozo en ver brillar el sol
todos los dias y á la vid no pegada á las paredes con espalde-
ras, sino corriendo en festones de uno á otro árbol, semejante
á las decoraciones de una ópera ó de un melodrama que atrae
á la multitud, cuando termina el acto primero con un baile en
medio de viñedos copiados del mediodía de Francia.

XLII.   Me gusta pasearme á caballo en las tardes de otoño
sin que me vea obligado á encargar á mí *groom* que no olvide
mí capa por no estar seguro el tiempo: sé igualmente que si me
detengo en el camino cuando una verde alameda me encanta
con sus revueltas ó en tanto que unos carros cargados de rojos
racimos me impiden el paso, en Inglaterra encontraría tán
solo humo, polvo ó una carreta de cerveza.

XLIII.   Me gusta tambien comer rodeado de papafigos, ver
como el sol se encamina á su ocaso con la seguridad de que volverá á salir al siguiente dia, no dirigiendo una débil mirada
y pestañeando por entra las brumas de la mañana como la que
despiden los ojos desmayados de un borracho, en medio de la tristeza del desórden, sino iluminando con sus rayos el cielo todo, y
anunciando un dia hermoso y sin nubes, en lugar de esa especie de vela de sebo tan miserable que alumbra allí donde flota el húmedo vapor de la caldera de Lóndres.

XLIV.   Amo la lengua italiana, ese dulce y bastardeado latin, que fluye como besos de la boca de una mujer y resuena
como si estuviese escrito encima del raso con sílabas articuladas por el soplo del mediodía, y acentos tan limpios, tan tiernos, que no nos parece bárbaro como nuestro silbido septentrional, nuestro gruñido gutural, que nos obliga á silbar, escu-
pir y vomitar.

XLV.   Amo tambien á las italianas (perdonad mí locura),
desde la aldeana de mejillas vivamente sonrosadas morenas como el bronce y negros ojos que despiden una andanada de
sus brillantes miradas que espresan un millon de cosas, hasta
la gran dama, de rostro más melancólico, pero más blanco, de

tierna y vaga mirada, con el corazon en sus lábios, el alma en sus ojos, dulce como el clima, deslumbrante como su hermoso cielo.

XLVI. ¡Eva de esta comarca que es un eterno paraiso! (¿No inspiraste tú á Rafael que murió en tús brazos, belleza italiana), á Rafael que te iguala por sus creaciones con cuanto conocemos del cielo, ó con todo cuanto podemos desear de lo que él nos ha legado? ¿Como, aun pidiendo prestados sus más sublimes acordes á la lira, se atrevería la palabra á pintar tús encantos pasados y presentes, cuando aun Canova puede crear sobre la tierra?

XLVII. Con todos tús defectos, te amo aun, Inglaterra, dije en Calais, y no lo he olvidado; me place el hablar y el platicar tanto cuanto quiera; me gusta el gobierno (pero no como se porta), me gusta la libertad de la prensa y de la pluma, me gusta el *habeas corpus* (cuando gozamos de él), me gusta un debate parlamentario sobre todo cuando este no tiene lugar á una hora muy avanzada (1);

XLVIII. me gustan los impuestos cuando no son muy numerosos; me gusta un fuego de hornaguera cuando no cuesta muy caro; me gusta tambien un beefsteak tanto como á otro; nada tengo que decir contra un jarro de cerveza. Me gusta el clima cuando no está lluvioso, es decir, me gusta dos meses del año. ¡Así Dios salve al regente, á la iglesia y al rey! lo que significa que me gusta todo ,

XLIX. nuestro ejército permanente, nuestros marinos licenciados, el impuesto de los pobres, la reforma parlamentaria, la deuda nacional, nuestros pequeños motines que bastan para probar que somos libres, nuestras ligeras bancarrotas en la Gaceta, nuestro nebuloso clima, nuestras frias mujeres: todas esas cosas de las que puedo perdonar unas y olvidar otras; respeto mucho nuestros recientes triunfos, y siento que sean debidos á los torys.

L. Pero vuelvo á mí historia de Laura;—porque opino que la digresion es un pecado que por grados se hace muy enojoso para mí y puede por consiguiente disgustar tambien al lector, —al bondadoso lector que puede convertirse en enemigo y haciendo poco caso del gozo del autor, puede exigir se le haga comprender lo que este quiere decir, situacion penosa y desdichada para un poeta.

LI. ¡Oh! que no posea yo el arte de escribir con facilidad lo

(1) Las sesiones de las Cámaras empiezan en Inglaterra á las seis de la tarde y continuan algunas veces durante toda la noche.

(*N. del T.*)

que seria facilmente leido! que no pueda trepar al Parnaso en
el que las musas os inspiran esos lindos poemas que nunca
están faltos de oportunidad! cuan prontamente daria á la es-
tampa (para deleitar al mundo) un cuento griego, sirio ó asi-
rio! como os vendería algunas muestras del más puro orienta-
lismo mezclado con el sentimentalismo del Occidente!

LII.   Soy así como un individuo sin nombre (un dandy des-
acreditado al comenzar apenas mis viajes). Para buscar á mis
versos algun consonante, tomo el primero que me ofrece el diccionario de Walker; y cuando no puedo hallar alguno de pasade-
ro, busco uno malo, importándome poco lo que puedan decir
los críticos; casi siento deseos de descender á la prosa, pero el
verso está más á la moda.—Allá van versos.

LIII.   El conde y Laura hicieron su nuevo arreglo, que duró, como duran algunas veces los arreglos, durante una media
docena de años sin interrupcion; tenian ellos sus pequeñas diferencias, esas riñas de zelos que nunca ocasionaron una ruptura: en semejantes negocios hay pocas personas que no hayan
tenido algunos disgustos de este género, desde los más elevados pecadores hasta la canalla.

LIV.   Pero á pesar de todo formaban ellos una dichosa pareja,
tan dichosa como podia serlo un amor ilegítimo: era tierno el
galan, bella la dama, y tan ligeras sus cadenas que no valia la
pena de romperlas. Mirábales el mundo con aire indulgente;
solo las almas piadosas deseaban que les llevase el diablo; que
no les llevó, porque con mucha frecuencia el diablo prefiere
aguardar, y respeta á los viejos pecadores para que sirvan de
cebo á los jóvenes.

LV.   Y ellos eran jóvenes:—¡ah! ¿que seria el amor sin la juventud? ¿que seria la juventud sin el amor? presta la juventud
al amor sus placeres, su dulzura, su fuerza, su sinceridad, el
corazon, el alma, y todo cuanto parecen presentes del cielo;
pero languideciendo con los años el amor se hace insufrible
Es del corto número de cosas que no se aprovechan de la experiencia y quizá esta es la razon porque la gente vieja es siempre celosa tan sin motivo.

LVI.   Era el carnaval, he dicho treinta y seis estrofas antes, y del modo que hacia Laura los preparativos ordinarios
que haceis vosotros mismos cuando os preparais para ir por la
noche al baile de máscaras de M.M. Bohem (1), para ser espectador ó actor en la fiesta: la sola diferencia entre los dos casos,
es que aquí teneis seis semanas de figuras disfrazadas.

LVII.   Laura (como lo he cantado ya) cuando se vestia era

_____

(1) En Lóndres.

una linda mujer, si es que nunca lo fué, fresca como el ángel de la muestra de una nueva hostería, ó el frontispicio de un nuevo *magazine*, que encierra todas las modas del último mes, iluminadas, con un papel plateado entre el grabado y el título para evitar que la tinta de los caractéres manche algunas partes del figurin.

LVIII. Fueron al Ridotto, que es un edificio donde los venecianos danzan, cenan y vuelven á danzar: el nombre propio de la reunion era el de *baile de máscaras*, lo que no tiene gran importancia para mís versos; es (en menor escala) lo que nuestro Vauxhall (1), si bien la lluvia no puede desbaratar la fiesta. La concurrencia es heterogénea (2) (lo que quiere decir que no merece vuestra consideracion).

LIX. Porque una *concurrencia heterogénea* significa que escepto vos y vuestros amigos y algunos centenares de personas aun, con los que podeis cambiar vuestro saludo sin tomar un aire grave, el resto es una turba vulgar, plaga de los sitios públicos. donde esas gentes desprecian bajamente la mirada *fashionable* de dos ó trescientas personas bien nacidas llamadas *buena sociedad*, sin que yo que la conozco, pueda adivinar la razon.

LX. Esto sucede en Inglaterra; esto sucedia al menos durante la dinastía de los dandys, á la cual quizás ha sucedido otra clase de imitadores imitados: con cuanta rapidez ¡ay! declinan los demagogos de la moda! todo aquí bajo es frágil; ved como el mundo ha sido facilmente perdido por el amor ó la guerra, y de vez en cuando tambien por el frio.

LXI. Napoleon fué aplastado por el Thor septentrional que aniquiló con su manto de hielo á su ejército detenido por los *elementos* como un barco ballenero, ó un novicio que todavía tartamudea en sus lecciones de gramática francesa (3). Habia más de un poderoso motivo para dudar de los lances de la guerra; y en cuanto á la fortuna,—no me atrevo á *condenarla,*

---

(1) Sitio de recreo de Lóndres.

(*N. del T.*)

(2) *Mixed.*

(*N. del T.*)

(3) Cuando Brummell vióse obligado á retirarse á Francia, no sabia ni una palabra de francés y al objeto de estudiar este idioma se procuró una gramática. Como preguntaran á nuestro Scrope Davies por los progresos hechos por Brummell en la lengua francesa: Dios mio, respondió, Brummell ha sido, como Bonaparte en Rusia, detenido por los *elementos*. He empleado este calembour en Beppo. Es un cambio permitido y no un robo.

pues si me ponia á meditar en lo infinito, acabaría por creer en su divinidad (1).

LXII. Ella dirige el presente, el pasado, el porvenir; ella nos procura la suerte en la lotería, el amor, el matrimonio: no puedo hasta aquí decir que haya hecho mucho por mí; sin que por eso desespere de sus bondades, no habemos aun cerrado nuestras cuentas y veremos hasta que punto ella me indemnizará de mís pasadas desventuras. Mientras tanto, no importunaré ya á la diosa más que para agradecérselo cuando haya hecho *mí fortuna*.

LXIII. Pero volvamos una vez más á nuestra historia. —El diablo anda en ella; esta historia se me desliza incesantemente por entre los dedos, porque si la caprichosa estrofa me lo ordena, preciso es obedecerla.— He ahí lo que entorpece la narracion. Este metro una vez adoptado no puedo cambiarlo y estoy obligado á seguir fielmente el aire y la medida como los cantores públicos; pero si una vez abandono el metro actual, tomaré otro en el que tenga facilidad.

LXIV. Fueron al Ridotto (que es un paraje á donde quiero ir esta misma noche, tan solo para distraerme un instante de mí abatimiento y para que allí se reanimen un poco mís sentidos adivinando que persona es la oculta bajo cada máscara; y si mí melancolía se aliviase de vez en cuando, haría ó hallaria alguna cosa que me permitiese dejarla á un lado durante una media hora).

LXV. Laura atraviesa gozosa la multitud con la sonrisa en sus ojos y sobre sus lábios: habla muy quedo á unos, alto á otros: á estos de aquí les hace una reverencia, á los de allá un saludo más ligero; se queja del calor y oido por su amante, este le trae la limonada;— bébela á pequeños sorbos,—despues ella mira y se aflige por sus mejores amigas viéndolas tan mal vestidas.

LXVI. Lleva cabello postizo la una, sobrado afeite la otra,— ¿donde ha ido á buscar este horrible turbante, la tercera? Está tan pálida la cuarta que ella teme esté á punto de desvanecerse; tiene la quinta un aire vulgar, desmañado y ordinario.— El traje de seda de la sexta ha tomado un tinte amarillento; la muselina tan delgada de la séptima le traerá desgracia; y he aquí que aparece la octava... «Ya no veré más,» de miedo que como los reyes de Banquo, el número no llegase á la vigésima.

LXVII. Mientras que así se entretenia en mirar á los demás, era tambien ella el blanco de las miradas... Escuchaba á

(1) Como Sila, he creido siempre que todo dependia de la fortuna y nada de nosotros mismos.

los hombres que, como acostumbran, le prodigaban á media voz dulces palabras, muy resuelta á no marcharse hasta que terminaran; tan solo las mujeres se asombraban extraordinariamente al ver que á pesar de la edad que contaba, tuviese tan gran número de admiradores;—pero los hombres están tan rebajados que esas criaturas de cara de bronce satisfacen siempre su gusto.

LXVIII. Por mí parte ni hoy ni nunca he podido comprender porque las mujeres inmodestas...—pero no quiero discutir una cosa que es un escándalo para el país; todavía no veo porque esto es así; y si yo vistiese el traje talar, para tener el derecho de atacarlo, predicaria tanto sobre este tema que Wilberforce y Romilly citarian mí homilia en su próximo discurso.

LXIX. En tanto que Laura estaba así ocupada en ver y en ser vista,—sonriendo, charlando sin saber de qué y sin inquietarse, con tal que sus amigas, ardiendo de envidia, fuesen testigos de sus ademanes y de su triunfo, y que los hombres bien puestos continuasen desfilando, inclinándose al pasar y cambiando álgunas palabras con ella, una persona parecia mirarla más que las otras y con una insistencia verdaderamente estraña.

LXX. Era un turco de color de caoba: Laura le distinguió, alegrándose desde luego, porque los turcos admiran mucho la filoginia (1), aunque su manera de tratar con las mujeres sea triste; dicen que no guardan más consideraciones que á un perro á la pobre mujer que compran como se compra un caballo: ellos tienen muchas aunque nunca las dejan ver... mujeres legítimas cuatro y concubinas *ad libitum*.

LXXI. Las encierran, las tapan con un velo, las vigilan siempre; apenas si se las permite ver á sus parientes del sexo masculino; de suerte que sus dias no corren tan alegremente como los de las damas del Norte, segun se supone. La reclusion debe tambien volverlas enteramente pálidas; y como los turcos odian las largas conversaciones, pasan ellas sus dias sin hacer nada, ó bañándose, ó educando á sus hijos, ó haciendo el amor, ó vistiéndose.

LXXII. No saben leer y por consiguiente no tartamudean la crítica; no saben escribir y por consiguiente no tienen ninguna pretension é las musas; jamás se las sorprendió componiendo epígramas ó agudezas; no tienen romances, ni sermones, ni piezas teatrales, ni revistas literarias;—¡cuan pronto en

(1) Amor á las mujeres.

(*N. del T.*)

los harems hubiera la erudicion producido un lindo cisma! Pero felizmente aquellas bellezas no son *marisabidillas*, no cuenta con ningun solícito Botherbys (1) para hacerles admirar el encantador pasaje del último nuevo poema.

LXXIII.   No tienen ellas ningun antiguo y grave rimador que habiendo dedicado toda su vida á la pesca de la gloria en la línea, para sacar solo de vez en cuando un pescado, continúe todavía pescando con ánimo de negociar, siendo siempre el mismo «Triton (2) del pescado menudo;» el sublime de las medianías, el furioso suavizado, el eco y el pedagogo de la escuela de los ingénios femeninos, de los niños poetas,—en una palabra, un pobre de espíritu.

LXXIV.   Oráculo ambulante de pomposas frases, cuya *garantía* aprobada de ninguna manera es *garantía* en derecho (3); zumbando como las moscas al rededor de la luz de la última novedad, la más sábia de las moscas sábias que hayais visto jamás; fatigándoos con sus censuras, atormentándoos con sus elogios, exagerando excesivamente la poca reputacion que ha conseguido; traduciendo de idiomas de los que ni tan siquiera conoce el alfabeto y sudando arreglos tan mediocres, que seria preferible fuesen malos.

LXXV.   Se ódia á un autor que únicamente es autor, á uno de esos hombres con uniforme de loco embadurnado de tinta, tan inquietos, tan inteligentes, tan descontentadizos, tan envidiosos que no se sabe que decirles ó que pensar de ellos, á no ser que se les hinche con un par de fuelles: el refinamiento de las últimas impertinencias de la fatuidad es preferible á esos pedazos de papel, á esas espabiladuras todavía humeantes de la vela que nos alumbra por la noche.

LXXVI.   Muchos son los que vemos de esta especie, aunque tambien vemos otros hombres de mundo, que conocen al mundo como hombres. Scott, Rogers, Moore y los demás buenos poetas que piensan en algo más que en la pluma; pero en cuanto á los hijos de los hijos de la «poderosa madre (4)», esos espíritus que pretenden tener ingénio, esos hidalgos que no pueden ser hidalgos hay que dejarles con su *el té está servido* de cada dia, con su elegante corrillo y con su dama literaria.

(1)   Se pretende que lord Byron, ha querido retratar aquí al poeta Sotheby. (A. P.)

(2)   Semidios marino, medio hombre y medio pez, que precedia siempre á Neptuno y anunciaba su llegada al son de la concha que le servia de trompeta.

(*N. del T.*)

(3)   *Good in law*, legal, legítima.

(*N. del T.*)

(4)   *Migthy mother*, como Pope llama á la diosa de los nécios. (A. P.)

LXXVII. Los pobres y buenos musulmanes que menciono no cuentan con ninguno de esos hombres tan agradables é instructivos; solamente uno de ellos les pareceria una nueva invencion, desconocida como las campanas en un campanario turco. Creo que (si bien los proyectos mejor combinados son con frecuencia los que dan peores resultados), casi valdria la pena de pensionar á un autor misionero, al único objeto de predicarles nuestra costumbre cristiana de las partes del discurso.

LXXVIII. No tienen química que les revele sus gases, ni se les esplica la metafísica en un curso, como tampoco ninguna biblioteca circulante (1) reune para ellos romances religiosos, cuentos morales y disertaciones sobre las costumbres actuales á medida que ellas pasan; ninguna galería les ofrece el brillante espectáculo de una exposicion anual de cuadros; ellos no contemplan tampoco los astros desde sus tejados y no se dedican (gracias á Dios) á las matemáticas.

LXXIX. ¿Por que agradezco esto á Dios? no es cosa que importe mucho: tengo mis razones, que sin duda adivinais, y como es posible que no agradasen á nadie, las conservo por mí vida (venidera) en prosa; temo tener una ligera inclinacion por la sátira, y entre tanto me parece que cuanto más viejo me hago tanto más me inclino á reir antes que á refunfuñar, aunque el reir nos deje luego despues doblemente sérios.

LXXX. ¡Oh alegría, oh inocencia, oh vosotras, leche y agua dichosa mezcla de un más venturoso tiempo! en este triste siglo de pecado y de matanza el hombre abominable no apaga ya su sed con una bebida tan pura. No importa, os amo á las dos y á las dos os alabaré; ¡ay! que no podamos ver otra vez el reinado de los confites del viejo Saturno! Mientras tanto bebo á vuestro regreso con aguardiente.

LXXXI. El turco de nuestra Laura no cesaba de mirarla, no á la manera que los musulmanes y sí á la de los cristianos, que parece decir: Señora, os dispenso señalada honra, y en tanto tenga á bien miraros, tendreis á bien no moveros. Si las miradas pudieran conquistar una mujer, las del turco habrian conquistado á Laura; pero ella no se dejaba conquistar tan fácilmente, habiendo sostenido por muy largo tiempo el fuego de las miradas para retroceder ante la verdaderamente estraña de ese extranjero.

LXXXII. Empezaba á alborear: á tal hora, vosotras, señoras

(1) *Circulating library*, gabinete de lectura que presta los libros á sus abonados con facultad de llevárselos á su casa por un determinado número de dias. En el extranjero están bastante generalizados.

(N. del T.)

que habeis pasado la noche danzando ó en cualquier otro ejercicio, os aconsejo que os prepareis á abandonar el salon de baile antes que salga el sol, porque cuando empiezan á palidecer las lámparas y las bugías, los vivos colores del dia os hacen parecer un poco pálidas.

LXXXIII. He visto en mi tiempo algunos bailes y algunas fiestas y en ellas he permanecido hasta el fin 'por algun nécio motivo; y observaba (pienso que esto no es un crímen) para saber que dama sostenia mejor la série de la temporada (1): pero aunque haya visto millares de damas en su esplendor, amables y lindas, que pueden serlo aun, jamás he podido ver más que una, cuya hermosura pudiese desafiar la luz del dia despues del baile.

LXXXIV. Aunque pudiese no revelaria el nombre de esta Aurora, que no era para mí más que esa admirable creacion de Dios, una mujer encantadora, que á todos nos gusta poder admirar. Pero escribir nombres es una falta vituperable; sin embargo si quereis encontrar esa belleza en el próximo baile de París ó de Lóndres, podreis distinguir su rostro eclipsando á todos los demás por su hermosura.

LXXXV. Laura, que sabia que nada podia ganar esperando allí el nacimiento del dia, despues de haber estado siete horas en el baile entre tres mil personas, creyó justo y razonable el retirarse. El conde estaba á su lado con su chal; estaban ya á punto de abandonar el salon cuando, ¡ved! los malditos gondoleros se habian colocado precisamente en el sitio donde .no debian colocarse.

LXXXVI. En esto se parecen á nuestros cocheros y la causa es exactamente la misma:—el gentío; os aprietan, os empujan, acompañado de blasfemias capaces de destrozar las quijadas y de un alboroto interminable. En nuestro país, velan por la conservacion de las leyes nuestras gentes de Bowstreet (1); y aquí un centinela se coloca á tiro de vuestra voz; pero no obstante hay allí más juramentos y palabras indecorosas que no se puede mencionar ni tolerar.

LXXXVII. El conde y Laura dieron por fin con su góndola y vogaron hasta su morada sobre la silenciosa onda, hablando de todos los bailes á que habian asistido, de los danzantes y de sus adornos, murmurando un poco de los que á ellos concurrieron.--Pero ¡cuanto fué el terror que sintieron Laura y su amante sentado á su lado, cuando junto á las escaleras de su palacio, vieron de repente ante ellos al musulman!

(1) Temporada de bailes que en Lóndres termina en el mes de Julio. (A. P.)

(1) Calle de Lóndres donde están situadas las oficinas de la policia.(A. P.)

LXXXVIII. —«Caballero, dice el conde con semblante muy grave, vuestra inesperada presencia en este sitio me obliga á preguntaros cual es el motivo; pero quizá es esto una equivocacion: así lo espero, y os escuso todo cumplimiento, por atencion hácia vos; comprendereis lo que quiero decir ó tendreis que comprenderlo.»

—«Caballero, dice el turco, no equivoco por completo.

LXXXIX —«Esta señora es mí esposa.»

Una viva sorpresa se pintó desde luego en el asombrado rostro de la dama; pero allí donde una inglesa se desmaya algunas veces, las mujeres italianas resisten mucho más tiempo; invocan desde luego un poco á sus santos y al momento vuelven en sí en gran parte ó completamente, lo que economiza mucho espíritu de estrellamar, sales, agua echada al rostro y cordones cortados, como es de costumbre en semejantes casos.

XC. Laura dijo...—¿que podia decir? ¿Qué? ni una palabra: pero el conde invitó políticamente al extranjero que estuvo muy sosegado por lo que oyó: Entrad, dijo; semejantes asuntos se discuten mejor dentro de casa; no nos pongamos en ridículo ante el público dando un espectáculo; no reunamos á la gente dando un escándalo; ó nos deberán el placer de poder burlarse de todo este asunto.

XCI. Entraron y pidieron el café;—se sirvió ese brevaje que es excelente para turcos y cristianos, aunque aquellos no lo preparen de la misma manera. Entonces Laura bien repuesta ó ménos perezosa para hablar, exclamó:

«Beppo, ¿cual es vuestro nombre pagano? Dios me bendiga vuestra barba es espantosamente larga.—¿Como habeis estado tan largo tiempo ausente? ¿no comprendeis que eso estaba muy mal?

XCII. «¿Pero *realmente, verdaderamente* sois un turco? ¿estáis casado con otras mujeres? ¿es verdad que ellas se sirven de sus dedos como tenedor? ¡Ah! hé aquí el más precioso de los chales, sobre mí vida! —¿Me lo dareis? Dicen que vosotros los turcos no comeis tocino. ¡Y cuantos años habeis pasado en...—¡Dios me bendiga! jamás yo—¡no, jamás he visto un hombre ponerse tan lívido! ¿estáis enfermo del hígado?

XCIII. —«Beppo, esta barba no os sienta bien; os la hareis afeitar antes de veinte y cuatro horas. ¿Por que la llevais tan larga? ¡Ah! yo olvidaba....—Podeis creer que el clima no es ya frio aquí. ¿Como me hallais? No saldreis con ese extravagante traje por temor de que no os vea algun curioso y descubra todo el enredo. ¡Cuan cortos teneis los cabellos! ¡Dios mio! ¡cuan grises se han vuelto!

XCIV. ¿Que respuesta dió Beppo á esas preguntas? Eso es

lo que ya no sé yo. Habia sido arrojado sobre la costa donde antiguamente habia existido Troya y donde hoy dia nada existe: habia sido hecho esclavo, como es natural, le habian dado pan y palos en pago de su trabajo; hasta que un dia, habiendo abordado en una próxima bahía una banda de piratas, se unió á aquellos bribones, prosperó y llegó á ser un oscuro renegado.

XCV. Pero tambien habia llegado á ser rico; y sus deseos de ver otra vez su tierra natal, una vez rico, habian sido tan vivos, que se habia creido obligado á volver á ella y á no pasar su vida surcando los mares. Como á Robinson Crusoe, le entristecia algunas veces el verse solo: ajustó, pues, un buque venido de España, que se hacia á la vela para Corfú; era este una bella polacra servida por doce remeros y cargada de tabaco.

XCVI. Embarcóse así con riesgo de perder la vida ó alguno de sus miembros; él mismo primero y despues sus riquezas (adquiridas Dios sabe cómo); y huyó, por temeraria que fuese aquella empresa. Dice que la Providencia le protegió;—lo que es yo no digo nada, por temor de no participar de su opinion:—muy bien. El buque era muy velero; partió y llegó en el tiempo prometido, salvo tres dias de calma que sobrevinieron tras el cabo de Bon.

XCVII. Llegaron á Corfú: Beppo trasportó su cargamento, su persona y sus bestias á otro sitio y pasó por un verdadero mercader turco, traficante en diversos géneros, cuyos nombres no recuerdo. Como quiera que sea, él se evadió con esta estratagema, de otra suerte podia haberle costado la vida; despues volvió á Venecia á reclamar su esposa, su religion, su casa y su nombre cristiano.

XCVIII. Su esposa le recibió, el patriarca le rebautizó (y él de paso hizo un presente á la iglesia): quitóse en seguida el traje que le disfrazaba y pidió prestado, por un dia, el suyo al conde. Sus amigos le quisieron más, trás su larga ausencia, hallando sobre todo que traia con que divertirles en sus convites, en los cuales era con frecuencia el blanco de sus burlas; pero yo no creo ni la mitad de cuanto se contaba.

XCIX. De todo cuanto pudo haber sufrido en su juventud, le indemnizó su vejez suministrándole oro y narraciones que contar. Aunque Laura le dió alguna vez motivo para encolerizarse, he oido decir que el conde y él fueron siempre buenos amigos. Mi pluma llega al final de una página, que al acabarse me fuerza á terminar la historia: hubiera sido mí deseo terminarla mucho ántes; pero las historias se alargan un poco una vez comenzadas.

FIN DE BEPPO.

INDICE.

FIN DEL ÍNDICE.

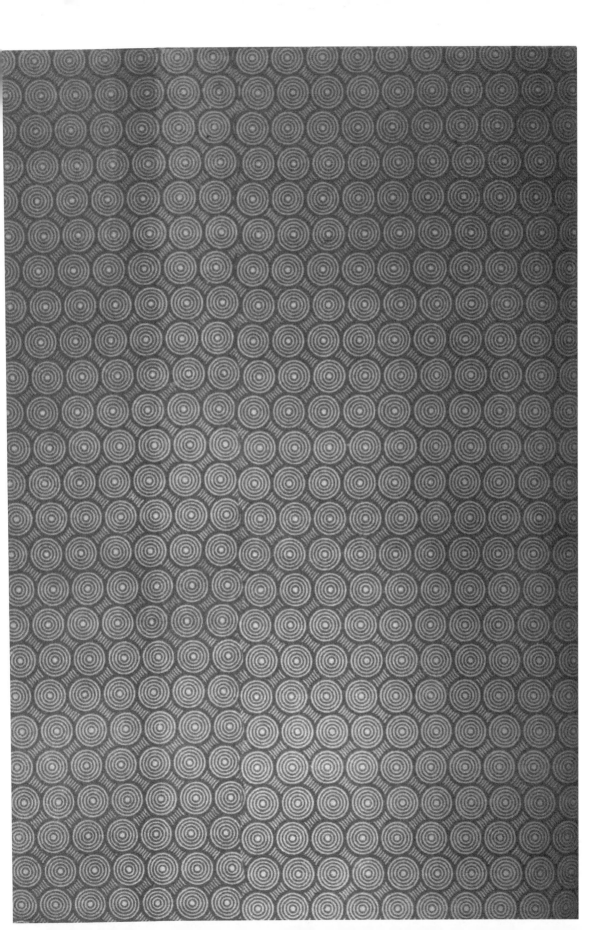

Lightning Source UK Ltd.
Milton Keynes UK
UKHW031126310122
397974UK00007B/283

9 781248 711798